ANSTECKENDE
JÜNGERSCHAFT

MIT MENSCHEN AUF ENTDECKUNGSREISE GEHEN

DAVID L. & PAUL D. **WATSON**

Die Originalausgabe erschien 2014 im Thomas Nelson Verlag,
Nashville, Tennessee, USA unter dem Titel

Contagious Disciple Making:
Leading Others on a Journey of Discovery.

Movement Verlag
Inhaber: David Schäfer, Katendeich 58, 21035 Hamburg
www.movement-verlag.de

Übersetzung: Anja Schäfer

Satz & Umschlaggestaltung:
chalvi // WERBEAGENTUR GbR
www.chalvi.de

Umschlagfoto: © vetre, depositphotos.com

Gedruckt in Deutschland.

Bestellnr. 2016001

ISBN 978-3-944533-01-8

Erhältlich beim Verlag: www.movement-verlag.de

Für dieses Buch sind Mengenpreise erhältlich.

Bibliografische Information der Deutschen Nationalbibliothek
Die Deutsche Nationalbibliothek verzeichnet diese Publikation
in der Deutschen Nationalbibliografie; detaillierte bibliografische Daten sind im Internet über http://dnb.d-nb.de abrufbar.

STIMMEN ZU DIESEM BUCH

Ehrlich, persönlich, praktisch und provokativ – das vorliegende Buch vergleicht klassische Gemeindemodelle mit Reich-Gottes-Prinzipien und mit Gottes unverändertem Ziel, Jünger hervorzubringen, die von ihm geprägt sind und andere zu Jüngern machen. David Watson trug maßgeblich dazu bei, dass weltweit mehr als 60 Jüngerschaftsbewegungen Fuß gefasst haben. Deshalb ist dieses Buch im 21. Jahrhundert von großem Wert. Wer seine Welt wirklich verändern will, möge von Davids und Pauls Buch unwiderruflich verändert werden.

Jerry Trousdale, Autor von Miraculous Movements: How Hundreds of Thousands of Muslims are Falling in Love with Jesus

Das lang erwartete Buch von David und Paul Watson erfüllt das Versprechen, seine Leser nachhaltig zu prägen. „Ansteckende Jüngerschaft" verbindet prophetische und praktische Elemente und fußt in der Realität. Ich habe die Jünger und die Gemeinschaften persönlich getroffen, die die Arbeit der Watsons weltweit begleiten. Möge Gott die Botschaft dieses Buches gebrauchen und Ihre Arbeit prägen – so wie es bei mir geschehen ist.

David Garrison, Missionar und Autor

Ich setze mich seit 48 Jahren leidenschaftlich dafür ein, Menschen zu Jüngern zu machen. Ich habe fast jedes Buch zum Thema Jüngerschaft gelesen. Doch David und Paul haben in dieses eine Buch mehr Einblick und praktische Weisheit gelegt als die meisten anderen Autoren zusammen. Deshalb ist die Lektüre ein Muss für alle, die Jesus nachfolgen und die Welt für Christus auf den Kopf stellen wollen.

Floyd McClung, www.floydandsally.com, Cape Town, South Africa

Von David

Dieses Buch ist meiner Frau Jan gewidmet. Sie hat die 41 Jahre unserer Ehe zur Hälfte mit der bangen Frage verbracht, wo in aller Welt ich stecke und ob ich es je wieder nach Hause schaffen werde. Sie war der Resonanzboden für die Ideen in diesem Buch und ist meine treueste und liebste Kritikerin. Ohne ihr Opfer, ihre Liebe und ihre Unterstützung hätte es dieses Buch nie gegeben, weil ohne sie die Arbeit, auf der es basiert, nie zustande gekommen wäre.

Dieses Buch ist auch meinen Mentees gewidmet, von denen ich mehr gelernt habe als sie von mir. Zu dieser unglaublichen Gruppe von Männern gehören auch meine beiden Söhne Paul und Jonathan. Ich darf mich glücklich schätzen!

Von Paul

Für meinen Vater und meine Mutter: Ohne euch wäre ich nicht der Mann, der ich heute bin.

Für meine Frau Christi und meine Kinder Yahel, John Paul und Keturah. Ich freue mich jeden Tag, bei euch zu sein. Ihr erfüllt mich mit Freude.

Für die Hunderte von Männern und Frauen, die im Dienst für unseren König gestorben sind. Ihr spornt mich an und fordert mich heraus, mein ganzes Leben dafür einzusetzen, Jesus zu ehren und zu verherrlichen.

INHALT

VORBEMERKUNG ZUR DEUTSCHEN AUSGABE

In der englischen Ausgabe ist von „Disciple-Making Movements“ die Rede. Wörtlich hieße das im Deutschen „zu Jüngern machende Bewegungen“ oder „Bewegungen, die Jünger hervorbringen“. Weil das wenig flüssig klingt, haben wir uns nach einigem Ringen für die sprachlich elegantere Übersetzung „Jüngerschaftsbewegungen“ entschieden. Wohl wissend, dass damit der Akzent der Multiplikation, die im englischen Begriff steckt, nicht vollständig erfasst ist. Wir hoffen, dass durch den Inhalt des Buches deutlich wird, dass „Jüngerschaft“ hier nicht nur die eigene gelebte Nachfolge meint, sondern vor allem auch die Umsetzung des Missionsbefehls: „Macht zu Jüngern alle Völker“.

Mit der Formulierung „zu Jüngern machen“ übersetzt Luther das griechische Wort „matheteuo“: Es ist ein Verb zu „Jünger“ oder „Schüler“, bedeutet wörtlich also „bejüngern“ oder „schulen“, was in unseren Ohren noch befremdlicher klingt, als „Jünger zu machen“, deshalb haben wir Luthers Übersetzung beibehalten.

Im Englischen ist in diesem Buch ausgehend vom Missionsbefehl häufig vom „disciple maker“ die Rede. In Ermangelung einer guten deutschen Entsprechung und weil uns der Begriff „Jüngermacher“ zu holprig schien, haben wir uns entschieden, von Menschen zu sprechen, die andere zu Jüngern machen oder Jünger gewinnen.

Der Herausgeber

EINLEITUNG

„Gott, ich kann keine Gemeinden mehr gründen. Ich bin nicht angetreten, um Menschen dafür zu lieben, zu schulen und auszusenden, dass sie umgebracht werden."

Sechs Männer, mit denen ich (David) gearbeitet hatte, waren in den 18 Monaten davor den Märtyrertod gestorben.

„Ich kann nicht in der Gegend leben, in die du mich für meine Arbeit berufen hast."

Die indische Regierung hatte unsere Familie des Landes verwiesen. Nun lagen mehr als 4000 Kilometer und ein Ozean zwischen unserem Haus in Singapur und der Bhojpuri-Volksgruppe in Nordindien.

„Die Aufgabe ist zu groß."

80 Millionen Bhojpuri lebten in der Gegend, die als „Friedhof der Missionswerke und Missionare" bekannt war.

„Es gibt nicht genug Hilfe."

In der Gegend gab es nur 27 evangelikale Gemeinden und die kämpften um ihr Überleben. Nicht einmal 1000 Bhojpuri waren gläubig.

„Nimm deine Berufung zurück. Ich will zurück in die USA. Ich bin ein guter Geschäftsmann und werde sehr viel Geld für die Mission spenden. Lass einen anderen Gemeinden gründen und mich dafür gehen. Befreie mich von meiner Berufung."

Jeden Tag, über zwei Monate lang, führten wir dasselbe Gespräch. Jeden Tag ging ich in mein Büro, saß im Dunkeln und flehte Gott an, er möge seine Berufung zurücknehmen. Und jeden Tag lehnte er es ab.

„Na gut. Dann musst du mir eben beibringen, wie ich Gemeinden gründen soll. Ich kann nicht glauben, dass du jemanden zu einer Aufgabe berufst, ohne ihm zu sagen, wie er sie bewältigen soll. Zeige mir in der Bibel, wie ich diese Menschen erreichen soll."

Das war mein Bund mit Gott. Damit begann mein Beitrag an der Arbeit unter den Bhojpuri.

NEUE IDEEN

Gott hat seinen Teil unseres Bündnisses eingehalten. Über den Zeitraum eines Jahres führte er mich durch die Bibel. Er machte mich auf Dinge aufmerksam, die ich gelesen, aber nie verstanden hatte – jedenfalls nicht in diesem Zusammenhang. Ich erkannte Muster und neue Gedanken über Gemeinde, Jüngerschaft und Gemeindegründung.

Ich betete um fünf indische Männer, die mir helfen sollten, diese Gedanken in Nordindien umzusetzen. Den ersten traf ich auf einer geheimen Konferenz in Indien, auf der man über die Evangelisierung von Hindus diskutierte. Ich wurde eingeladen, einige meiner Gedanken zu erläutern. Während ich sprach, verließen die Zuhörer den Raum. Zuerst standen Einzelne, dann zwei, manchmal fünf Leute auf und gingen. Sie hielten mich für verrückt! Am Ende des Tages war nur noch einer da.

„Ich bin überzeugt von dem, was du sagst", erklärte er mir. „Ich sehe das genauso."

Wir unterhielten uns bis in die Nacht und wurden Freunde. Er war der Erste, der mir bei der Umsetzung meiner Gedanken half. Im Lauf des Jahres kamen drei weitere Männer hinzu, die mit mir arbeiten wollten.

„Herr", betete ich, „wo ist der fünfte Mann? Wo ist der, der unser Team vervollständigt?"

Das alles geschah zu einer Zeit, als man Briefe noch mit der Hand schrieb. Ich erhielt jeden Tag stapelweise Post. In Singapur fuhren die Postboten auf Motorrollern, die ein ganz bestimmtes Geräusch machten. Ich hörte den Briefträger an mein Tor tuckern und die Post in den Briefkasten werfen. An jenem Tag erhielt ich einen Brief von jemandem aus Indien, den ich nicht kannte.

„Bruder David", begann der Brief, „du kennst mich nicht, aber ich habe den Eindruck, Gott sagt mir, dass ich dein Jünger werden soll. Sag mir, was ich tun soll und ich werde es tun."

Da hatte ich nun das fünfte Mitglied meines Teams. Aber Gott gab mir nicht den Mann, für den ich gebetet hatte. Die Person, die mir diesen Brief geschrieben hatte, war nämlich eine Frau.

In den darauffolgenden fünf Jahren rangen wir mit der Umsetzung dessen, was Gott uns gelehrt hatte. Erst zwei Jahre nach der erwähnten geheimen Konferenz wurde die erste Gemeinde nach diesem neuen Modell gegründet. Tatsächlich drohte mir meine Missionsgesellschaft jedes Jahr mit einer Kündigung, wenn ich meine Jahresberichte vorlegte.

„Du machst deine Arbeit nicht", wurde mir vorgeworfen.

„Gebt mir noch Zeit", antwortete ich. „Wir probieren hier etwas Neues aus. Vertraut mir." Und aus irgendeinem Grund taten sie das.

Und plötzlich erlebten wir in einem Jahr die Gründung von acht Gemeinden. Im Jahr darauf waren es 48 neue Gemeinden. Im Jahr danach 148, dann 327 und dann 500. Im fünften Jahr entstanden mehr als 1000 neue Gemeinden!

Nach dem fünften Jahr rief mich die Missionsgesellschaft an: „Du musst dich irren", beharrten sie. „Niemand kann 1000 Gemeinden in einem Jahr gründen. Wir haben ja 500 schon kaum geglaubt, aber 1000 niemals!"

„Dann kommt und seht es euch an", sagte ich. Und sie kamen. Eine offizielle Studie der Arbeit unter den Bhojpuri ergab, dass unser Team die Zahl der neu gegründeten Gemeinden in dieser Gegend sogar noch als zu niedrig angegeben hatte. Im Jahr 2008 belegte eine weitere Studie, dass inzwischen 80.000 Gemeinden mit zwei Millionen getauften Gläubigen gegründet worden waren. Die Bewegung explodierte!

1999 verließ ich die Organisation, die mich nach Indien gesandt hatte, und führte meine Arbeit in Indien unter dem Namen weiter, mit dem ich sie gegründet hatte. Ab 2004 wurde die Arbeit in Indien komplett von Einheimischen weitergeführt und ich wurde nicht mehr benötigt. Die Organisation Cityteam, die seit über 50 Jahren obdachlosen und drogenabhängigen Menschen hilft Jesus kennenzulernen und ihm nachzufolgen, hatte sich vorgenommen, bei ihrer Hilfe für Menschen in Extremsituationen zugleich Jüngerschaftsbewegungen in Gang zu setzen. Wir entschieden uns, gemeinsam ein Pilotprojekt in Afrika zu starten.

Das Pilotprojekt hat sich aus Sierra Leone in mittlerweile 33 afrikanische Länder ausgebreitet. In diesem Moment, da ich diese Einleitung schreibe, besteht das Projekt seit neun Jahren und unsere Teams haben 26.911 Gemeinden gegründet und 933.717 Menschen getauft. Mehr über Cityteam und unsere Arbeit in Afrika finden Sie im Buch meines Kollegen Jerry Trousdale: „Miraculous Movements: How Hundreds of Thousands of Muslims Are Falling in Love with Jesus".

Aber auch wenn wir überall in der Welt unterwegs waren, haben wir die verlorenen Menschen in den USA nie vergessen. Cityteam setzt auch hier seine Arbeit unter den Obdachlosen und Abhängigen fort, um Jüngerschaftsbewegungen in den USA zu initiieren. Während ich an diesem Kapitel schreibe, wurden bereits 1.296 Entdeckergruppen in 14 US-Bundesstaaten gestartet. Über Verwandtschaftsbeziehungen hat sich die Arbeit unter Latinofamilien in den USA nach Süd- und Zentralamerika ausgebreitet. Es bestehen 626 Entdeckergruppen und 25 Gemeinden in zwölf Ländern in Zentral- und Südamerika.

Ich (Paul) hatte nie vor, Gemeinden zu gründen wie mein Vater. Eine Zeit lang dachte ich, Gott hätte mich zum Hauptamtlichen berufen. Aber nach einem erfolglosen Versuch als Jugendpastor stellte ich diese Berufung in Frage. Ich probierte mich in der Wirtschaft aus, wechselte von einer Sache zur nächsten und wusste nicht recht, was ich mit meinem Leben anfangen sollte. Schließlich spannte mich mein Vater ein, für Cityteam einige Artikel zu schreiben und Material zu entwickeln. Schreiben konnte ich und in der Materie kannte ich mich aus und war zudem eine relativ billige Arbeitskraft.

In dieser Zeit experimentierte ich mit den Gedanken und Themen, die mein Vater und ich in diesem Buch behandeln. Meinem Naturell nach bin ich experimentierfreudig. Ich wollte wissen, ob die Konzepte, über die ich schreibe, auch im wirklichen Leben mit Arbeit, Ehe, Kindern, Hobbys und Gemeinde funktionieren. Und siehe da – das taten sie! Schließlich bekam ich von Gott eine ganz klare Berufung, Menschen zu Jüngern zu machen und Menschen und Teams dafür auszubilden, andere zu Jüngern zu machen.

Cityteam engagierte mich und so begann das eigentliche Abenteuer.

Um Teams und Jünger zu trainieren, die sich selbst multiplizieren, bin ich mehr als 185.000 Meilen um die Welt und innerhalb der USA gereist. Wenn ich irgendwo nicht persönlich hinreisen konnte, haben wir das Jüngerschaftstraining per Skype oder Telefon durchgeführt. Schließlich fanden diese Jünger, die andere zu Jüngern machen, Personen des Friedens und starteten weltweit Entdeckergruppen.

Ende 2011 wurde ich von Cityteam zum Leiter unseres Recovery Centers, unserer sozialen Einrichtung in Portland (Oregon/USA) berufen. Im Recovery Center versorgen wir jährlich 72.000 Menschen mit Essen (das sind monatlich 6.000 Mahlzeiten). Im Durchschnitt bringen wir jede Nacht 84 Personen unter, ermöglichen ihnen, sich zu duschen und einzukleiden. Ich bin für das Team in Portland verantwortlich. Wir kümmern uns um die körperlichen Bedürfnisse Obdachloser, Drogenabhängiger und Alkoholiker und setzen damit zugleich Jüngerschaftsbewegungen in dieser Region in Gang.

David und ich sind sehr verschieden. Er ist ein Denker, ich eher ein fühlender Mensch. Er ist extrem introvertiert (auch wenn man ihm das nicht anmerkt), ich bin extrem extrovertiert. Er hat in der Highschool Football gespielt, ich habe an Gesangswettbewerben teilgenommen. Doch trotz all dieser Unterschiede vereint uns eine brennende Frage: Wie können wir Millionen von verlorenen Menschen, die nie einen Fuß in eine bestehende Gemeinde setzen würden, helfen, eine Beziehung mit Jesus einzugehen? Wenn David und ich hier in den USA in unseren Gemeinden sitzen, kommen wir nicht umhin, uns ständig umzusehen und um all die verlorenen Menschen zu trauern, die nicht hier sind und die auch nie kommen werden, wenn wir weiterhin vorhaben, sie in unsere christliche Kultur einzusperren. Wenn Sie sich dieselbe

Frage stellen und dieses Unbehagen teilen, ist dieses Buch das Richtige für Sie.

Alles in diesem Buch stammt aus unserer persönlichen Erfahrung und der Erfahrung derjenigen, die wir trainieren. Wenn Gott Sie berufen hat, Jüngerschafsbewegungen in Gang zu setzen, möge dieses Buch Ihnen helfen, diesen Auftrag zu erfüllen. Wenn Gott Sie zu etwas anderem berufen hat, hoffen wir, dass Sie in diesem Buch Gedanken finden, die Ihnen bei Ihrer Berufung helfen.

Stürzen wir uns ins Abenteuer!

TEIL 1

Wie Menschen denken, die andere zu Jüngern machen

KAPITEL 1

Sich darauf einlassen, aus Fehlern zu lernen

Ich (David) habe an jenem Treffen teilgenommen, auf dem der weit verbreitete englische Begriff Church-Planting Movement (wörtlich: Gemeindepflanzungsbewegung, hierzulande allerdings eher Gemeindegründungsbewegung genannt) geprägt wurde. Wir waren eine Gruppe aus Missionaren und Missionsstrategen und wollten in Worte fassen, was wir beobachtet hatten, als wir unser Verständnis vom Missionsbefehl in den verschiedensten Ländern ernst nahmen, Menschen aus allen Völkern zu Jüngern zu machen, in Ortsgemeinden zu taufen und sie zu lehren, Gottes Gebote zu befolgen.

Selbst in unseren kühnsten Träumen hätte keiner von uns jemals gedacht, Zeuge dessen zu werden, was daraufhin geschah. Ursprünglich hatten wir uns zum Ziel gesetzt, in ablehnenden oder unerreichbaren Gebieten und Volksgruppen einzelne Gemeinden zu gründen, die dann wiederum weitere Brücken schlagen sollten. Wir planten, an Orten, an denen es keine Gemeinde gab, eine einzelne zu gründen. Wir wollten gar nicht hunderte oder tausende von Gemeinden gründen. Wir glaubten nicht einmal im Traum daran, dass es an diesen Orten überhaupt möglich war, viele Gemeinden zu gründen. In den Gegenden, die wir im Auge hatten, war die Ablehnung der Menschen gegenüber dem Evangelium, gegenüber Gemeindegründung und jedem anderen äußeren Einfluss bereits sehr deutlich geworden. Wir taten einfach alles, was uns in den Sinn kam, damit hoffentlich irgendetwas fruchtete und wenigstens eine Gemeinde entstand. Unsere Arbeit wäre dann erfolgreich, wenn in einer Volksgruppe eine Gemeinde gegründet worden war, in der es noch keine gab.

Ich war einer der Ersten in meiner Denomination, die sich dieser Herausforderung stellten, und ich hatte keinen Schimmer, wie wir vorgehen sollten. Meine Frau und ich galten als erfolgreiche Gemeindegründer, weil wir Risiken eingingen und Neues ausprobierten und - was vielleicht am Wichtigsten war - weil wir keine Angst vor Misserfolgen hatten. Wenn wir scheiterten, probierten wir einfach etwas anderes aus.

Unsere Organisation hatte uns sehr gut in der Situationsanalyse geschult. Wir diskutierten Zugangsmöglichkeiten und Evangelisationsmodelle, entwickelten Gebetsnetzwerke und Sicherheitspläne und entwarfen ein Kommunikations- und Verwaltungssystem. Ein Ergebnis unserer Studien war, dass ich nicht derjenige sein konnte, durch den wir eine Volksgruppe erreichen würden. Denn ich hatte keinerlei Zugang zu ihr. Sie würde sich nicht auf Außenstehende einlassen, weil ihre Geschichte davon geprägt war, sämtliche Einflussnahmen von außen kriegerisch zu bekämpfen. Was sollten wir also unternehmen?

Gott hat mir – vor allem durch etliche Fehler – gezeigt, dass ich mich darauf konzentrieren sollte, Menschen zu Jüngern von Jesus zu machen und nicht zu Anhängern meiner Gemeinde oder Denomination. Er hat mir auch gezeigt, dass ich diesen Jüngern beibringen sollte, Jesus zu gehorchen und nicht den Lehrverständnissen und Traditionen meiner Gemeinde oder Denomination. Genau dadurch kam es zu dem Durchbruch, der schließlich zur Gründung von über 80.000 Gemeinden in einem Volk führte, das als unerreichbar galt.

Ursprünglich beschrieb der Begriff Gemeindegründungsbewegung (GGB) eine „spontane Gemeindegründung ohne das direkte Eingreifen eines Missionars“. Mit der Zeit entschieden sich meine Teampartner und ich, den Begriff im Hinblick auf Quantität und Qualität etwas genauer zu umreißen, damit er für die Gemeindegründer, die wir trainierten, coachten und begleiteten, konkreter wurde. Wir definierten eine Gemeindegründungsbewegung als einen von Einheimischen geführten Jüngerschaftsprozess, in dem das Evangelium tief verwurzelt und Gehorsam die Basis ist und in dem innerhalb von drei Jahren mindestens 100 vor Ort initiierte und geführte Gemeinden aus vier Generationen von Christen entstehen. Paul und ich werden später detailliert auf die einzelnen Punkte dieser Definition eingehen. Während wir diese Zeilen schreiben, wissen wir von 68 Bewegungen unter verschiedenen Volksgruppen weltweit.

Bei der immer häufigeren Anwendung der Methoden, die zu einer GGB führen, konnte man Verschiedenes beobachten. Erstens wurde deutlich, dass Menschen Gemeinde sehr unterschiedlich definieren. Zum Teil ärgerten sich Leute über uns, weil wir von Gründungen erzählten, die nach ihrem Verständnis keine Gemeinden waren. Wir verstanden unter dem Begriff „Gemeinde“ nicht dasselbe. Außerdem hinterfragte man unsere Mitstreiter: „Jesus hat gesagt, dass er seine Gemeinde baut. Warum bringt ihr Menschen dazu, sich um etwas zu bemühen, das er sich selbst vorbehalten hat?“ Das waren hilfreiche Anmerkungen und wir mussten uns mit ihnen auseinandersetzten.

Nach viel Diskussion entschieden wir uns, den Begriff Jüngerschaftsbewegung zu verwenden, um unsere Rolle zu beschreiben, die wir in Gottes rettendem Wirken einnehmen. Denn zweifelsohne kommt uns eine Rolle darin zu. Im Missionsbefehl in Matthäus 28,16-20 werden wir ausdrücklich dazu aufgefordert, Menschen zu Jüngern zu machen. Und das impliziert, dass diese Jünger wiederum andere zu Jüngern machen, die wiederum ... und so weiter.

Wenn Christen Gott gehorchen, sollen sie Männer und Frauen dazu anleiten, Menschen zu werden, die andere auf ansteckende Weise zu Jüngern machen. Menschen zu werden, die beten, Gemeinschaft mit verlorenen Menschen haben und Personen des Friedens finden (also Personen, die Gott vorbereitet hat, in ihrem Umfeld als Erste das Evangelium anzunehmen). Menschen zu werden, die anderen helfen, Jesus durch Entdeckergruppen kennenzulernen (ein induktiver Bibelstudienprozess, durch den Menschen, die keine Ahnung von Jesus haben, eine Beziehung mit ihm beginnen). Die neue Gläubige taufen, ihnen helfen, Gemeinschaften des Glaubens (also Gemeinden) zu bilden und Menschen begleiten, die sich als Führungsfiguren herausstellen. Diese sehr bewusst gegangenen Schritte ermöglichen Jüngerschaftsbewegungen. Jesus wirkt durch seine Leute, wenn sie seinem Wort gehorchen, aus einer Jüngerschaftsbewegung wird eine Gemeindegründungsbewegung – und Jesus bekommt die Ehre.

Viele verwenden den Begriff Gemeindegründungsbewegung oder Jüngerschaftsbewegung, um ihre Arbeit zu beschreiben oder zu rechtfertigen. Aber bei näherer Betrachtung mussten Paul und ich feststellen, dass viele Gruppierungen diese Bezeichnungen nur als neue Etiketten nutzten für das, was sie schon immer taten. Unserer Erfahrung nach ist eine Gemeindegründungsbewegung die Folge von Jüngerschaft, die auf Gehorsam beruht, durch die Jünger andere zu Jüngern machen, in der Leiter andere zu Leitern ausbilden und in der Gemeinden wiederum neue Gemeinden gründen – mit anderen Worten: Es entsteht eine Jüngerschaftsbewegung. Wenn all das nicht passiert, handelt es sich nicht um eine Gemeindegründungsbewegung.

Die Prinzipien wahrer Jüngerschaftsbewegungen führen dazu, dass Menschen in Ausbildung und Training geschult und darin begleitet werden, alle Gebote von Jesus zu befolgen, egal, welche Konsequenzen das nach sich zieht. Schnelle Ergebnisse gibt es dabei nicht, wegen des exponentiellen Wachstums kann es nur mitunter diesen Anschein haben. Wenn wir uns wirklich für den Prozess einsetzen, der zu einer messbaren Jüngerschaftsbewegung führt, sind wir normalerweise zwei bis vier Jahre mit der Schulung von Jüngern und der Entwicklung von Leitern beschäftigt. Aber weil in diesem Prozess der Multiplikation zugleich auch wieder Leiter angeleitet werden, Gottes Wort zu gehorchen, indem sie andere zu Jüngern machen und ihnen beibringen, Gott zu gehorchen, sind am Ende der zwei bis vier Jahre fünf weitere Leiter ausgebildet. Diese Leiter bringen wiederum weitere Leiter hervor. Jeder Leiter investiert zwei bis vier Jahre lang in andere Leiter, die dann wiederum zwei bis vier Jahre lang in andere Leiter investieren - und so weiter. Was man sieht, ist ein explosionsartiges Wachstum, für das scheinbar nicht viel Zeit und Energie nötig ist. Aber der Schein trügt.

Jüngerschaftsbewegungen sind sehr zeit- und energieaufwendig. Leiter investieren einen Großteil ihrer Zeit in die Ausbildung anderer Leiter. Gemeinden setzen sich dafür ein, weitere Gruppen zu starten, die zu Gemeinden werden. Das tun sie, indem sie befolgen, was Jesus gelehrt hat, und indem sie das tun, was dem Wesen und der Aufgabe von der Gemeinde entspricht – sprich: andere darin zu schulen, dasselbe zu tun. In den ersten vier Jahren gab es in der unerreichten Volksgruppe, in der ich arbeitete und die sich sehr ablehnend verhielt, gar keine sichtbaren und messbaren Erfolge. Meine Missionsgesellschaft war drauf und dran, Konsequenzen aus meinem Misserfolg zu ziehen. Aber in diesen vier Jahren trainierte ich fünf Menschen. Diese fünf trainierten 25 weitere, die ihrerseits wiederum Hunderte anderer Menschen trainierten.

Als Menschen ausgebildet und geschult wurden, nach den Anweisungen von Jesus zu leben, wurden aus wenigen Gemeinden mehr Gemeinden. Und aus mehr Gemeinden wurden im Laufe des Jüngerschaftsprozesses Hunderte von Gemeinden. In jeden Leiter wurde jahrelang investiert. Nichts geht schnell. Das scheint nur so, weil mehr und mehr Menschen als Leiter sichtbar werden, wenn der Auftrag von Jesus umgesetzt wird: „Darum geht zu allen Völkern und macht die Menschen zu meinen Jüngern; tauft sie auf den Namen des Vaters, des Sohnes und des Heiligen Geistes und lehrt sie, alles zu befolgen, was ich euch geboten habe“ (Mt 28,19f). Demnach ist die rasante Multiplikation in einer Jüngerschaftsbewegung in Wirklichkeit gar nicht so rasant. Es geht langsam voran, es sieht nur schnell aus. Wir investieren viel in eine Person, um dadurch viele zu erreichen und zu schulen. Wir wollen jedes Jahr wenigstens zwei neue Leute in unseren Mentoringprozess aufnehmen und leiten die neuen Leute dazu an, dasselbe zu tun. Wenn Leiter sich vervielfältigen, wachsen Gemeinden und reproduzieren sich. Wer wirklich irgendwo auf der Welt eine Jüngerschaftsbewegung in Gang setzen und Gott dabei zusehen will, wie er eine Gemeindegründungsbewegung startet, muss Leiter dafür ausbilden, trainieren und begleiten, dass sie alle Gebote von Jesus halten. Um eine sogenannte Jüngerschaftsbewegung beurteilen zu können, muss man sich den Jüngerschaftsprozess und die Ausbildung der Leiter ansehen. Echte und dauerhafte Jüngerschaftsbewegungen investieren sich stark in Leiterschaft und Training. Die Jüngerschaftsbewegung ist die Ursache, die Gemeindegründungsbewegung das Ergebnis.

KAPITEL 2

Das Evangelium nicht kontextualisieren, sondern entkulturisieren

Als ich fünf Jahre alt war, gab mir mein Sonntagschullehrer ein Blatt Papier und Wachsmalstifte und ließ mich ein Bild von Jesus malen. In unserer Gemeinde hingen weder Bilder von Jesus an den Wänden noch gab es Skulpturen von ihm, aber ich bin sicher, dass ich in Büchern, Bibeln oder auf Gemälden schon Darstellungen von Jesus gesehen hatte. Als ich dann meinem Alter und meinen leidlichen Fähigkeiten entsprechend die Aufgabe erledigt hatte, sah mein Jesus in den wesentlichsten Merkmalen genauso aus wie ich: Er hatte weiße Haut, blondes Haar und blaue Augen. Ich liebte Jesus und war stolz darauf, wie ich ihn gemalt hatte.

Als Student engagierte ich mich in den missionarischen Projekten meiner Studentengruppe. Ich sollte unter einer Gruppe von afroamerikanischen Schülern in meiner Nachbarschaft arbeiten - meine erste kulturübergreifende Erfahrung.

Eines Tages waren wir mit dem gesamten Material schon vor Ende der Stunde durch und so gab ich den Kindern Papier, Buntstifte und Wachsmalkreiden und ließ sie Bilder von Jesus malen. Ich war überrascht, auf ihren Bildern Jesus mit schwarzer Haut und afrikanischen Gesichtszügen zu entdecken.

Seit dieser Anfangszeit meiner geistlichen Arbeit fasziniert mich, wie verschiedene Kulturen Jesus abbilden. Ich habe mit Latinos, amerikanischen Indianern, Ostasiaten, Südasiaten, Südostasiaten, Menschen aus dem Mittleren Osten und Afrikanern gearbeitet. In jeder Kultur malen Kinder Jesus so ähnlich wie sich selbst - es sei denn, es wurde ihnen anders beigebracht. Das ist ganz normal und gehört meiner Ansicht nach zu Gottes Plan, wie er die Völker erreichen will. Wie wir wissen, lebt Jesus nicht mehr in Fleisch und Blut auf der Erde. Er ist anders als wir. Heutzutage begegnen wir ihm so, wie ihn der Heilige Geist ihn uns zeigt. Er hat keine Hautfarbe, keine ethnische Abstammung und keine kulturellen Merkmale, abgesehen von Gottes Heiligkeit und Gerechtigkeit.

Wer sein Christsein kulturübergreifend leben will, steht vor der Herausforderung, Jesus so darzustellen, wie der Heilige Geist es tun würde. Das kulturelle Erbe von Jesus ist Gottes Familie. Gott hat jeden Einzelnen von uns unabhängig von unserer kulturellen Identität nach seinem Ebenbild geschafften. Als Kinder, die von ihm adoptiert wurden, haben wir die Verantwortung, ihm ähnlich zu werden. Wir sollten vor anderen Jesus nicht so darstellen, als sähe er aus wie wir. Denn das tut er nicht. Ihn aber so zu beschreiben, wie er gar nicht ist, wäre eine glatte Lüge. Zunächst einmal uns selbst gegenüber und dann auch denjenigen gegenüber, denen wir Jesus vor Augen malen wollen.

Seit 1977 setze ich mich dafür ein, über kulturelle Grenzen hinweg von Jesus zu erzählen. Zu Beginn wurde mir beigebracht, mein Zeugnis für die jeweilige Kultur zu „kontextualisieren". Ich verstand Kontextualisierung im Wesentlichen so, dass ich Jesus für die Menschen akzeptabel machen sollte, indem ich ihn so kleidete, dass er aussah wie sie. Ein bisschen Make-up, neue Kleidung, eine andere Sprache - und voilà: ein Jesus, den sie doch gewiss nicht ablehnen können.

Aber mit der Zeit merkte ich, dass das Make-up, das ich auftrug, zu verlaufen begann. Die Kleider zerschlissen mit der Zeit und die Sprache war alles andere als perfekt. Am Ende tauchte doch der Jesus auf, den ich kannte, und verwirrte meine Gastgeber und verärgerte sie zuweilen.

Egal, wie sehr ich mich auch bemühte, ich schaffte es nie, dass Jesus der anderen Kultur gerecht wurde. Selbst wenn ich meinen herausgeputzten Jesus zum Teil erfolgreich präsentierte, war es äußerst schwierig und anstrengend, das Make-up ständig aufzufrischen, die Kleidung zu pflegen und die Sprache anzupassen. Egal, wie sorgfältig ich die Kultur analysierte und erforschte und Beziehungen knüpfte, gelang es mir nicht, die gastgebende Kultur gut genug kennenzulernen, um Jesus auf vollkommen kontextualisierte Art darzustellen. Sowohl meine Kleider, Essgewohnheiten und meine Sprache als auch die übernommenen kulturellen Formen familiärer Beziehungen, gesellschaftlichem Engagement und der Gottesdienste waren immer im besten Fall leicht daneben und im schlimmsten Fall katastrophal.

Ich fing an, das Konzept der Kontextualisierung infrage zu stellen. Vielleicht war ich auch einfach nicht der Richtige, um Jesus in einer anderen Kultur vorzuleben. Ich bat Gott, mir doch zu zeigen, wie ich ihn anderen Menschen beschreiben soll. Und ich werde nie vergessen, wie Gott begann, wie alle guten Lehrer es tun, mich durch die Erfahrungen anderer, durch meine eigenen und durch praktische Anschauung zu lehren. Seit 1985 war ich in den unerreichten und den am allerwenigsten erreichten Gebieten der Welt unterwegs. Ich war gezwungen, im Geheimen zu arbeiten und meine wahre Identität zu verbergen. Alles andere hätte dazu geführt, meine Anknüpfungspunkte mit den Menschen zu verlieren, zu denen mich Gott gesandt hatte - und zudem den Tod derjenigen zu riskieren, die durch mein Zeugnis ein Leben mit Jesus begonnen hatten. Ein verkleideter Jesus war keine Option. Ich war zu oft nicht vor Ort und hatte weder Zeit noch Lust, Schminke und Kleidung in Ordnung zu halten und die Sprache perfekt zu beherrschen. Ich musste einen anderen Weg finden.

Meine erste lehrreiche Erfahrung kam, als ich einem Einheimischen meine Geschichte mit Jesus erzählen durfte. Er war ein angesehener, älterer Ladenbesitzer, der mit mir als Ausländer keine Probleme hatte. Wir unterhielten uns beinahe täglich. Ich mochte ihn und er mich offenbar auch. Ich verschwieg mein Christsein nicht - aufgrund meiner weißen Hautfarbe vermutete das ohnehin jeder. Er machte auch keinen Hehl daraus, dass er Hindu war. Eines Tages kamen wir auf Religion zu sprechen. Als geschulter Christ war ich begeistert über diese Chance. Aber wie sich herausstellte, war es vielmehr die Chance, etwas zu lernen, als jemanden ins Reich Gottes zu führen.

Der ältere Herr sagte, dass er das Christentum einfach nicht verstehe. Er könne sich nicht vorstellen, seine Religion, die so sehr in seinem Alltag verankert war, aufzugeben, um eine neue Religion anzunehmen, die aus seiner Sicht überhaupt kein Teil des Alltags der Christen war, die er kannte. Er begann jeden Tag mit Meditation, Opfergaben und Gebeten und hielt auch im Lauf des Tags immer wieder inne für Gebet und Meditation. Jede geschäftliche Tätigkeit wurde gesegnet und jeder Dollar, den er verdiente, war ein Opfer an seinen Gott.

Jedermann kannte seine Hingabe. Sie spielte in seinem Privatleben genauso eine Rolle wie in der Öffentlichkeit. Die Fragen, die er mir stellte, trieben mich in langes und tiefes Nachdenken und Gebet.

- „Weshalb sollte ich den Gott, den ich sehen kann, aufgeben für einen Gott, den ich nicht sehen kann?"
- „Weshalb sollte ich nur einmal in der Woche Gottesdienst feiern, wenn ich es jetzt mehrmals täglich tue?"
- „Warum sollte ich ohne die Gegenwart, die Aufsicht und den Segen meines Gottes Geschäfte machen wollen?"
- „Warum sollte ich andere mit Worten von meiner Heiligkeit zu überzeugen versuchen, wenn sie doch meine Hingabe zu meinem Gott sehen können?"
- „Warum sollte ich meine Kinder nur durch Worte lernen lassen statt durch mein Leben?"

Dieser Mann hatte eine eingeschränkte und verzerrte Sicht von engagiertem Christsein, aber die heimliche und private Form des Gottesdienstes, die normal war für die meisten Christen, die er kannte und beobachtete, trug sicher zu seiner falschen Wahrnehmung bei. Ich sah ein, dass sich das ändern musste. Ich bat Gott, dass sich ein Einheimischer aus dieser Kultur fand, der Jesus so annehmen konnte, wie ich ihn kannte, den Kern seines Wesens aber auf eine Art und Weise vermitteln konnte, die in dieser Kultur verständlich war. Als ich für diesen Menschen betete, wurde mir klar, dass ich einen Weg finden musste, so von ihm zu erzählen, dass weniger kulturelle Aspekte mitschwingen. Das ist etwas ganz anderes, als Jesus so zu verkleiden, dass er von der anderen Kultur akzeptiert wird. Kann ich denn eine andere Kultur jemals so gut begreifen, dass ich Jesus so darstellen könnte, wie es den Erwartungen, Wünschen oder Bedürfnissen entspricht? Nein. Aber ich kenne meine eigene Kultur und wenn ich die Bibel aufrichtig lese, wenn ich kritisch hinterfrage und mich vorbereite, kann ich auf eine kulturunabhängige Weise von Jesus erzählen, dass diejenigen, die Gott erwählt und vorbereitet hat, diese Sicht in eine andere kulturelle Form bringen können. Ich habe mit der Zeit gelernt, dass Gott in jeder Kultur Männer und Frauen auswählt und vorbereitet, die Christen aus einer anderen Kultur begegnen und von ihnen lernen können, eine Beziehung mit Jesus zu führen. Sie können den kulturellen Ballast abstreifen (den wir selbst bereits minimieren können) und Jesus ihrer Kultur auf liebevolle und einfühlsame Weise nahebringen. Menschen werden verändert und Gottes Herrschaft breitet sich aus.

Die Notwendigkeit, meine eigene Kultur und kulturelle Erwartungen abzulegen, wurde am deutlichsten im Bereich von Gottesdienst- und Anbetungsformen. Wenn ich meinen neuen Freunden etwas über Anbetung beibrachte, vermittelte ich ihnen die dazugehörigen Elemente, nicht aber einen Stil oder eine Form. Das war natürlich nicht einfach. Was für mich ganz normal war, war ihnen völlig fremd. Ich lernte, ihnen Fragen zu stellen.

Als wir über das Gebet sprachen, fragte ich sie, wie sie beteten. Sie fingen an, so zu beten, wie es ihnen vertraut war, und sie wandten sich dabei an den Gott, den wir alle kannten und liebten. Als wir über gemeinsames Singen sprachen, fragte ich sie, welche Lieder sie sangen. Sie kannten keine. Aber statt ihnen Lieder beizubringen, inspirierte der Heilige Geist sie, eigene Lieder zu schreiben. Es klang nach ihrer Musik und Gott wurde durch sie verehrt und verherrlicht.

Als wir über das Thema Lehre sprachen, fragte ich sie, wie sie anderen etwas über die Bibel beibringen würden. Ihr Stil war anders als meiner, aber in ihrer Kultur vollkommen normal. Als wir über das Predigen sprachen, fragte ich, wie sie andere ermutigen würden, sich an das zu halten, was Jesus gelehrt hat. Die Predigtweise, die sich daraus ergab, unterschied sich von dem, was ich gewohnt war, aber sie entsprach ihren Bedürfnissen und war in ihrer Kultur akzeptiert.

Als wir über das Thema Gemeindeleitung sprachen, fragte ich, wie bei ihnen Gruppen geleitet wurden. Wir entwickelten einen anderen gemeindlichen Ansatz als den, den ich verfolgt hätte, aber er passte zu ihnen und zu der Art, wie sie Dinge anpackten.

Anbetung und Gemeinde gehörten bei meinen neuen Freunden zum tagtäglichen Lebensstil, der sich durch den Tagesverlauf zog und sichtbar war für ihr soziales Umfeld. Manche lehnten ihn verächtlich ab, andere spotteten darüber, aber das Umfeld konnte viel mehr damit anfangen als mit allem, das ich ihnen hätte vermitteln oder vorleben können. Es entfaltete seine Wirkung.

Doch egal, wie gründlich wir den Kern der Botschaft von kulturbedingten Aspekten lösen, manche Aussagen der Bibel stehen einfach gegen alle kulturellen Normen. In einer Kultur, in der Polygamie normal ist, ist es beispielsweise schwer zu akzeptieren, im Leben nur eine Frau zu haben. In einer solchen Situation muss man biblische Prinzipien lehren, vor allem aber muss man lehren, dass alle dazu aufgerufen sind, Gott zu gehorchen. Der Missionsbefehl (Mt 28,19-20) beinhaltet auch die Ermahnung zu lehren, alles zu befolgen, was Jesus gelehrt hat. Ich musste lernen, dass es etwas anderes ist, ob ich biblische Lehre vermittele oder ob ich Gehorsam lehre.

Als ich nach Übersee ging, nahm ich allerlei biblisches Lehrmaterial für Menschen am Anfang des Glaubens mit. Aber ich stellte fest, dass auch in den Lehrmeinungen schon kultureller Ballast steckt. Zur Lehrmeinung gehören ja normalerweise die Auffassungen einer Gemeinde oder Denomination darüber, was die Bibel sagt und wie das (in ihrer eigenen Kultur) konkret gelebt werden soll. Zu diesen Lehrmeinungen gehören aber häufig auch Formen und Traditionen, die gar nicht unmittelbar aus dem biblischen Kontext stammen, aber sowohl zum biblischen als auch zu dem kulturellen Kontext passen, in dem diese Lehrmeinungen entwickelt wurde: Gemeindeordnungen, Mitarbeiterschaft, Ordination, die Praxis von Taufe und Abendmahl, die Unterscheidung von Geistlichen und Laien – all diese und viele weitere Themen können erheblichen kulturellen Ballast mit sich tragen, der nicht direkt aus der Bibel stammt, aber der Bibel in dieser Kultur auch nicht widerspricht. Wer Jesus in anderen Kulturen vermitteln will, muss in der Lage sein, die kulturell geprägten Inhalte zu identifizieren und aus seiner Lehre zu verbannen. Das geht am besten, wenn man nur die Bibel als Lehrmaterial verwendet und die Menschen Fragen zur Bibel beantworten lässt, statt ihnen unsere Antworten zu erzählen. Wir müssen lernen so zu lehren, dass wir nur eine beschränkte Anzahl Fragen stellen, statt alle Fragen zu beantworten oder zu allem eine Meinung parat zu haben.

Wir konzentrieren uns in der Jüngerschaft auf den Gehorsam dem Evangelium gegenüber, nicht auf die Zustimmung zu einer Lehrmeinung. Steht die Lehrmeinung im Mittelpunkt des Jüngerschaftsprozesses, muss man alle Details vermitteln, damit die Person das nötige Wissen hat, um gehorsam zu sein. Steht der Gehorsam im Mittelpunkt, liegt der Schwerpunkt auf der Frage, wie wir Jesus in jedem Bereich unseres Lebens und in jeder Situation nachfolgen können. Wenn jemand, der neu mit Jesus unterwegs ist, eine Frage stellt, ist meine Antwort immer dieselbe: Was musst du tun, um Jesus nachzufolgen und zu gehorchen? Möglicherweise muss ich ihm oder ihr helfen, die passenden Bibelstellen zu finden, um die Frage zu beantworten, aber meine Frage bleibt immer dieselbe. Bei dieser Art zu lehren, definieren wir Glauben als Gehorsam gegenüber dem, was Jesus lehrt, und zwar in jeder Situation und unter allen Umständen und unabhängig von den Konsequenzen.

Während einer Taufe war der Dorfälteste sichtbar aufgewühlt. Er und seine Familie sollten getauft werden, als aber der Zeitpunkt näher rückte, wurde er immer aufgeregter und sogar ärgerlich und murmelte vor sich hin: „Das ist falsch" und „Das ist böse." Ein kluger Mitarbeiter ermunterte ihn, seine Gefühle zu äußern, und bat ihn zu erklären, was an der Taufe falsch oder böse sei. Der Dorfälteste erklärte, es sei falsch, dass ein Mann, der nicht zur Familie gehörte, die Frauen seiner Familie berührte. Laut Taufordnung sollte ein ordinierter Pastor die Taufe vornehmen. Der Mitarbeiter stellte sich sofort die Frage: Wie kann ich in dieser Situation tun, was Jesus sagt? Rasch fragte er den Dorfältesten, ob es angemessener wäre, zuerst ihn zu taufen, sodass er dann selbst die anderen taufen könnte. Der Ablauf wurde verändert und die Taufe fortgesetzt.

Wir lernten, dass unsere gewohnte Taufpraxis der Ausbreitung des Evangeliums im Wege stand. Viele Frauen lehnten es ab, getauft zu werden, wenn ein Mann, der nicht zur Familie gehörte, sie dabei berühren sollte. Dass die Taufe durch ordinierte Geistliche durchgeführt werden muss, war aber gar keine biblische Vorgabe, sondern bloß eine kirchliche Tradition. Mit einer simplen Abwandlung des Ablaufs stieg die Anzahl der Taufen - von einigen wenigen pro Monat auf Dutzende, wenn nicht hunderte pro Woche. Noch wichtiger war die neue Leitungsverantwortung im Dorf. Viele, die ansonsten am Rand geblieben wären, wurden zu Schlüsselfiguren, als sie ihrer geistlichen Verantwortung nachkamen, ihre Familien zu taufen. Sie wurden zu echten geistlichen Führungspersonen in ihren Familien und Dörfern.

Wie sie vielleicht herausgelesen haben, werden Taufen in den Regionen, in denen wir arbeiten, meist in der gesamten Familie vollzogen. Ganzen Familien wird das Evangelium in einem Entdeckerbibelstudium erklärt. Das verhindert, dass Menschen für die Evangelisation aus ihrem Umfeld gerissen werden und Bekehrungen führen normalerweise gleich zu einer Gemeindegründung. Ein Kind oder eine Frau kann die Tür zu einer Familie sein, aber zur Entscheidung, Christus nachzufolgen, führt im Normalfall ein Familienoberhaupt seine ganze Familie. Das ist anders als in anderen Kulturen, aber wenn wir an der traditionellen Bekehrung Einzelner festgehalten hätten, wäre das Gemeindewachstum behindert worden.

Es gibt noch viele weitere Beispiele, wie Form und Praxis aus einer Kultur eine negative oder neutrale Wirkung in einer anderen Kultur haben. Wahrscheinlich kennen Sie viele Beispiele aus Ihrer eigenen Arbeit. Wer das Evangelium kulturübergreifend vermitteln will, muss die kulturbedingten Aspekte seiner Lehrmeinung und Glaubenspraxis abstreifen und den Einheimischen helfen, biblisch angemessene Wege zu finden, ihre Liebe und Hingabe zu Jesus und die Anbetung ihres Herrn auszudrücken.

Stellt sich noch die Frage: Welche Hautfarbe hat Jesus? Für alle, die das Evangelium kulturübergreifend vermitteln, ist die Hautfarbe von Jesus immer neutral. Wenn Jesus Christus in einer Kultur Eingang findet, sieht er aus wie die Mitglieder dieser Kultur. Er verkörpert in dieser Kultur Gott und seine Gerechtigkeit. Er ist der Maßstab, an dem jeder in dieser Kultur gemessen wird. Indem man seinem Wort gehorcht, wird die Liebe vollkommen werden.

Die Aufgabe eines kulturübergreifenden Mitarbeiters ist demnach, das Evangelium zu entkulturisieren - das Evangelium ohne Kommentar, aber mit der Frage zu vermitteln: „Wie folgen wir dem, was Gott sagt?“ Was nicht in der Bibel zu finden ist, führen wir erst gar nicht in die Kultur ein. Die Aufgabe eines kulturübergreifenden Mitarbeiters ist es auch, das Evangelium zu kontextualisieren - das Evangelium mit der Frage zu vermitteln: „Was müssen wir in unserem Leben und in unserer Kultur verändern, damit wir dem folgen, was Jesus gelehrt hat?“

Auch wer innerhalb seiner eigenen Kultur arbeitet, ist nicht ausgenommen davon, Familienangehörigen und Freunden kulturübergreifend zu begegnen. Denn allein mit unserer Entscheidung, Jesus nachzufolgen, verändert sich unsere Kultur: Unsere Werte verändern sich. Unsere Art, Konflikte zu lösen, unsere Sprache, unsere Hobbys verändern sich. Zwei Jahre nach der Entscheidung, Jesus nachzufolgen, gehören wir in unserer Kultur nicht mehr zu den Insidern. Wir haben uns verändert. Die anderen sind gleich geblieben.

Wenn wir Freunde und Familienangehörige zu christlichen Veranstaltungen einladen oder Gespräche über den Glauben führen wollen und dabei erheblichen Missverständnissen und Differenzen begegnen, versuchen wir vermutlich gerade, ihnen als kultureller Insider zu begegnen, obwohl wir gar keiner mehr sind. Wir müssen das Evangelium entkulturisieren, damit unsere Familie und Freunde es ohne kulturellen Ballast verstehen und selbst kontextualisieren können.

KAPITEL 3

Das Evangelium aussäen statt Religion zu vermitteln

Ich war nie darauf aus, eine Hausgemeindebewegung zu starten. Und das hat sich bis heute nicht geändert. Wenn ich in neuen Regionen mit neuen Leuten arbeite, besteht mein Ziel nicht darin, eine Hausgemeindebewegung zu starten. Vielmehr will ich in jeder Gesellschaftsschicht mit dem Evangelium der Verlorenheit begegnen. Ich habe keine konkrete Vorstellung davon, wie die neue Gemeinde vor Ort auszusehen hat, wenn wir über Verlorenheit sprechen, das Evangelium weitergeben, Familien und Verwandtschaftsgruppen zu Christus kommen, gesellschaftliche Gruppen sich verändern und neue Gemeinden entstehen. (Später dazu mehr.)

Die Gemeinde gehört Christus. Er bestimmt, wie die Gemeinde wächst und wie sie aussieht. Die Gläubigen prägen sie sicher auch, aber Christus ist das Haupt der Gemeinde. Menschen aus unterschiedlichen Kulturen und Gesellschaftsgruppen werden Gemeinde unterschiedlich leben, wenn sie sich in ihrem eigenen Kontext an die Bibel halten und der Führung des Heiligen Geistes folgen. Wer andere zu Jüngern macht, muss das Evangelium so ehrlich und so ehrlich und so kulturunabhängig wie möglich vermitteln. Wenn Familien, Freundeskreise und Einzelne sich für Jesus öffnen, lassen wir sie durch unser Vorbild und unser Reden entdecken, was die Bibel zu sagen hat und wie man sich an sie hält. Wir glauben nicht, dass es nur eine Gemeindeform gibt, die den Aussagen der Bibel entspricht. (Damit meinen wir, dass nicht jeder auf dieselbe Art und Weise Gottesdienst feiern, beten, mitarbeiten, fasten, singen oder sonst etwas tun muss, um dem zu folgen, was Jesus gelehrt hat.) Wenn wir in unserem eigenen Kontext bibelgemäß leben, wird das anders aussehen, aber das tut dem Gehorsam keinen Abbruch. Mancherorts mögen auf diese Weise Hausgemeinden entstehen. In einem anderen Kontext passen ganz andere Gemeindestrukturen vielleicht viel besser.

Unsere eigene Kultur zu durchschauen – und damit all ihre religiösen und landesspezifischen Traditionen – und zu verhindern, dass unsere neue Arbeit von ihr geprägt wird, ist die größte Hürde, die es zu überwinden gilt. Unsere christliche Kultur kann einen extrem negativen Einfluss auf den Jüngerschaftsprozess haben. Wir erleben, dass immer weniger Menschen etwas mit der christlichen Kultur zu tun haben wollen. Die christliche Kultur – nicht zu verwechseln mit Gott oder mit dem, was er uns durch die Bibel lehrt – verhindert sogar sehr oft, dass Menschen eine Beziehung zu Jesus entwickeln. Außerdem wollen immer weniger Menschen generell etwas zu tun haben mit allem, das nach Religion klingt oder aussieht. Deshalb vermeiden wir „kanaanäische" Begriffe, Formulierungen, Anreden und so weiter. In Nordamerika sind die meisten vom Christentum umgeben (obwohl das in den Großstädten gerade rapide abnimmt). Deshalb ist es nicht ungewöhnlich, dass Menschen sich den christlichen Wortschatz auch selbst zu eigen machen, wenn sie von ihren religiösen Erfahrungen und Gedanken erzählen. Aber diese Zuordnung überlassen wir ihnen. Wir dagegen tun alles dagegen, unsere eigene christliche Kultur, unsere gemeindeinternen Begriffe oder Formen auf eine neue Arbeit zu übertragen. Dazu zählen wir

- ▹ die Vorstellung, dass neue Gemeinden eine bestimmte Struktur haben, zu einer bestimmten Denomination gehören oder bestimmte Formen teilen müssen,
- ▹ einen offiziellen und standardisierten Schulungsprozess für Leiter,
- ▹ eine formelle Ordination, die für Leitungsaufgaben qualifiziert,
- ▹ eine starke bis strikte Kontrolle, was und wie in der Gemeinde gelehrt und gepredigt wird und dass Taufen und Abendmahl nur durch ordinierte Leiter durchgeführt werden,
- ▹ in manchen Fällen die hohe Priorität, ein Gebäude zu haben, das „Kirche" genannt wird und
- ▹ die Überwachung sämtlicher Gemeindebereiche.

Bitte verstehen Sie uns richtig. Wir halten diese Punkte nicht für falsch. Es ist das gute Recht jeder Organisation oder Gemeinde darzulegen, wie sie Gemeinde versteht und was Einzelne oder Gruppen mitbringen müssen, um zum Gemeindebund, zur Organisation oder Gemeinde zu gehören. Aber die meisten dieser Punkte sind gar nicht in der Bibel zu finden, beeinträchtigen aber die Gemeindegründung, weil sie die natürliche Multiplikation erschweren. Und bloß das, was man schon seit Jahren tut, nun als Gemeindegründungsbewegung, Jüngerschaftsbewegung oder ansteckende Jüngermultiplikation zu bezeichnen, funktioniert nicht.

Natürlich hat mir all das Probleme mit meinem Gemeindebund eingebracht. Man war überzeugt, dass jede neue Arbeit genauso aussehen sollte wie die bestehenden Gemeinden, obwohl das schon in der Vergangenheit hinderlich war und auch jetzt problematisch ist, wenn Menschen sich dem Evangelium zuwenden. Die Statistik zeigt, dass in den USA die eingesessenen Gemeinden im Verhältnis zum Bevölkerungswachstums immer stärker an Boden verlieren. Noch immer finden Menschen ihre geistliche Heimat in von der christlichen Kultur geprägten Gemeinden – sowohl in institutionalisierten als auch in Hausgemeinden. Aber eine wachsende Zahl von Menschen lehnte diese Kultur ab und sehnt sich nach etwas anderem.

Entkulturisierung ist schwierig. Wenn wir Menschen zu Jüngern machen, kämpfen wir ständig gegen unsere christliche Kultur an. Oft arbeiten wir an einem Tag in einer traditionell christlich geprägten Gemeinde und am nächsten in einem Umfeld, das antichristlich eingestellt ist. Von 1973 bis 1997 habe ich innerhalb eines Gemeindebunds gearbeitet. 25 Jahre lang in einer bestimmten Kultur gelebt zu haben, lässt sich nicht einfach wegwischen oder ignorieren. Aber ich habe mich entschieden, weiter daran zu arbeiten. Je weniger religiös ich auf der einen Seite bin und je geistlicher oder spiritueller auf der anderen, desto wirkungsvoller kann ich Menschen zu Jüngern machen.

Wir dürfen niemals Religion mit geistlichem Leben oder Spiritualität gleichsetzen. Religion handelt davon, wie wir Gemeinde gestalten. Geistliches Leben hingegen meint, wie wir unsere Beziehung zu Gott und den Menschen so leben, dass wir selbst, unsere Familien und unser soziales Umfeld verändert werden. Verlorene Menschen fühlen sich von Religion meist abgestoßen, empfinden geistliche Männer und Frauen aber als unerklärlich anziehend. Wir versuchen deshalb, in unserer Jüngerschaft weniger religiös zu sein. Wir bemühen uns überall um geistliches Wachstum: um eine Vertiefung unserer Beziehung zu Gott durch Jesus Christus und durch die Kraft des Heiligen Geistes, die uns verändert und in unseren Familien und unserem sozialen Umfeld eine Offenheit für Jesus bewirkt.

Menschen spüren, wenn wir ihnen mit Liebe begegnen. Unsere Taten sprechen lauter als unsere Worte, denn sie öffnen die Ohren derer, die hören wollen, was wir zu sagen haben. Lieben wir die Menschen, dann werden sie zu Christus kommen, während wir uns um sie kümmern und ihnen helfen, Gott für sich selbst zu entdecken.

KAPITEL 4

Wissen, dass „christliche Marken“ nur schwer den Missionsauftrag erfüllen können

Es sei vorneweg betont, dass ich (David) nichts gegen Gemeindebünde, Gemeinden oder christliche Organisationen habe. Ich habe mehr als 15 Jahre für einen Gemeindebund gearbeitet, hatte zehn Jahre Leitungsverantwortung in Gemeinden und gehöre seit über fünfzig Jahren derselben Denomination an. Wir beide, Paul und ich, arbeiten selbst für eine christliche Organisation.

Wir stellen jedoch fest, dass Organisationen, die eine bestimmte „christliche Marke“ hochhalten, es schwer haben, den Missionsauftrag zu erfüllen. Geschichtlich betrachtet, haben sich Gemeindebünde und ihre angegliederten Bildungseinrichtungen darauf konzentriert, vor allem ihre eigene „christliche Marke“ zu bewerben. In manchen Teilen der Welt wachsen die Gemeindebünde, in anderen Teilen hingegen entstehen andere Netzwerke und nehmen ihren Platz ein. Mit „christlicher Marke“ meinen wir, dass solche Gemeindebünde darauf bestehen, dass sämtliche Gemeinden unter ihrem Dach und auch alle Neugründungen genau ihre Sichtweisen übernehmen, ihre Glaubenspraxis und auch ihre Gemeindegeschichte. Alle Gruppen, die ihre „christliche Marke“ schützen wollen, sind bibelorientiert und geschichtsbewusst. Wie strikt sie die Anpassung an ihre Lehrmeinungen und Glaubenspraxis fordern, ist unterschiedlich. Aber was sie lehren, ist bestenfalls nur ein Teil dessen, was die Bibel zu sagen hat. Schlimmstenfalls lehren sie Inhalte und Lebensweisen, die nicht in der Bibel zu finden sind, sondern auf die Gemeindegeschichte zurückzuführen sind. Gottesdienstformen, Leitungsstile und Verwaltungsmodelle stammen überwiegend nicht aus der Bibel und trotzdem beharren alle Gemeindebünde auf einer biblischen Grundlage für diese Formen.

Solche Gruppierungen lassen manche biblischen Abschnitte weg oder spielen deren Bedeutung herunter und betonen andere Abschnitte, die ihre Sichtweisen unterstützen. Konfrontiert man sie mit biblischen Aussagen, die nicht dem entsprechen, was sie lehren, zücken sie die Karte „Interpretationssache" oder bezeichnen diese Texte sogar als „gefälscht" oder „außerbiblisch" oder als nicht mehr relevant für heute.

Viele dieser Gruppierungen stellen ihre historisch gewachsenen Überzeugungen und Gepflogenheiten auf dieselbe Ebene wie die Bibel. Manche stehen ganz offen dazu. Andere widersprechen dem, tun es in der Praxis aber doch. Wenn Sie selbst zu einem Gemeindebund gehören, der seine „christliche Marke" hochhält, vergewissern Sie sich, dass Glaubenslehre und -praxis mit dem Inhalt der gesamten Bibel übereinstimmen. Fangen Sie bei den Punkten an, bei denen der Bund keine Kompromisse eingeht (oder andere darin kritisiert).

Und darin liegt die eigentliche Problematik. Wenn wir uns die Besucherzahlen vieler dieser Kirchen ansehen (und hier sind auch jene Länder mit eingeschlossen, in denen die Kirchen staatlich geführt sind), erkennen wir, dass nur ein kleiner prozentualer Anteil der Bevölkerung überhaupt am Leben ihrer Kirche teilnimmt. In den meisten Fällen sind diese „christlichen Marken" nur für jeweils zwei bis fünf Prozent der Gesellschaft anziehend – das gilt auch für Länder mit Staatskirchen. Alle, die eine bestimmte „Marken-Kirche" besuchen möchten, tun das ohnehin schon. Alle anderen wissen etwas darüber und entschließen sich bewusst, nicht hinzugehen. Was bedeutet, dass viele sich dagegen entscheiden, überhaupt Teil einer „Marken-Kirche" zu werden.

Ganz gleich welche „christliche Marke" Ihnen also zusagt, sie wird lediglich für etwa maximal fünf Prozent der Gesellschaft interessant sein. Und alle, die mit ihr etwas anfangen können, gehören schon dazu. Leider tauchen viele Mitglieder nur zu bestimmten Anlässen auf.

Wie kommen wir also darauf, zu glauben, eine bestimmte christliche Konfession – oder auch alle Konfessionen, die den Missionsbefehl umsetzen – könnten erfolgreich die Welt für Jesus erreichen? Seit ungefähr 1600 Jahren gibt es verschiedene christliche Gruppierungen und die optimistischsten Schätzungen gehen davon aus, dass sich 32

Prozent der gesamten Weltbevölkerung als Christen bezeichnen. Zudem nehmen nur etwa 20 Prozent all derer, die sich Christen nennen, regelmäßig am Leben irgendeiner Kirche oder Gemeinde teil.

Wenn wir weiterhin tun, was wir schon immer getan haben, werden wir auch weiterhin dieselben Ergebnisse erzielen. Sämtliche Strategien zur Erfüllung des Missionsbefehls haben sich in 1600 Jahren konfessioneller Christenheit oder auch seit Beginn der Reformation im Jahr 1517 als nicht erfolgreich erwiesen. Die Realität ist doch, dass Christsein im größten Teil der Welt nicht sehr angesehen ist. Statt Christus ähnlicher zu werden, haben wir Christus uns ähnlich gemacht – und das ist die abscheulichste Form von Götzendienst. Weshalb glauben wir, dass irgendjemand unsere Religion übernehmen möchte? Die Menschen haben unsere Religion in der Praxis erlebt und daraufhin abgelehnt. Im Zentrum der christlichen Religion stehen die Institutionen, die vor allem für ihre eigene „christliche Marke“ werben wollen.

Eine weitere Hürde im „markengeschützten Christentum“ ist der umfangreiche Ausbildungs- und Schulungsprozess, den Leiter durchlaufen müssen, um sich für die Leiterschaft zu qualifizieren. Der dadurch entstehende Engpass nimmt uns jede Hoffnung, den Missionsauftrag zu erfüllen, bevor noch eine weitere Generation stirbt. Alle theologischen Hochschulen, Bibelschulen und Gemeindenetzwerke zusammen können gar nicht genügend Leiter hervorbringen, um den Auftrag zu Ende zu führen. Der Ausbildungs- und Schulungsprozess verhindert die Erfüllung des Missionsbefehls. Wir haben uns weit entfernt vom ersten Jahrhundert, als ungebildete Fischer neue Volksgruppen, Nationen und Städte erreichten, innerhalb weniger Monate Gemeinden gründeten und kurz darauf weiterzogen. Wir haben die Einfachheit abgelegt und damit die Fähigkeit eingebüßt, Leiter rasch zu reproduzieren, um Volksgruppen effektiv zu erreichen. Wenn wir neue Gläubige über das gesunde Maß hinaus schulen und leiten, verhindern wir die Multiplikation, die das Land und diese Welt erfassen könnte.

Jesus ließ elf – zum Teil zweifelnde – Männer auf einem Hügel zurück. Manche waren Analphabeten, andere Rebellen. Wir würden von allen sagen, dass sie schlecht auf die Aufgabe vorbereitet waren, die

Jesus ihnen und der Gemeinde gab. Wenn Jesus diese elf äußerst unbedeutenden Leiter für ausreichend fähig hielt, den Missionsauftrag zu erfüllen, sollten wir vielleicht unser eigenes Tun hinterfragen.

In einer Jüngerschaftsbewegung geht es darum, das zu tun, was schon im ersten Jahrhundert auf der Tagesordnung stand: Menschen das Evangelium weiterzugeben und ihnen beizubringen, es zu befolgen; sie zu treuen Jesusnachfolgern werden zu lassen; sie darum ringen zu lassen, in ihrem eigenen Kontext Gottes Wort zu gehorchen und ihnen zu erlauben, innerhalb der biblischen Grenzen ihre eigenen Formen von Gottesdienst, Leiterschaft und Gemeindestrukturen zu entwickeln.

Erst wenn Gemeindebünde und Organisationen, die für eine bestimmte „christliche Marke" werben, ihre Unterschiede beiseite legen und anfangen, das Evangelium auszusäen statt ihre eigene Lehrmeinung, haben wir vielleicht eine Chance, den Missionsauftrag zu erfüllen. Nur wenn wir dazu übergehen, Menschen zu Jüngern zu machen, statt Kunden für unsere Marke zu finden, hat der Missionsbefehl eine Chance. Bevor es soweit ist, werden wir Christen dieselben Fehler wie unsere Vorväter machen. Paul und ich ziehen es vor, aus unseren Fehlern zu lernen, statt sie zu wiederholen.

Wenn die Vertreter der christlichen „Marken-Kirchen " anfingen, das Evangelium auszusäen, Menschen anzuleiten, gehorsame Jünger zu werden und ihre geliebten Lehrmeinungen und Gepflogenheiten in den Hintergrund zu stellen, wäre der Missionsauftrag binnen einer Generation ausgeführt. Auch diese „christlichen Marken" würden wachsen wie nie zuvor, weil sie endlich für die Menschen relevant würden, wenn sie ihnen aus Gehorsam gegenüber Gottes Wort dienen.

KAPITEL 5

Wissen, dass die Formen von den gesellschaftlichen Rahmenbedingungen abhängen

Rahmenbedingungen, Strategien und Methoden sind eng miteinander verknüpft. Die Rahmenbedingungen bestimmen sowohl die Strategie als auch die methodische Vorgehensweise. Wenn das Ziel ist, einen Berg zu erobern, bestimmt dieses Ziel, welche Truppe und welche Ausrüstung nötig sind. Man würde keine Fahrzeuge anfordern, um einen Berg zu erstürmen. Die Fahrzeuge würden lediglich die gut ausgebildeten Bodentruppen transportieren, die dann das raue Terrain zu Fuß überwinden würden.

Weil die Rahmenbedingungen Strategie und Methode bestimmen, kann ein und dieselbe Form unmöglich allen Situationen gerecht werden. Wenn eine Armee nur Panzer zur Verfügung hat, kann sie auch nur dort eingreifen, wo Panzer einsatzfähig sind. Genau aus diesem Grund gibt es sehr unterschiedliche Streitkräfte. Soldaten, die in Städten kämpfen, werden anders ausgebildet als solche, die in der Wüste operieren, Marinesoldaten anders als die der Luftwaffe.

Aktuell geht es in vielen Publikationen zur Jüngerschaft viel um Strukturen. Man diskutiert über die Strukturen organischer Gemeinden (Hauskirchen) und institutionalisierter oder traditioneller Kirchen (Megagemeinden). Manche Gemeinden sind um eine soziale Gruppe herum strukturiert, andere um verschiedene Veranstaltungen herum, wieder andere legen großen Wert auf Wissen und Erkenntnis. Manche bevorzugen kleine Gruppen, andere schätzen große Gottesdienste mit Gleichgesinnten. Und wieder andere halten die ganze Debatte über Strukturen für Unfug.

Die meisten theologischen Hochschulen, Bibelschulen und Gemeinden schulen ihre Mitarbeiter dafür, Gemeinden zu gründen, die dem Stil und der Struktur (der „Marke“) ihrer bisherigen Gemeinden entsprechen. Megagemeinden gründen Megagemeinden – oder zumindest Gemeinden, die dazu werden sollen. Hausgemeinden gründen ausschließlich Hausgemeinden und manchmal lehren sie sogar, dass alle anderen Gemeindeformen verfehlt oder gar gefährlich sind. Wenn wir in der Jüngergewinnung nur die Form der sendenden Gemeinde im Blick haben, ist das so, als würde eine Armee nur eine Sorte Fahrzeuge oder eine einzige Strategie für sämtliche Ziele einsetzen. Es kann sein, dass diese Armee mit ihrer einseitigen Ausrüstung und Taktik erfolgreich ist, weil der Auftrag zufällig genau dazu passt. Aber in den meisten anderen Fällen wird sie eine Niederlage kassieren. Egal, wie gut sie ausgebildet, wie stark sie motiviert und dem Auftrag verpflichtet ist: Eine Panzerarmee kann unmöglich ein Sumpfgebiet, geschweige denn Seen und Flüsse erobern.

Strategie und Methoden richten sich nach den Rahmenbedingungen des Vorhabens - nicht die Methoden bestimmen die Strategie. Leider waren bisher die Gemeindestrukturen (die Methoden und Vorgehensweisen) der gründenden Gemeinde entscheidend und nicht das soziale Umfeld, in dem die Gemeindegründung stattfinden sollte. Wenn die Methoden für Gemeindegründung nur auf die Methoden der sendenden Organisation oder Gemeinde beschränkt sind, ist der gesamte Prozess von vornherein mit hoher Wahrscheinlichkeit zum Scheitern verurteilt, weil für die Mitarbeiter Methoden und Strategien im Vordergrund stehen und nicht die Rahmenbedingungen.

Städtische Bewohner brauchen andere Angebote als eine ländliche Bevölkerung und eine Stammeskultur andere als Nomaden. Denn die Rahmenbedingungen sind ganz andere. Wollte man eine Gemeinde in einem Gebäude gründen, wenn man unter Nomaden arbeitet? Wollte man basisdemokratische Formen in einer Stammeskultur umsetzen? Nur, wenn man die Kultur verändert, sind Menschen bereit, ihre gewohnte Lebensweise aufzugeben und sich der des Gemeindegründers anzupassen. Das ist aber sehr viel komplizierter und schwieriger, als eine Gemeinde zu gründen, die den bestehenden gesellschaftlichen Strukturen entspricht.

Als ich (David) vor über 20 Jahren nach Indien ging, sagte ein sehr weiser Mitarbeiter zu mir: „Du kannst die indische Kultur nicht verändern, du musst dich ihr anpassen." Anfangs dachte ich, das beziehe sich auf den Stress, eine völlig neue Sprache zu lernen und in die Kultur hineinzufinden. Mittlerweile weiß ich, dass es ihm um viel mehr ging als darum, wie ich rede, esse oder die Toilette benutze.

Wie eine Gemeinde aussehen muss, die sich in Indien multiplizieren kann, hängt von der Kultur und der Gesellschaft in Indien ab - nicht von der Gemeindekultur, in der ich mich wohlfühle. Man muss sogar sagen, dass es für mich fast aussichtslos ist zu erkennen, was dort funktioniert. Daher muss meine Strategie flexibel sein und sich danach richten, wie die Menschen vor Ort weiterhin innerhalb ihrer sozialen Strukturen leben können.

In manchen Regionen versammeln sich Gemeinden daher unter freiem Himmel, um wachsen und weitere Gemeinden gründen zu können. Woanders sind vielleicht kleine Hausgemeinden der richtige Weg. In wieder anderen Situationen passen vielleicht große Gebäude und eine ausgeprägte Gemeindestruktur am besten in die Gesellschaft.

Die Rahmenbedingungen eines sozialen Umfelds zu bestimmen, bezeichnen wir als Weltbildanalyse. Jemand, der von außen hineinkommt, kann sich dadurch erst einmal einen guten Überblick über die sozialen und gesellschaftlichen Strukturen verschaffen, bevor er entscheidet, wie er vorgehen soll. Wer Menschen zu Jüngern machen will und klug ist, hat Ziel und Strategie verinnerlicht, bevor er überlegt, wie er konkret vorgeht. Eine vielfältige und bunt gemischte Bevölkerung benötigt ebenso vielfältige und bunt gemischte Vorgehensweisen. Projekte sind dann am wirkungsvollsten, wenn Einheimische in die Entwicklung der Strategie mit eingebunden sind und später selbst die Strategieentwicklung leiten.

Eine interessante Beobachtung ist, dass Jüngerschaftsbewegungen bisher nur unter ländlichen Bevölkerungsschichten entstanden sind. Unserer Ansicht nach hat das damit zu tun, dass sie weniger komplex sind als städtische. Man braucht nur wenige Vorgehensweisen, um in ländlichen Gegenden Gemeinden zu gründen. Die Stadtgemeinden unserer eigenen Arbeit bestehen zudem aus Dorfbewohnern, die in die Stadt gezogen sind. Man wendet in der Stadt also dieselben Prinzipen an wie auf dem Land und erreicht diese Zugezogenen, nicht aber die typischen Städter. Deshalb müssen wir neue Vorgehensweisen entwickeln.

Somit ist die Jüngergewinnung, die wir in einigen Städten sehen, in Wirklichkeit keine echte Jüngerschaftsbewegung, sondern lediglich ein Nebenprodukt der ländlichen Jüngerschaftsmethoden, die bei den Menschen greifen, die vom Land in die Stadt gezogen sind. Nur wenige Methoden wurden speziell entwickelt, um in einer Großstadt unter den verschiedensten sozialen Gruppierungen Gemeinden zu gründen, die sich selber multiplizieren. Dieses komplexe städtische Gefüge bleibt weitgehend unberührt von Jüngerschaft und daher sehen wir nur ein sehr langsames beziehungsweise gar kein Wachstum im städtischen Umfeld.

Großstädte sind überaus vielschichtig mit buchstäblich Tausenden von gesellschaftlichen Gruppierungen und ihrem jeweiligen Gefüge. Eine Großstadt lässt sich weder mit einer einzelnen Maßnahme noch mit einem kleinen Maßnahmenpaket erreichen. Um in einer vielschichtigen Metropole erfolgreich Menschen zu Jüngern zu machen, sind Tausende von Maßnahmen notwendig. Jedes bekannte und viele weitere Gemeindemodelle sind erforderlich, um den unterschiedlichen Vorlieben von Stadtmenschen gerecht zu werden. Wir werden neuen Netzwerken (Gemeinschaften) das Recht einräumen müssen, neue Gemeinde- und Gottesdienstformen zu entwickeln, wenn wir den Bedürfnissen postmoderner und post-christlicher, urbaner Höhlenbewohner begegnen wollen.

Die Rahmenbedingungen und die Kultur des sozialen Umfelds bestimmen Gemeindeform und Vorgehen, um die Menschen zu erreichen. Wer allein von einer Gemeinderichtung überzeugt ist oder nur wenige Formen kennt und von diesen beschränkten Möglichkeiten seine Strategie abhängig macht, wird in Sachen Jüngerschaft eher versagen als Erfolg haben. Das Gelingen hängt davon ab, wie kreativ und zielstrebig wir verschiedene Formen und Gemeinden ermöglichen.

Diese Kreativität entsteht innerhalb der Kultur vor Ort, nicht unter denen von außen mit ihrem beschränkten Verständnis für die vielschichtigen Strukturen. (Auf den Unterschied zwischen Strategie und Maßnahmen kommen wir im Kapitel über die konkrete Umsetzung der Jüngerschaft).

> *Ich bin allen alles geworden, damit ich auf alle Weise einige rette. Ich tue aber alles um des Evangeliums willen, um an ihm Anteil zu bekommen.*
> *1. Korinther 9,22b-23 (LUT)*

KAPITEL 6

Wissen, dass die eigene Kultur und Erfahrung negativen Einfluss auf Jüngerschaft haben können – es sei denn, man ist sehr vorsichtig

Es gibt Tausende von verschiedenen Gemeinden, aber nur ein Evangelium. Sicherlich hofft man immer, dass Gemeinden auf dem Evangelium beruhen, aber was ist das Fundament einer neuen Gemeindegründung? Ist das Fundament der neuen Gemeinde die Heimat- oder Muttergemeinde – mit ihrem ganzen kulturellen Erbe – oder ist das Fundament der neuen Gemeinde das Evangelium, das Jesus verkündet?

Gemeinde besteht vor allem aus zwei Teilen: aus der Lehre der Bibel und aus den kulturellen Formen, in denen diese Lehre gelebt wird. Diese Ausdrucksformen entwickeln sich im Lauf der Zeit und können auch anderen Kulturen und Jahrhunderten entlehnt sein. Mitglieder verstehen diese Kultur und hinterfragen ihren Ursprung nicht. Wenn wir aber Jünger gewinnen wollen, dürfen wir nicht unsere eigene Gemeindekultur als Grundlage für die neue Gemeinde nehmen, sonst ist sie zum Scheitern verurteilt. (Mit Scheitern meinen wir, dass sie sich in diesem neuen Umfeld nicht auf natürliche Weise multipliziert.)

Jüngerschaftsbewegungen messen wir daran, ob sie sich multiplizieren. Uns interessiert nicht, wie viele Gemeinden jemand gegründet hat. Wenn ich höre, jemand habe 100 Gemeinden gestartet, wird meine nächste Frage immer lauten: „Wie viele Gemeinden haben diese 100 Gemeinden im Jahr darauf gegründet?" Leiterschaft misst sich daran, wie viele neue Leiter jemand hervorbringt.

Kürzlich fragte ich (David) bei einer Schulung die Anwesenden: „Wen schule ich gerade?"

Sie schauten sich um und antworteten: „Uns."

Ich gab zurück: „Nein, ich bin hier, um eure Trainer zu schulen."

Erfolg heißt schlicht: Wir sehen vier Generationen. Nämlich mich selbst, dann diejenigen, die ich schule, diejenigen, die von diesen Teilnehmern geschult werden und solche, die geschult werden von denen, die von den Teilnehmern geschult werden. Wir wollen vier oder mehr Generationen von Leitern sehen, sonst haben wir etwas falsch gemacht. Deshalb sagen wir den Leitern, mit denen wir arbeiten: „Erzähl mir von den Leuten, die du begleitest, und von den Leuten, die von deinen Leuten begleitet werden." Wir erwarten immer vier Generationen. Alle guten Leiter haben ein starkes Bewusstsein für die beiden Generationen nach ihnen und die beiden Generationen vor ihnen.

Zurück zur Jüngerschaft: Es ist extrem schwierig, die eigene Kultur an jemand anderen weiterzugeben, weil derjenige immer seine eigene Kultur verlassen oder ablegen muss, um die neue anzunehmen. Diese Hürde ist so hoch, dass die meisten sie ungern überspringen. Nur sehr wenige stechen gern heraus und manchmal findet sich so gut wie niemand. Deshalb ist es so schwierig oder gar aussichtslos, neue Gemeinden zu gründen, wenn die Grundlage dafür die Gemeindekultur aus einer anderen Zeit und Kultur ist.

Wie gründen wir denn dann Gemeinde? Wir bemühen uns, das Evangelium von Jesus Christus auszusäen, sodass Einzelne, Familien und ganze Gruppen sich verändern und eine Gemeinde entsteht, die für diese Kultur relevant ist. Wenn wir über das Evangelium reden, fragen wir: „Angenommen das alles stammt von Gott – was tust du dann jetzt?" Wir bestehen darauf, dass es die Aufgabe jedes Gläubigen ist, das Evangelium von Jesu Christus zu befolgen und sich selbst, aber auch die eigene Familie, das Umfeld und die Kultur verändern zu lassen.

Wenn neue Gläubige die Bibel ernst nehmen, entwickelt sich aus ihrer Kultur heraus eine Form von Anbetung, die ihrer Kultur entspricht und sich innerhalb biblischer Grenzen bewegt. Wenn sie Gottes Wort immer mehr verstehen, entwickeln sich neue Formen von Leiterschaft. Wenn sie sich mit dem Neuen auseinandersetzen und alles ablegen, was nicht zu Gott passt, entstehen Strukturen, die der Kultur vor Ort entsprechen, aber vom Evangelium geprägt sind. Die Gemeinde entsteht einfach aus dem Gehorsam der Bibel gegenüber und nimmt für die Kultur typische Formen an. Es bestehen keine Hürden mehr, die Formen aus einer anderen Kultur oder Zeit bedeuten.

Solche Gemeinden wachsen in demselben kulturellen Boden, in den der Same des Evangeliums gesät wurde. Dadurch können sie sich auf natürliche Weise und rasch fortpflanzen und Leiter hervorbringen, die wiederum weitere Leiter hervorbringen. So wachsen Jünger heran, die wiederum andere zu Jüngern machen.

Bei diesem Ansatz wird jeder geschult, die Frage zu stellen: „Wie kann ich [oder können wir] in dieser Situation Gottes Wort folgen?" Glaube wird definiert als ein fortwährender Akt der Entscheidung, Gottes Wort zu folgen, egal, was es kostet – und wenn es unser eigenes Leben ist.

Solche Gemeinden wachsen aus dem Evangelium, das wir säen. Gehorsam ist ihnen wichtig. Sie wachsen und pflanzen sich fort, weil das ganz natürlich dazugehört, wenn man Gemeinde ist und lebt. Es beginnt langsam, aber multipliziert sich dann schnell exponentiell. Aus den Gemeinden wird eine Jüngerschaftsbewegung.

KAPITEL 7

Verstehen, wie entscheidend Gehorsam ist

Die Bibel hat viel über Gehorsam zu sagen. Wenn wir unser Leben, unsere Gemeinden und die Gemeinden, die wir mit ins Leben gerufen haben, ansehen, erkennen wir ein ständiges Ringen um Gehorsam. Die Gemeinden heute vermitteln ihren Mitgliedern ein viel zu einfaches Christsein. Das hat die Besucherzahlen zwar ganz leicht erhöht, bringt unserer Einschätzung nach aber viel mehr Probleme mit sich, als es gelöst hat. Wir haben die Erlösung so einfach gemacht, dass Leute ihren Glauben bekennen oder sich einer Gemeinde anschließen können, ohne dabei irgendwelche Verhaltensmuster zu ändern, die Gottes Wort missachten oder ihm widersprechen. In unserem Bestreben, die Reihen der Gemeinde zu füllen, alle mitzunehmen, politisch korrekt zu sein und Leute zu beeindrucken, haben wir eine der wichtigsten Aufforderungen der Bibel ausgeklammert: den Gehorsam.

Laut Johannesevangelium hat Jesus den „Gehorsam" der „Liebe" gleichgestellt und Johannes greift das Prinzip in seinem ersten Brief wieder auf:

- „Wenn ihr mich liebt, so werdet ihr meine Gebote halten."
  Johannes 14,15
- „Wer meine Gebote hat und sie hält, der ist es, der mich liebt; wer aber mich liebt, wird von meinem Vater geliebt werden; und ich werde ihn lieben und mich selbst ihm offenbaren."
  Johannes 14,21
- „Wer mich nicht liebt, hält meine Worte nicht"
  Johannes 14,24
- „Denn dies ist die Liebe Gottes: dass wir seine Gebote halten; und seine Gebote sind nicht schwer."
  1. Johannes 5,3

Aus dem, was Jesus sagt und was Johannes schreibt, wird unmissverständlich klar, dass es ohne Gehorsam auch keine Liebe zu Jesus geben kann. Wir können alle Lobpreislieder singen, die je komponiert wurden, und überall herausposaunen, dass wir Jesus lieben – aber diese Lieder und Ansagen bleiben leer und scheinheilig, wenn wir Jesus nicht in allen Bereichen unseres Lebens gehorchen. Unsere Liebe zeigt sich weder durch unsere Gefühle noch durch unsere Worte. Es sind vielmehr unsere Motive, unsere Taten und unser Gehorsam Jesus gegenüber, die unsere Liebe zu ihm ausmachen.

Der Bibel zufolge hat unser Gehorsam gegenüber Gottes Geboten und Prinzipien einen konkreten Nutzen für uns Gläubige – manchmal für den gesamten Leib Christi und manchmal sehr persönlich und individuell. In 5. Mose 6,1-3 lesen wir:

> *„Dies sind die Gebote, Gesetze und Vorschriften, die ich euch nach dem Willen des Herrn, eures Gottes, lehren soll. Denn ihr sollt sie in dem Land befolgen, in das ihr nun hinüberzieht, um es zu erobern. Ihr, eure Kinder und Enkel, ihr sollt dem Herrn, eurem Gott, mit Ehrfurcht begegnen und alle seine Gesetze und Gebote halten, solange ihr lebt. Dann wird er euch ein langes Leben schenken. Hört genau zu, ihr Israeliten, und gehorcht! Dann wird es euch gut gehen und ihr werdet viele Nachkommen haben in dem Land, in dem Milch und Honig überfließen, wie der Herr, der Gott eurer Väter, es euch versprochen hat." (NLB)*

Im Alten Testament kamen die positiven Auswirkungen des Gehorsams häufig dem ganzen Volk zugute. Gehorsam zu lehren, führt dazu, dass kommende Generationen den Herrn fürchten und das Volk ein langes Leben hat. Es wird dem Volk gut gehen und sich im Land gewaltig ausbreiten. Den Herrn zu fürchten, ist die Entscheidung, Gott, dem Schöpfer, in Ehrfurcht, Respekt, Ehre und Ehrerbietung zu begegnen. Diese Entscheidung bringt uns unweigerlich dazu, zu tun, was Gott sagt. Diese alttestamentlichen Texte haben der Gemeinde ausgesprochen viel zu sagen. Wenn wir uns fragen, warum unsere Gemeinden nicht wachsen, können wir erkennen, dass wir uns deshalb in unserem

Land nicht ausbreiten, weil wir den Herrn nicht fürchten und unseren Leuten nicht beibringen, seinen Geboten, Prinzipien und Anweisungen zu gehorchen.

Interessanterweise wird der Gehorsam sowohl im Missionsauftrag als auch in diesem Abschnitt aus 5. Mose gelehrt – Gehorsam, nicht das Gesetz. Die meisten von uns kennen das Gesetz und wissen, was richtig und falsch ist. Aber wir haben nicht gelernt, das Richtige zu tun und das Falsche zu meiden, unabhängig von den persönlichen Konsequenzen. Gehorsam fordert uns dazu auf, das Richtige zu tun, selbst wenn wir keinen persönlichen Nutzen daraus ziehen oder sogar Nachteile haben. Diese Verluste, die der Einzelne durch seinen Gehorsam erleidet, nutzen letzten Endes dem ganzen Leib Christi. Sie führen zu mehr Gottesfurcht, zu einem langen Leben des Leibes Christi und einer wachsenden Zahl von Gliedern an diesem Leib.

Die folgenden biblischen Verheißungen können sowohl gemeinschaftlich als auch persönlich verstanden werden:

> *„Wenn ihr mich liebt, werdet ihr meine Gebote halten. Und der Vater wird euch an meiner Stelle einen anderen Helfer geben, der für immer bei euch sein wird; ich werde ihn darum bitten. Er wird euch den Geist der Wahrheit geben, den die Welt nicht bekommen kann, weil sie ihn nicht sieht und nicht kennt. Aber ihr kennt ihn, denn er bleibt bei euch und wird in euch sein. Ich werde euch nicht als hilflose Waisen zurücklassen; ich komme zu euch. Nur noch kurze Zeit, dann sieht die Welt mich nicht mehr. Ihr aber werdet mich sehen, und weil ich lebe, werdet auch ihr leben. An jenem Tag werdet ihr erkennen, dass ich in meinem Vater bin und dass ihr in mir seid und ich in euch bin. Wer sich an meine Gebote hält und sie befolgt, der liebt mich wirklich. Und wer mich liebt, den wird mein Vater lieben; und auch ich werde ihn lieben und mich ihm zu erkennen geben.“*
> *Johannes 14,15-21 (NGÜ)*

Dieser Text aus dem Johannesevangelium verschafft uns einen großartigen Einblick in die Folgen, die der Gehorsam für Einzelne und für

Gruppen haben kann. Hier eine Auflistung der Vorteile:

- Jesus wird den Vater bitten, uns den Tröster zu geben (den Heiligen Geist), der für immer bei uns bleibt.
- Der Heilige Geist wird bei uns sein und in uns leben.
- Wir werden nicht als hilflose Waisen zurückgelassen, sondern Christus wird zu uns kommen.
- Wir werden Jesus sehen, auch wenn die Welt ihn nicht sehen kann.
- Wir werden leben, weil Jesus lebt.
- Wir werden vom Vater geliebt werden.
- Wir werden von Jesus geliebt werden.
- Christus wird sich uns offenbaren.

Allein über diese positiven Folgen ließe sich ein ganzes Buch schreiben, aber Jesus war noch lange nicht fertig.

> *„Wenn jemand mich liebt, wird er sich nach meinem Wort richten. Mein Vater wird ihn lieben, und wir werden zu ihm kommen und bei ihm wohnen. Wer mich nicht liebt, richtet sich nicht nach meinen Worten. Und was ich euch sage, ist nicht mein Wort; ihr hört das Wort des Vaters, der mich gesandt hat. Diese Dinge sage ich euch, solange ich noch bei euch bin. Der Helfer, der Heilige Geist, den der Vater in meinem Namen senden wird, wird euch alles Weitere lehren und euch an alles erinnern, was ich euch gesagt habe."*
> *Johannes 14,23-25 (NGÜ)*

Betrachten wir noch einmal die positiven Folgen:

- Der Vater wird uns lieben.
- Der Vater und Jesus werden in uns wohnen.
- Der Heilige Geist wird uns alle Dinge lehren.
- Der Heilige Geist wird uns an alles erinnern, was Christus gesagt hat.

Aber Jesus war mit dem Thema Gehorsam noch nicht durch.

Auch in Christus zu bleiben, gehört dazu.

> *„Ich bin der Weinstock, und ihr seid die Reben. Wenn jemand in mir bleibt und ich in ihm bleibe, trägt er reiche Frucht; ohne mich könnt ihr nichts tun. Wenn jemand nicht in mir bleibt, geht es ihm wie der unfruchtbaren Rebe: Er wird weggeworfen und verdorrt. Die verdorrten Reben werden zusammengelesen und ins Feuer geworfen, wo sie verbrennen. Wenn ihr in mir bleibt und meine Worte in euch bleiben, könnt ihr bitten, um was ihr wollt: Eure Bitte wird erfüllt werden. Dadurch, dass ihr reiche Frucht tragt und euch als meine Jünger erweist, wird die Herrlichkeit meines Vaters offenbart." Johannes 15,5-8 (NGÜ)*

Die Folge unseres Gehorsams (= seine Worte bleiben in uns) ist, dass Christus in uns bleibt. Nochmals ein Blick auf die positiven Auswirkungen:

- Wenn wir in Christus bleiben (ihm gehorchen), bleibt er in uns.
- Wir werden viel Frucht bringen, womit wir zeigen, dass wir Jünger sind.
- Unsere Gebete werden erhört werden (Ihr könnt bitten, was ihr wollt, und es wird euch gegeben werden).

Er schloss:

> *„Wie mich der Vater geliebt hat, so habe ich euch geliebt. Bleibt in meiner Liebe! Wenn ihr meine Gebote haltet, werdet ihr in meiner Liebe bleiben, so wie ich immer die Gebote meines Vaters gehalten habe und in seiner Liebe bleibe. Ich sage euch das, damit meine Freude euch erfüllt und eure Freude vollkommen ist. Liebt einander, wie ich euch geliebt habe; das ist mein Gebot. Niemand liebt seine Freunde mehr als der, der sein Leben für sie hergibt. Ihr seid meine Freunde, wenn ihr tut, was ich euch gebiete. Ich nenne euch Freunde und nicht mehr Diener. Denn ein Diener weiß nicht, was sein Herr tut; ich aber habe euch alles mitgeteilt, was ich von meinem Vater gehört habe. Nicht ihr habt mich erwählt, sondern ich habe euch erwählt: Ich habe euch dazu*

> *bestimmt, zu gehen und Frucht zu tragen – Frucht, die Bestand hat. Wenn ihr dann den Vater in meinem Namen um etwas bittet, wird er es euch geben, was immer es auch sei. Einander zu lieben – das ist das Gebot, das ich euch gebe."*
> *Johannes 15,9-17 (NGÜ)*

Jesus sagt uns, dass wir seinen Geboten folgen müssen, um in seiner Liebe zu bleiben. Schauen wir uns nun die weiteren positiven Folgen an:

- Die Freude von Jesus wird uns erfüllen.
- Unsere Freude wird vollkommen werden.
- Wir werden nicht Diener, sondern Freunde von Jesus genannt.
- Wir werden wissen, was Jesus weiß.
- Wir sind dazu bestimmt, bleibende Frucht zu tragen.
- Der Vater wird uns alles geben, was wir in seinem Namen erbitten.

Nebenbei bemerkt: „Im Namen Jesu" zu bitten, ist keine Formel und kein Anhängsel für ein Gebet. „Im Namen Jesu" zu beten, bedeutet, aus der Position dessen zu beten, der „in Christus" ist. „In Christus" können wir aber nur sein, wenn wir ihm gehorchen. „Im Namen Jesu" zu bitten, meint somit, dass wir eine innige Liebesbeziehung zu Jesus haben und diese Liebe zeigen und beweisen wir, indem wir allem gehorchen, was er gesagt hat.

Johannes gibt uns in seinem ersten Brief dazu noch eine weitere Einsicht:

> *„Jeder, der glaubt, dass Jesus der Christus ist, ist aus Gott geboren; und jeder, der den liebt, der geboren hat, liebt den, der aus ihm geboren ist.*
>
> *Hieran erkennen wir, dass wir die Kinder Gottes lieben, wenn wir Gott lieben und seine Gebote befolgen.*
>
> *Denn dies ist die Liebe Gottes: dass wir seine Gebote halten; und seine Gebote sind nicht schwer.*

Der weltüberwindende Glaube an das Zeugnis Gottes über seinen Sohn

Denn alles, was aus Gott geboren ist, überwindet die Welt; und dies ist der Sieg, der die Welt überwunden hat: unser Glaube."
1. Johannes 5,1-4

Gnade und Barmherzigkeit sind Gottes Liebessprache für uns Menschen. Wir empfangen Gnade und Barmherzigkeit von Gott. Wir können Gott aber keine Gnade und Barmherzigkeit erweisen. Was ist also unsere Liebessprache für Gott? Johannes sagt, dass unsere Liebe untereinander aus unserem Gehorsam gegenüber Gottes Geboten folgt. Unsere Liebe zu Gott hängt demnach an unserem Gehorsam. Offenbar buchstabiert Gott das Wort „lieben" g-e-h-o-r-c-h-e-n.

Unsere Motive für unseren Gehorsam bestimmen, ob wir aus Liebe oder aus Gesetzlichkeit heraus gehorsam sind. Wenn wir Gott gehorchen, um es anderen Christen gleichzutun oder den Leitern recht zu machen, dann beugen wir uns der Gesetzlichkeit – egal, ob wir uns den Regeln der Gruppe anpassen oder meinen zu profitieren, wenn wir uns unterordnen. Bei einem von Liebe motivierten Gehorsam geht es nicht darum, was andere sagen. Es geht allein um Christus. Diese Art von Liebe hat Auswirkung auf alle Gruppen: Familie, Schule, Arbeit und soziales Umfeld.

Die positiven Folgen des Gehorsams bestehen nach Johannes darin, dass wir die Welt überwinden. Das bedeutet, dass wir durch den Gehorsam die Sünde überwinden und dass uns die Belange der Welt nicht zu Fall bringen werden. Wenn wir uns von der Welt, unserer Kultur oder unseren Lebensumständen überwältigt fühlen, liegt es häufig daran, dass wir nicht im Gehorsam gegenüber Gottes Geboten leben.

Jesus hat überaus deutlich gemacht, dass es nicht einfach ist, sein Jünger zu sein:

„Nun wandte sich Jesus an alle und sagte: ‚Wenn jemand mein Jünger sein will, muss er sich selbst verleugnen, sein

> *Kreuz täglich auf sich nehmen und mir nachfolgen. Denn wer sein Leben retten will, wird es verlieren; wer aber sein Leben um meinetwillen verliert, der wird es retten ... Wer nicht sein Kreuz trägt und mir auf meinem Weg folgt, der kann nicht mein Jünger sein'"* Lukas 9,23-24; 14,27 (NGÜ)

Das hier erwähnte „Kreuz" ist weder ein missratener Sohn noch eine unausstehliche Ehefrau, ein körperliches Leiden oder irgendein persönliches Problem. Das Kreuz ist ein Instrument des Todes. Wer also ein Jünger von Jesus sein möchte, muss also bereit sein zu sterben wie er – am Kreuz. Die Entscheidung, Jesus nachzufolgen, ist nicht nur die Entscheidung, nicht mehr für sich selbst zu leben, sondern auch bereit zu sein, für Christus und für die Welt zu sterben, für die er starb.

Im Missionsbefehl hat Jesus uns den Auftrag gegeben, den Jüngern Gehorsam beizubringen:

> *„Mir ist alle Macht gegeben im Himmel und auf Erden. Geht nun hin und macht alle Nationen zu Jüngern, und tauft sie auf den Namen des Vaters und des Sohnes und des Heiligen Geistes, und lehrt sie alles zu bewahren, was ich euch geboten habe! Und siehe, ich bin bei euch alle Tage bis zur Vollendung des Zeitalters."* Matthäus 28,18-20

In Wirklichkeit haben wir jedoch Wissen und nicht Gehorsam weitergegeben. Die meisten Menschen wissen, was sie eigentlich tun sollten, entscheiden sich aber dagegen.

Natürlich gibt es Zeiten, in denen Satan uns einreden will, dass wir nicht gehorsam sind. Das erzeugt falsche Schuldgefühle, die uns die Freude rauben und unsere Beziehungen zerstören. Wir müssen diesen Schuldgefühlen auf den Grund gehen. Wenn uns der Heilige Geist nicht direkt an ein bestimmtes Ereignis erinnert, bei dem wir ungehorsam waren, dann erleben wir gerade eine falsche Schuldzuweisung des Bösen, der uns nur unsere Freude rauben, unsere Beziehung zu Gott lahmlegen und unsere Liebe zu Jesus und seinen Jüngern zunichtemachen will.

KAPITEL 8

Zu Jüngern machen, nicht zu Konvertiten

Ein Jünger ist jemand, der annimmt und befolgt, was Jesus gelehrt hat, und der sich in Wort und Tat bemüht, Menschen zu Jüngern zu machen. Ein Konvertit ist jemand, der eine Religion praktiziert, in die er nicht hineingeboren wurde, und der vielleicht (vielleicht aber auch nicht) andere dazu ermutigt, ebenfalls zu konvertieren. Jesus hat uns aufgerufen:

> *„Geht zu allen Völkern und macht die Menschen zu meinen Jüngern; tauft sie auf den Namen des Vaters, des Sohnes und des Heiligen Geistes und lehrt sie, alles zu befolgen, was ich euch geboten habe“ Mt 28,18-20*

Jesus hat sogar verurteilt, Menschen zu Bekehrten zu machen:

> *„Ja, euch Schriftgelehrten und Pharisäern wird es schlimm ergehen. Ihr reist über Land und Meer, um einen Menschen zu bekehren, und dann macht ihr aus ihm einen Sohn der Hölle, der doppelt so schlimm ist wie ihr selbst“*
> *Mt 23,15 (NLB)*

Es gibt aber noch eine dritte Gruppe: diejenigen, die in eine christliche Familie hineingeboren wurden und sich möglicherweise zu Jesus bekennen, aber selber entscheiden, welche seiner Aussagen sie befolgen und welche nicht. Wir behandeln solche Menschen, als wären sie verloren. Im ersten Johannesbrief lesen wir:

> *„Jeder, der die Sünde tut, tut auch die Gesetzlosigkeit, und die Sünde ist die Gesetzlosigkeit.*
>
> *Und ihr wisst, dass er offenbart worden ist, damit er die Sünden wegnehme; und Sünde ist nicht in ihm. Jeder, der*

in ihm bleibt, sündigt nicht; jeder, der sündigt, hat ihn nicht gesehen noch ihn erkannt." 1. Joh 3,4-6

Zudem sagt Jesus:

„Wenn dein Bruder sündigt, dann geh zu ihm und stell ihn unter vier Augen zur Rede. Hört er auf dich, so hast du deinen Bruder zurückgewonnen. Hört er nicht auf dich, dann geh mit einem oder zwei anderen noch einmal zu ihm, denn jede Sache soll aufgrund der Aussagen von zwei oder drei Zeugen entschieden werden. Will er auch auf diese nicht hören, dann bring die Sache vor die Gemeinde. Will er auch auf die Gemeinde nicht hören, dann soll er in deinen Augen wie ein gottloser Mensch sein, wie ein Heide oder ein Zolleinnehmer" Mt 18,15-17 (NGÜ)

Wenn wir andere zu Jüngern machen, führt unsere Beziehung zu Jesus zu einem Lebensstil, der sich dem unterstellt, was Jesus sagt. Dazu gehört, dass Jünger andere Menschen zu Jüngern machen. Wenn wir Menschen zu Konvertiten oder Bekehrten machen, sind wir der Lehre einer Gruppierung, Kirche, Denomination, Sekte oder Religion verhaftet. Man kann sich bekehren, ohne ein Jünger von Jesus zu sein oder jemals zu werden. Christen, deren Eltern ebenfalls Christen sind, werden eher zu Bekehrten als zu Jüngern, wenn sie nicht schon in ihrer Kindheit oder Jugend von konsequent gehorsamen Eltern und/oder anderen wichtigen Erwachsenen zu Jüngern gemacht wurden.

Menschen, die andere auf ansteckende Weise zu Jüngern machen, konzentrieren sich unserer Erfahrung nach darauf, Menschen zu helfen, eine dynamische und wachsende Beziehung zu Jesus zu entwickeln, die von Gebet, Bibellesen, Anbetung, Evangelisation, Gemeinschaft und Dienst geprägt ist. Sie bringen den Menschen erstens die Bibel nahe, damit sie wissen, woran sie sich halten sollen. Zweitens bringen sie ihnen die notwendigen Fähigkeiten bei, damit sie wissen, wie sie ihren Gehorsam leben können. Und drittens rüsten sie Menschen zu, ihr volles Potenzial dafür einzusetzen, Gott und anderen zu dienen, sodass sie ein Leben des beständigen Gehorsams führen und weitere Menschen zu Jüngern machen.

Häufig bleiben wir im Jüngerschaftsprozess auf halbem Wege stecken. Wir lehren und schulen, aber weiter gehen wir nicht, als wäre nur die Vermittlung von Wissen und Fähigkeiten wichtig. Um Menschen zu Jüngern zu machen, müssen wir aber in Beziehung zu ihnen stehen. Es geht um weit mehr als um Unterricht oder Zeit im Klassenraum. Wer andere zurüstet, nimmt Anteil an ihrem Leben und umgekehrt. Ein Grund dafür, weshalb wir heutzutage nicht viel von dem sehen, wie Jesus seine Jünger gelehrt hat, nämlich durch sein ganzes Leben, liegt wohl darin, dass wir dann öffentlich wie privat absolut konsequent sein müssten. Diejenigen, die wir zu Jüngern machen, sollten jederzeit unangemeldet bei uns vorbeikommen und sehen können, dass wir treu und gehorsam tun, was Jesus gelehrt hat. Mit einer solchen Kontrolle oder Rechenschaft tun wir uns aber schwer. Und deshalb sind uns Jünger gar nicht so lieb, sondern wir ziehen Zuhörer oder Teilnehmer vor. Wir unterrichten lieber eine Gruppe oder organisieren Trainingsveranstaltungen, bei denen wir nur für relativ kurze Zeit einen guten Eindruck hinterlassen müssen.

Wichtig zu wissen: Es bedarf keines Glaubens, um etwas zu lernen. Es ist auch kein Glaube nötig, um jemandem etwas beizubringen oder anzutrainieren. Jüngerschaft aber setzt Glauben voraus: den Glauben, der Jesus vertraut und ihm nachfolgt und tut, was er lehrt. Den Glauben, der anderen sagen kann: „Wenn du ein Jünger von Jesus sein willst, ahme einfach mein Leben nach!" (siehe 1.Kor 4,16; Phil 4,9 und 1Tim 4,12). Lernen setzt keinen Glauben, sondern nur Intellekt voraus. Gehorsam aber setzt Glauben voraus. Einen Glauben, der anderen vermittelt: „Ich will alles umsetzen, was Jesus sagt, unabhängig davon, wie meine Lebensumstände aussehen oder welche Konsequenzen mein Handeln oder Reden mit sich bringt, um in allem und öffentlich wie privat, Jesus gehorsam zu sein."

Das wichtigste Merkmal eines Jüngers ist die Veränderung, die sich in seinem Charakter zeigt. Dafür sind Wissen, die richtigen Einstellungen, gute Gedanken, immer gesundere Beziehungen und ein Handeln nötig, das dem Gehorsam entspringt. Jesus ändert sich nicht. Er ist vollkommen. Es ist Aufgabe eines Jüngers, wie Jesus zu werden. Veränderung geschieht, indem ein Jünger danach strebt, so wie sein Meister zu werden. Ein Jünger ringt um Vollkommenheit. Wenn ein Jünger das Ziel verfehlt (die Grundbedeutung des griechischen Wortes für Sünde, hamartia, ist Zielverfehlung), bekennt er seinen Fehler, nimmt das Ziel erneut in den Blick und bewegt sich darauf zu. Das Ziel ist, in allem wie Jesus zu sein: in unserem Wissen, in unseren Einstellungen, Gedanken, Beziehungen und unserem Handeln. Jesus hat gesagt: „Seid somit vollkommen, so wie euer Vater im Himmel vollkommen ist“ (Mt 5,48).

Vollkommenheit scheint ein unerreichbares Ziel zu sein und doch muss es unser Ziel bleiben. Auch wenn Jesus unsere Gerechtigkeit durch den Glauben ist, müssen wir alles daran setzen, in jeder Hinsicht so zu werden wie er. Jesus hat gesagt:

> *„Wenn jemand mein Jünger sein will, muss er sich selbst verleugnen, sein Kreuz täglich auf sich nehmen und mir nachfolgen. Denn wer sein Leben retten will, wird es verlieren; wer aber sein Leben um meinetwillen verliert, der wird es retten. Was nützt es einem Menschen, die ganze Welt zu gewinnen, wenn er dabei sich selbst ins Verderben stürzt oder unheilbar Schaden nimmt?“ Lk 9,23-25 (NGÜ)*

KAPITEL 9

Verstehen, wie wichtig das Priestertum aller Gläubigen ist

Das Verständnis vom Priestertum aller Gläubigen ist unglaublich wichtig für die Jüngerschaft. Es lehrt, dass der Heilige Geist im Leben aller Gläubigen wirkt, dass alle Gläubigen Potenzial und Verantwortung zum Dienst haben und dass alle Gläubigen bevollmächtigt sind, das Notwendige zu tun, damit die Gemeinde sich um die Menschen außerhalb und innerhalb des Leibes Christi kümmern kann.

Diese eine Lehre öffnet die Tür und befeuert die Leidenschaft dazu, ein Apostel, Prophet, Evangelist (im Sinne von Menschen, die zu Jüngern machen), Hirte oder Lehrer zu sein. Diese Lehre macht aus der Berufung zum Christen einen Lebensstil. Sie ermächtigt gewöhnliche Menschen, Außergewöhnliches zu tun. Sie verleiht der Gemeinde Relevanz und lässt sie für eine gesunde Gesellschaft unabkömmlich werden. Und doch haben viele der Gemeinden heute dieser Lehre den Rücken gekehrt.

Anstelle der Lehre vom Priestertum aller Gläubigen beobachten wir zunehmend ein Priestertum des Pastors allein. Irgendwie hat sich der Dienst der Gemeinde in einer einzigen Person verdichtet und das, obwohl die Bibel sehr klar davon spricht, dass es vielfache Führungsrollen in einer Gemeinde gibt. Die Rolle des Pastors ist dabei nicht die wichtigste, sondern eben nur eine unter vielen Leitungsaufgaben in der Gemeinde vor Ort und weltweit.

Diejenigen, die die Rolle des Pastors stärken und für die wichtigere oder einzige Führungsrolle halten, schaden dem Auftrag, alle Völker zu Jüngern zu machen. Im Bemühen, die Autorität der pastoralen Leiterschaft zu stärken, hat die Gemeinde die Verantwortung des einzelnen Gläubigen geschwächt, als Priester zu handeln. Professionelle

Leiterschaft in der Gemeinde hat dazu geführt, dass sich immer weniger Menschen qualifiziert fühlen für den Dienst. Die Folge ist eine geschwächte Gemeinde, die nicht die Infrastruktur dafür hat, sich zu multiplizieren, sich auszubreiten oder zu wachsen. Statt die Gemeinde zu bewahren, hat eine ausschließliche Betonung der Pastorenrolle der Gemeinde Schaden zugefügt.

In der Bibel lesen wir ganz klar, dass die Aufgabe der Gemeindeleitung darin besteht, die Heiligen (Gläubigen) für den Dienst auszurüsten (Eph 4,11-13). Leiter und Leiterinnen sollen dienen, nicht herrschen (Lk 22,24-27). Im öffentlichen wie privaten Leben sollen sie Vorbilder sein, nicht Autoritätsfiguren (1.Tim 4,11-13; Tit 2,6-8; 1.Pet 5,1-3). Nur Leiter, die dienen und ihrer Verpflichtung nachkommen, die Heiligen auszurüsten, sind es wert, dass man sie ehrt, ihrem Vorbild folgt und dass sie Führungsverantwortung übernehmen (1.Tim 5,17-21). Eine Leitungsposition beruht auf einer dienenden Leitung und nicht auf einer theologischen Ausbildung, einem Abschluss, einer Ordination oder der Ernennung zum Pastor.

Wenn wir einen hauptamtlichen Klerus befürworten und auf ihm bestehen, beschränken wir die Möglichkeit und die Fähigkeiten der Gemeinde, die Welt für Christus zu gewinnen. Wir haben es der Gemeinde unmöglich gemacht, sich rasch auszubreiten, weil wir gar nicht so viele „qualifizierte" Leiter hervorbringen können, die für eine Ausbreitung nötig wären. Wir haben sogenannte Leiter, die neue Bibelentdeckergruppen, neue heranwachsende Leiter und neue Gemeinden in ihrer Gegend ablehnen, weil sie sich von ihnen bedroht fühlen – statt sich dafür zu begeistern, dass Verlorene erreicht werden. Je stärker die Rolle des Pastors als offizielles Amt statt als Dienst begriffen wird, desto weniger effektiv wird seine Rolle sein und desto weniger wird er dazu beitragen, die Welt für Christus zu erreichen.

Wir dürfen niemals vergessen, dass Jesus für die Verlorenen gestorben ist. Er hat uns aufgefordert, die 99 Schafe im Stall zu lassen, um das eine verlorene zu suchen (Lk 15,3-7). Wir sind so damit beschäftigt, unsere Ställe zu schützen, dass wir unseren wichtigsten Auftrag, die Verlorenen zu finden, ganz vergessen. Die Aufgabe der Gemeindeleitung ist es, Gemeindeglieder dafür auszurüsten, dieser Aufgabe nachzukommen.

Die Aufgabe eines Pastors oder einer Pastorin sollte sein, die Heiligen darin zu schulen, alles zu befolgen, was Jesus gelehrt hat. Der Pastor sollte ein Meister der Evangelisation und Jüngerschaft sein. Er ist dazu aufgerufen, seine Leute zu ermutigen, neue Gruppen zu starten und zu begleiten, zu lehren, Zeugnis zu geben, neue Gläubige zu taufen, das Abendmahl zu halten und dem zu begegnen, was das Umfeld und die Gläubigen brauchen. Der Pastor sollte seine Leute trainieren, Gott und Menschen in jedem Lebensbereich zu dienen und sie raus in die verlorene Welt schicken, damit sie Veränderung bewirken, statt sie hinter den Türen ausgeklügelter Exegesen einzusperren, die die Gläubigen bloß schwächen.

Unsere Gemeinden haben sich in vielerlei Hinsicht zu Gefängnissen entwickelt. Gefängnisse sollen Menschen, die ihr schaden könnten, von der Gesellschaft fernhalten. Viele Gemeinden erwecken den Eindruck, als wollten sie die Christen von der Gesellschaft fernhalten, damit sie diese nicht verändern können.

Es sollten nur die Männer und Frauen unsere Gemeinden leiten, die ihre Liebe und Dienstbereitschaft unter Beweis gestellt und andere Heilige zum Dienen ausgerüstet haben. Finden wir Männer und Frauen, die das tun, sollten wir sie berufen, sie weiter schulen und sie voll bezahlen, damit sie sich ganz der Ausbreitung des Evangeliums und der Ausrüstung der Heiligen widmen können. (Wichtig: Diese Leute werden bezahlt, damit sie nicht noch einer anderen Arbeit nachgehen müssen, um sich und ihre Familien zu versorgen. Ihr Beitrag für die Gemeinde ist so entscheidend, dass es eine Verschwendung von Zeit und Ressourcen wäre, wenn sie ihre Aufgaben im Reich Gottes unterbrechen, um ihre Familien zu versorgen. Nicht jeder Christ wird diesen Kriterien entsprechen und das ist auch gut so. Menschen, auf die das nicht zutrifft, sollen ihre Arbeit nicht aufgeben, um hauptamtliche Pastoren zu werden.) Die Voraussetzung für Pastoren oder andere Leiter in der Gemeinde ist ganz einfach: Lebt er als dienender Leiter? Lebt sie als dienende Leiterin? Niemand sollte andere schulen und leiten können, wenn er oder sie nicht in dieser Weise dient. Wenn wir Männer und Frauen als Leiter berufen, dann immer erst dann, wenn sie bereits anderen dienen, sie ausrüsten und auf persönlicher wie gemeinschaftlicher Ebene erfolgreich mitarbeiten.

Und darin liegt das Problem: Unser gegenwärtiges Verständnis von Leiterschaft fördert nicht Leiter, die Jesus gehorsam sind, die anderen dienen, die als dienende Leiter erkannt und daraufhin gebeten werden, ihre Arbeit gegen einen Vollzeitdienst einzutauschen, um die Heiligen auszurüsten. Unser Blick für wirklich berufene und begabte Leiter ist verzerrt. Leiter reifen daran, dass sie andere zu Leitern machen. Unser jetziges System ist aber nicht in der Lage, neue Leiter hervorzubringen. Mit dem Ergebnis, dass nur wenige Leiter sich hervortun – die wiederum neue Leiter für die Arbeit im Reich Gottes hervorbringen, die die Heiligen für den Dienst trainieren.

Diese Kette aus Ignoranz und Versagen in unserem jetzigen System kann nur durch die Pastoren vor Ort und andere verantwortliche Leiter durchbrochen werden. Erst wenn ein Pastor anfängt zu dienen statt zu befehlen, wenn er dienend leitet, statt nur sein Amt zu bekleiden, wenn er dienstbereite Jesusnachfolger motiviert, statt die rechte Lehre zu bewahren und er Jesus abbildet, statt zu kontrollieren, was die Gemeinde tut, erst dann werden wir sehen, wie Gemeinde sich verändert und Auswirkungen hat auf andere Menschen, Volksgruppen, Nationen und die Welt.

Pastoren und ihre Mitarbeiter müssen aufhören, ihre Gemeinden in der Bibel wie Säuglinge zu behandeln und alles für sie zu tun. Damit eine Gemeinde reift und sich Leiter herauskristallisieren, muss der Pastor davon ausgehen, dass seine Gemeinde bereit ist zu dienen und sie darin schulen. Wenn Pastoren ihre Gemeindeglieder dazu anhalten und ihnen helfen, das zu befolgen, was Jesus gelehrt hat, werden sie vollmächtiger werden, ihr Ansehen wird steigen und das Reich Gottes wird davon profitieren.

Solange Leiter ihre Pfründe schützen, statt sich um die Belange des Königs zu kümmern, werden wir die Welt nicht für Christus erreichen – weder in dieser noch einer kommenden Generation. Unser Auftrag ist, ihnen beizubringen, das zu halten, was Jesus gelehrt hat. Unser Auftrag ist, die Heiligen auszurüsten. Unser Auftrag ist, uns als lebendige Opfer hinzugeben. Unser Auftrag ist, ein Vorbild zu sein für die Gläubigen wie auch die Verlorenen. Wenn wir, die wir uns Pastoren und Leiter nennen, anfangen zu gehorchen, werden sich unsere Gemeinden verändern, unser gesellschaftliches Umfeld wird verwandelt und vielleicht erleben wir dann, wie die Welt noch in unserer Generation Christus annimmt.

TEIL 2

Was Menschen tun, die andere zu Jüngern machen

KAPITEL 10

Taktisch und strategisch an die Jüngerschaft herangehen

Ich (Paul) habe schon viele Konferenzen besucht und Jungspunde über ihre Erfolge predigen gehört. Ihre Geschichten waren meist eine Variation von „Ich war jung und bin in eine schwierige Gegend gezogen, voller Ideen, wie ich Jesus hineinbringen wollte. Keine hat funktioniert. Ich beschloss, meine Ideen in den Papierkorb zu werfen und die Leute dort einfach zu lieben und mich um sie zu kümmern. Und schon bald kamen mehr Leute, als wir verkraften konnten." Meistens hatte der junge Leiter ein Buch geschrieben und viele Konferenzteilnehmer kauften es. Das Buch enthielt Gedanken, die der Autor „Prinzipien" oder „Strategien" nannte.

Im nächsten Jahr versuchten die Konferenzteilnehmer umzusetzen, was sie gehört und gelesen hatten, blieben in ihrem Kontext aber ohne Erfolg. Mit hoher Wahrscheinlichkeit besuchten sie dann eine andere Konferenz, hörten einen anderen Redner und kauften ein weiteres Buch. Oder sie warfen alles in den Papierkorb, stolperten zum Erfolg, drehten den Spieß um und schrieben selbst ein Buch. Viele aber leben im ständigen Frust und fragen sich, was sie falsch machen.

Konferenzen und Redner sind nichts Schlechtes. Was angehende Gemeindegründer und Leute, die andere zu Jüngern machen wollen aber verunsichert, ist die Art und Weise, wie viele dieser Redner und Autoren über Strategien und Vorgehensweisen sprechen. Diese beiden vorab klar zu definieren, wird uns helfen, wenn wir uns darüber Gedanken machen, was passieren muss, um Menschen in unserem Umfeld zu Jüngern zu machen. Diese Begriffe zu verstehen, hilft, die Bücher einzuordnen, die wir lesen und herauszufinden, ob die Gedanken dieses Redners uns in unserem Kontext helfen können oder eher kontraproduktiv sind.

Eine Strategie beantwortet die Frage „Was ist notwendig, um ...?" Ich selbst formuliere diese Strategiefrage noch konkreter für meinen Kontext: „Was ist notwendig, um Jüngerschaftsbewegungen überall in Oregon, Washington und British Columbia anzustoßen?" Wie Ihnen vermutlich klar ist, geht diese Frage weit über das hinaus, was ich oder meine Organisation alleine erreichen können. Wenn ich diese Frage mit einer Ich-Aussage beantworten kann (wie etwa „Ich gehe von Tür zu Tür und ..."), denke ich nicht groß genug. Die Strategiefrage zwingt uns dazu, über das große Ganze nachzudenken und nach den wichtigsten Pfeilern zu fragen, die gegeben sein müssen, damit die Vision sich erfüllt.

Als David seine Arbeit unter den Bhojpuri anfing, stellte er die Strategiefrage. Eine der Antworten war trügerisch einfach. Sie war so einfach, dass sie sich in einem Wort zusammenfassen ließ: „Bibel". Damals gab es dort keine Schriftsprache und demnach auch keine Bibel auf Bhojpuri noch zudem waren viele Bhojpuri Analphabeten. Aber David wusste, dass die Bhojpuri eine Bibel in ihrer eigenen Sprache und zudem in einem Format brauchten, das sie auch nutzen würden: als Hörbibel. Also stieß er einen – am Ende zehnjährigen - Prozess an, indem er Menschen fand, die die Sprache der Bhojpuri verschriftlichen und die Bibel in diese Sprache übersetzen konnten, und indem er einen Partner fand, der ihm half, eine Hörbibel auf Bhojpuri zu produzieren und Menschen dieser Region zu Jüngern zu machen.

Die Resultate waren überwältigend. In einem Jahr verteilten sie 1.000 Hörbibeln. Am Ende dieses Jahres waren als unmittelbare Reaktion auf diese Hörbibeln 600 neue Gemeinden entstanden.

David wusste, dass er unter den Bhojpuri niemanden zu Jüngern machen konnte, wenn er keine Bibel hatte. Ohne Bibel würde alles auseinanderfallen. Das verdeutlicht einen wichtigen Punkt: Wenn etwas wirklich strategisch ist, wird der Plan ohne es nicht funktionieren. Wenn der Plan ohne dieses Element klappen kann, ist es nicht von strategisch wichtiger Bedeutung.

Für einen Jünger, der andere zu Jüngern macht, sind Gebet, Einsatz, Personen des Friedens, Bibelentdeckergruppen, Gemeindegründung und Leiterschaftsentwicklung strategisch wichtig. Alle diese Punkte beantworten die Frage: „Was ist nötig, um eine Jüngerschaftsbewegung anzustoßen?“ (Es gibt noch weitere Punkte, aber in diesem Buch konzentrieren wir uns auf die notwendigen strategischen Elemente, um eine Bewegung zu starten.) Streicht man eins dieser Elemente, entsteht keine Bewegung, Punkt. Man wird vielleicht ein wenig Wachstum erleben, aber keine Bewegung.

Vorgehensweisen oder Maßnahmen beantworten dagegen die Frage: „Was muss ich oder mein Team tun, um ...?“ Im Falle von Jüngerschaftsbewegungen lauten die Fragen:

- Was müssen ich oder mein Team tun, um Jünger zu sein, die andere zu Jüngern machen?
- Was müssen ich oder mein Team tun, um zu beten und weitere Beter zu finden?
- Was müssen ich oder mein Team tun, um Gruppen verlorener Menschen zu erreichen?
- Was müssen ich oder mein Team tun, um Personen des Friedens zu finden?
- Was müssen ich oder mein Team tun, um Entdeckergruppen zu starten?
- Was müssen ich oder mein Team tun, um neuen Gläubigen zu helfen, Gemeinde zu leben?
- Was müssen ich oder mein Team tun, um neue Leiter zu finden und zu begleiten?

Vorgehensweisen sind das, was Sie und Ihr Team tun, um ein strategisches Element umzusetzen. Die Frage nach den Maßnahmen zum Thema Gebet lautet: „Was werde ich (oder was werden mein Team und ich) tun, um für unser Umfeld zu beten und weitere Beter für unser Umfeld zu finden?“ Wie im Kapitel über Gebet nachzulesen, kann man einen Gebetskalender führen, einen Gebetsspaziergang und ein kleines Gebetstreffen organisieren. Selbst Seiten wie Facebook oder Twitter lassen sich einsetzen, um mit einem Netzwerk aus Betern zu kommunizieren.

Anders als bei strategischen Elementen kann man eine Maßnahme streichen und die Vision trotzdem umsetzen. Würde ich Facebook nicht nutzen, fiele mein Vorhaben, Beter zu finden, nicht völlig ins Wasser. Wenn ich in einem Land bin, in dem Menschen Facebook nicht nutzen, entscheide ich mich natürlich für eine andere Maßnahme. Maßnahmen sind flexibel. Je nach Persönlichkeit und Begabung der Teammitglieder können sie unterschiedlich aussehen. Sie sind auch von den Schwierigkeiten und Herausforderungen in diesem Umfeld abhängig.

Es ist wichtig, den Unterschied zwischen Vision, Strategie und Maßnahmen zu verstehen, um Teams aus motivierten, berufenen und talentierten Leuten zu führen. Das gesamte Team hält an der Vision und der Strategie fest. Die einzelnen Maßnahmen können aber von Person zu Person verschieden sein, solange sie nicht der Strategie widersprechen. Beim Thema Gebet kann jedes Teammitglied einen anderen Weg wählen, um Gebetsunterstützung zu finden und sich persönliche Ziele zu setzen, um Beter zu finden. Nach einer festgelegten Zeit kommt das Team wieder zusammen und begutachtet alle Maßnahmen und Ziele. Maßnahmen, die funktionieren, behält man bei; solche, die nicht wie erhofft gegriffen haben, durchdenkt man neu und solche, die danebengingen, gibt man auf.

Ein Hinweis zur Warnung: Viele verbeißen sich in ihre Vorgehensweise und vergessen, dass sie immer der Strategie dienen müssen. Wenn sie nicht funktioniert, wissen sie nicht, was sie tun sollen. Manchmal reagieren solche Mitarbeiter verärgert, wenn man ein anderes Vorgehen vorschlägt. Hängen Sie eine Vorgehensweise nicht höher als angemessen und hinterfragen Sie sie regelmäßig. Hängen Sie Maßnahmen, die bei Ihnen nicht funktionieren, an den Nagel. Und hängen Sie Ihr Ego nicht an den Erfolg Ihrer Vorgehensweise.

Im zweiten Teil des Buches beschäftigen wir uns mit den wichtigsten strategischen Punkten, um Menschen für Jesus zu gewinnen und Jüngerschaftsbewegungen anzustoßen. Und wir werden anhand vieler Beispiele und Geschichten zeigen, wie Teams in den USA und weltweit verschiedene Maßnahmen eingesetzt haben, um diese strategischen

Elemente in ihrer Umgebung umzusetzen. Unsere Hoffnung ist, dass Sie jedes strategische Element verinnerlichen und eine Vorstellung davon bekommen, wie andere bestimmte Maßnahmen einsetzen. Manche Vorgehensweisen werden in Ihrem Umfeld funktionieren, andere nicht. Umsetzung und Auswertung liegen bei Ihnen und Ihrem Team. Sie werden Vieles ausprobieren und herausfinden, was bei Ihnen funktioniert. Viel Spaß dabei – und haben Sie keine Angst vor Fehlern!

KAPITEL 11

Ein Jünger sein, der andere zu Jüngern macht

Der Sündenfall in 1. Mose 3 hat die Menschheit auf einen Weg geführt, der noch immer Auswirkungen für uns alle hat. Gott hatte Adam und Eva einen sehr einfachen Auftrag gegeben. In 1. Mose 2,16-17 befahl er dem Menschen jedoch: „Du darfst jede beliebige Frucht im Garten essen, abgesehen von den Früchten vom Baum der Erkenntnis des Guten und Bösen. Wenn du die Früchte von diesem Baum isst, musst du auf jeden Fall sterben." (NLB). Satan antwortete in Genesis 3,4-5 auf diesen Befehl. „Ihr werdet nicht sterben!", zischte die Schlange. „Gott weiß, dass eure Augen geöffnet werden, wenn ihr davon esst. Ihr werdet sein wie Gott und das Gute vom Bösen unterscheiden können." In Vers 6 tritt das größte Dilemma des Menschen in die Welt: „Die Frau sah: Die Früchte waren so frisch, lecker und verlockend - und sie würden sie klug machen! Also nahm sie eine Frucht, biss hinein und gab auch ihrem Mann davon. Da aß auch er von der Frucht" (NLB).

Gott gab Adam und Eva einen Auftrag: Esst nicht vom Baum in der Mitte des Gartens. Er erwartete, dass sie gehorchten. Satan widersprach Gottes Befehl mit der Illusion, dass die Unterscheidung von Gut und Böse uns Gott ähnlich mache und das besser als Gehorsam sei. Eva interpretierte das so, dass die Frucht sie klug mache. Die Suche nach Wissen und Weisheit hat die Menschheit beharrlich umgetrieben und später sagt Jesus: „Wenn jemand mich liebt, wird er sich nach meinem Wort richten." Joh 14,23 (NLB)

Wenn wir die verschiedenen Jüngerschaftsmethoden vergleichen, sehen wir, dass die meisten auf Wissen beruhen statt auf Gehorsam. Die Befehle, die Gott gab, sollen Unheil von uns fernhalten. Es ist richtig, dass Wissen eine Voraussetzung für Gehorsam ist. Aber Wissen ohne Gehorsam scheint eine Frucht zu sein, von der Gemeinden und viele, die sich Christen nennen, weiterhin essen.

Gottes Gebote sollen weder unser Leben noch unser Glück beschränken; sie sollen unser Leben und unser Glück wahren, indem sie uns vor den emotionalen, geistlichen und sozialen Tretminen in einer gefallenen und unvollkommenen Welt warnen. Gottes Gebote sind Warnleuchten, durch die das Leben sicherer, schöner und gelungener wird, wenn sie beachtet werden. Gottes ethische Prinzipien sollen uns davor bewahren, unseren Familien, unserer Gesellschaft und uns selbst zu schaden. Eine kleine Stichprobe:

Du sollst nicht töten. Mord zerstört Menschen und Familien, zersetzt die Gesellschaft und lässt Mörder wie Ermordete lebenslange Folgen für die Tat erleiden. Jeder Mord hat mehr als ein Opfer. Selbst der Mörder ist ein Opfer seiner Tat.

Du sollst nicht ehebrechen. Ehebruch zerstört Familien, hat hohe finanzielle Auswirkungen für eine Gesellschaft, schadet den Beziehungen auf allen Ebenen und beeinflusst die Zukunft derer, die an der belastenden Beziehung beteiligt sind.

Du sollst nicht stehlen. Diebstahl stört und zerstört manchmal auch das Leben der Opfer und vergiftet das Leben der Täter. Der Dieb lebt in ständiger Furcht, entdeckt zu werden, oder wird so abgestumpft, dass das Leben anderer keinen Wert mehr für ihn hat. Diebstahl zerstört die Wirtschaft und Familien und die Gesellschaft. Unsere Lebenshaltungskosten würden spürbar sinken, wenn der Diebstahl in all seinen Facetten zum Erliegen käme.

Betrinkt euch nicht (Eph 5,18). Es geht nicht um Alkoholgenuss, sondern darum, in alkoholisiertem Zustand die Kontrolle über das eigene Verhalten zu verlieren und durch das enthemmte Benehmen in Schwierigkeiten zu geraten. Man muss nur Familien fragen, deren Angehörige durch betrunkene Fahrer ums Leben kamen oder Familien, deren Angehörige beim Fahren unter Alkoholeinfluss gefasst wurden und ihre Freiheit, ihr Einkommen, ihren Selbstwert eingebüßt haben und ihre Ersparnisse in die Bußgelder und Anwaltskosten stecken mussten. Man muss nur Alkoholiker und ihre Familien fragen, wie es sich anfühlt, obdachlos und mittellos zu sein und beschimpft zu werden. Gottes Gebote zu missachten, bleibt nie ohne Opfer.

Achtet die anderen höher als euch selbst (Phil 2,3). Oberflächlich betrachtet wirkt das wie ein kleiner Makel, aber in Wirklichkeit führt die Nichtachtung dieses Gebotes zum zerstörerischsten Verhalten in jeder Gesellschaft. Wer alle anderen in sämtlichen Entscheidungen und Verhaltensweisen hintenan stellt, erlebt einen völligen Zusammenbruch aller persönlichen Beziehungen und schließlich der Familien und der Gesellschaft. Diese Form von Stolz rückt uns selbst ins Zentrum. Die ganze Welt existiert zu unserem Vergnügen, ohne Rücksicht auf Verluste. Man schaue sich nur jeden beliebigen Gewaltherrscher und das Land an, das er ruiniert hat, und man wird die Folgen der Nichtbeachtung dieses Gebotes erkennen; oder man sehe sich eine Familie an, in der eine Person das Sagen hat und alle anderen nur dazu da sind, sie glücklich zu machen – wobei es in solchen Familien für niemanden wirklich Glück gibt.

Habt keinen Sex außerhalb der Ehe. Allein die Aufwendungen der Krankenkassen zeigen, wie wichtig dieses Gebot ist – gar nicht zu reden von Schmerz, Schuld und den negativen Folgen für die Beziehungen, die ein paar Minuten Zügellosigkeit in Form von außerehelichem Sex mit sich bringen.

Wie eine aktivierte Landmine löst jedes übertretene Gebot Zerstörung aus. Wichtig: Unser Verhalten bewirkt die Zerstörung, nicht Gott. Gott liebt uns und will, dass wir die Minenfelder des Lebens und die Zerstörung, die sie auslösen, meiden. Er hat uns Anweisungen zu allen Risiken im Leben gegeben, die unsere Familien, unser Gesellschaft und uns selbst betreffen. Es wird immer Menschen geben, die Minenfelder anlegen. Es wird immer Menschen geben, die den Nervenkitzel lieben, durch Minenfelder zu balancieren. Und es wird immer Menschen geben, die Zerstörung wollen und auslösen, indem sie andere wissentlich oder unwissentlich in die Minenfelder locken.

Nur ein Idiot würde einen Warnhinweis an einem Minenfeld ignorieren. Niemand läuft ohne zu zögern durch ein Minenfeld, vor allem, wenn er das Warnschild gelesen hat. Und doch ignorieren jeden Tag Milliarden von Menschen die Warnungen der Bibel, die uns helfen sollen, die Minenfelder des Lebens zu meiden.

Minen sind auch deshalb teuflisch, weil sie nicht nur die Person oder die Fahrzeuginsassen töten oder verletzen, die die Mine auslösen. Eine scharf geschaltete Mine hat nicht nur Auswirkungen auf diejenigen innerhalb ihres Zerstörungsradius, sondern auch auf alle ihre Bekannten und Angehörigen und selbst auf diejenigen, die sie nicht kennen, aber zusehen müssen, wie sie von der Mine zerfetzt werden. Eine Mine kann das Leben Hunderter Menschen im Bruchteil einer Sekunde verändern.

Gottes Gebote sind Hinweisschilder, die helfen, das zu verringern, was uns zerstören will. Sein Wunsch nach Gehorsam will uns nicht unglücklich machen, sondern unser Leben und Wohlbefinden und das unserer Familie und Gesellschaft bewahren. Wenn Sie das nächste Mal in der Versuchung stehen, Gottes Anweisung zu missachten, denken Sie an die Folgen und lassen Sie es sein. Beherzigen Sie das Warnschild, kehren Sie um und gehen Sie woanders lang.

Der Pfad des konsequenten Gehorsams erfordert ein hohes Maß an Disziplin. Wissen allein bringt uns nicht dahin. Gott ist sich dessen bewusst und schon früh in der Beziehung zu seinem Volk hat er Mose angewiesen, folgende Zeilen zu schreiben:

> *„Hört, ihr Israeliten! Der Herr, unser Gott, ist der einzige Herr. Ihr sollt den Herrn, euren Gott, von ganzem Herzen, von ganzer Seele und mit eurer ganzen Kraft lieben. Bewahrt die Gebote, die ich euch heute gebe, in eurem Herzen. Schärft sie euren Kindern ein. Sprecht über sie, wenn ihr zu Hause oder unterwegs seid, wenn ihr euch hinlegt oder wenn ihr aufsteht. Bindet sie zur Erinnerung um eure Hand und tragt sie an eurer Stirn, schreibt sie auf die Pfosten eurer Haustüren und auf eure Tore.“*
> *5. Mose 6,4-9 NLB*

Der Abschnitt beginnt mit dem hebräischen Wort shamah, das „höre“, „beachte“ oder „gehorche“ übersetzt werden kann. Dieses Wort fordert uns auf, den restlichen Text zu „hören“ und zu „beachten“.

Wir müssen verstehen, dass es nur einen Gott gibt und er unser Herr ist. Und was danach folgt, hilft uns zu verstehen, wie wir mit ihm in Beziehung stehen. Wir müssen ihn von ganzem Herzen, von ganzer Seele und mit aller Kraft lieben.

Selbst zu Moses Zeiten betrachtete man das Herz schon als Zentrum aller Emotionen. Unsere Liebe zu Gott heißt, leidenschaftlich zu sein. Das ist der Ursprung von Anbetung. Aus unserer Leidenschaft für Gott erwächst unser Gebetsleben. Hier haben wir unsere „Ich fühl mich gut in meiner Beziehung zu Gott"-Erfahrung. Manchmal sind wir im Gottesdienst und fühlen uns gar nicht gut. Dann wieder gehen wir in die Anbetung und – wow! – es haut uns von den Socken. Unsere emotionale Seite ist sprunghaft. Wir können einfach nicht von jedem Gottesdienst begeistert sein und manchmal haben wir erst eine Ahnung von Anbetung, wenn wir schon fast wieder zu Hause sind.

„Ihr sollt den Herrn, euren Gott von ganzem Herzen ... lieben." Das Wort „ganz" meint „ganz" und das ist auch schon die ganze Bedeutung! Wenn Sie in Ihrem Herzen noch einen Teil für etwas anderes als Gott reserviert haben, werden Sie nicht die tiefe Beziehung erleben, nach der Sie sich sehnen. In Psalm 90 schreibt Mose von „verborgenen Sünden" – Sünden, die wir vor allen verstecken, die Gott aber sieht. Wir haben diesen Teil unseres Herzens für das reserviert, was wir in Sünde tun. Jeder von uns hat damit zu kämpfen.

Wir kennen diesen Kampf sehr gut. Wir tun manches, von dem wir wissen, dass wir es lieber sein lassen sollten. Zusammengenommen folgen Paul und ich Jesus jetzt seit über 80 Jahren. Und selbst dann müssen wir zugeben, dass wir manchmal denken: Ich würde das jetzt wirklich gerne tun, aber es könne mich jemand dabei beobachten oder Ich sage das jetzt nicht, denn es könnte mich ja jemand dabei hören. Es lauert in unserem Herzen und wir haben damit zu kämpfen. Je länger wir kämpfen, ohne es wirklich besiegen zu wollen, desto weniger erleben wir Gottes Gegenwart in unserem Leben, weil wir Teile unseres Herzens für etwas anderes oder jemand anderen reserviert haben. „Ganz" meint „ganz" und das ist die ganze Bedeutung. Weniger heißt, zu verpassen, was Gott uns schenken will.

„Ihr sollt den Herrn, euren Gott ... von ganzer Seele ... lieben." Wenn wir Sie bitten würden, uns eine kurze Definition von „Seele" zu schicken, bekämen wir vermutlich von jedem Leser eine andere Antwort. Aber wir wollen sehen, ob wir nicht etwas formulieren können, auf das wir uns alle verständigen können. Bestimmt könnten Sie dem Folgenden noch etwas hinzufügen, aber wir suchen nach einer Definition, die uns zusammenbringt und keine, die uns trennt.

Die Seele ist ewig. Sie ist persönlich gleichzusetzen mit der Ewigkeit. Die Seele bewegt sich nicht in Reinkarnationszyklen und wandert nicht von einer Person zur anderen. Jede Seele hat ein Leben, in einer Person und bis in Ewigkeit.

Das meint: Lieben Sie den Herrn mit dem Teil von Ihnen, der ewig besteht. Wer auf Ewigkeit hin in Gott investiert, sieht das Leben mit anderen Augen. Gott sagt: „Ich möchte, dass du mich mit dem Teil von dir liebst, der ewig bleibt, damit du ohne jeden Zweifel weißt, dass du mit mir verbunden bist." Diese ewige Verbundenheit hilft uns, Katastrophen im Leben durchzustehen, von denen wir nicht glaubten, dass wir sie überleben würden. Wer noch keine erlebt hat, braucht nur eine Weile zu warten – sie werden ihn einholen. Wenn unsere Liebe zu Gott nicht bis auf die Ebene unserer Seele reicht, haben wir nichts, das uns trägt, wenn uns Schicksalsschläge treffen. Dann ist es plötzlich „Gottes Schuld, er tut mir das an!" und man stellt allerlei Fragen, wer Gott ist, und wo er im eigenen Leben noch Platz hat.

Wenn im ewigen Teil unseres Lebens Liebe ist, erkennen wir, dass uns Ewigkeit versprochen ist, die noch hinter dem Hier und Heute liegt. Das Heute muss vielfach im Reich des Satans gelebt werden, nicht im Reich Gottes. Satans Reich will uns vernichten. Wir müssen lernen, mit Satans Reich klarzukommen, obwohl wir zu Gottes Reich gehören. Wir leben in der Welt, in Satans Reich. Hier gibt es Müll und Schrott und Hölle, aber mit all dem müssen wir klarkommen. Manchmal weiß man nicht, was um die nächste Ecke kommt.

Kürzlich rief mich (David) ein Freund an und erzählte mir unter Tränen: „Meine Tochter wurde gerade von einem betrunkenen Autofahrer überfahren." Dieser Kopf einer gesunden christlichen Familie fragte: „Warum lässt Gott so etwas zu?" An diesem Punkt besteht keine Chance, jemanden zu trösten. Ich sagte: „Bitte, lass dir sagen, dass Gott mit dir ist und wir sprechen später darüber. Aber jetzt komme ich einfach vorbei und setze mich neben dich." Ich wusste, wenn ich ihm durch seine Trauer helfen konnte, würde die Zeit kommen, in der wir auch über diese Frage reden konnten. Damals gab es keinen Raum für ihn, die Wahrheit zu hören. Deshalb ließ ich ihn einfach wissen, dass Gottes Liebe diese Ereignisse und unser Verstehen übersteigt. Gott mit ganzer Seele zu lieben, ist das Geheimnis, das uns durch solche Begegnungen trägt.

„Ihr sollt den Herrn, euren Gott ... mit eurer ganzen Kraft lieben." Das ist eine vertraute Formulierung, die sich auf unser Handeln bezieht. Alles, was wir tun, soll zeigen, dass wir Gott lieben. In Kolosser 3,23-24 lesen wir: „Worin auch immer eure Arbeit besteht – tut sie mit ganzer Hingabe, denn letztlich dient ihr nicht Menschen, sondern dem Herrn. Ihr könnt sicher sein, dass ihr von ihm einen Lohn bekommt – das Erbe, das er im Himmel für euch bereithält. Darum dient ihm, Christus, dem Herrn!"

„Bewahrt die Gebote, die ich euch heute gebe, in eurem Herzen." Das ist eine neue Metapher. Schon zu Moses Zeiten wusste man, dass das Leben endet, wenn das Herz aufhört zu schlagen.

Nach dieser Metapher sind Gottes Gebote das lebenspendende Herz der Menschheit. Und so, wie wir nicht darüber nachdenken müssen, ob unser Herz schlägt, sollten wir nicht darüber nachdenken müssen, Gottes Gebote zu befolgen.

Vor ein paar Jahren hatte ich eine Bypass-Operation am Herzen. Als ich im Aufwachraum zu mir kam und all die Instrumente sah – Beatmungsgerät, Infusionen, Kanülen und mehr -, fiel mir etwas auf: Ich konnte mein Herz schlagen hören. Ich meine nicht das Piep ... Piep ... Piep vom Herzrhythmusmonitor. Sondern ich konnte mein Herz akustisch schlagen hören. Ein paar Tage später wurde ich in ein normales Zimmer verlegt und konnte immer noch mein Herz schlagen hören. Ich fragte den Arzt: „Warum höre ich meinen Herzschlag?" Er lachte und sagte: „Durch die Operation hat sich der Rhythmus Ihres Herzens verändert, aber Ihr Gehirn hat sich noch nicht an dieses neue Geräusch gewöhnt. Sie werden Ihr Herz schlagen hören, bis Ihr Gehirn anfängt, das Geräusch wegzufiltern." Das war für die ersten Tage sehr tröstlich, aber nach sechs Tagen half das nicht mehr! Bum-bum, bum-bum, bum-bum ... Ich hätte mir die Haare ausreißen können; ständig hörte ich mein Herz!

Doch eines Tages wachte ich auf, ohne meinen Herzschlag zu hören, und dachte: „O nein!" Ich sah auf und der Monitor tat wie gewohnt seine Arbeit. Als ich das dem Arzt erzählte, lachte er nur! Er meinte, das passiere jedem. Unser Gehirn entwickelt einen Filter, der die Herzgeräusche mit der Zeit unhörbar macht; sonst würden sie uns ständig begleiten. Und dieser Rhythmus ist wahrhaftig laut.

Die Gebote, die Anweisungen, die Gott gegeben hat, sollen so selbstverständlich in unserem Leben verankert sein, dass wir nicht mehr darüber nachdenken müssen. Gehorsam müssen wir uns nicht bewusst vornehmen; er passiert einfach – wie unser Herzschlag.

„Schärft sie euren Kindern ein. Sprecht über sie, wenn ihr zu Hause oder unterwegs seid, wenn ihr euch hinlegt oder wenn ihr aufsteht." In diesen Versen erklärt uns Mose, wie wir unsere Liebe zu Gott vertiefen und einen selbstverständlichen Gehorsam entwickeln können.

Wie stellt sich unser Gehorsam so automatisch ein, dass wir nicht einmal darüber nachdenken müssen? Mose benutzt den Begriff „einschärfen" oder in anderen Übersetzungen auch „einprägen", wie in der Münzprägung. Mein Vater war Münzsammler und besaß eine Münze aus Jesus' Zeiten mit einem Bild von Caesar. Ich besuchte einmal eine Prägeanstalt und wir besichtigten auch den Ort, an dem die Münzen hergestellt wurden. Ich fragte: „Wie viel Druck ist nötig, um ein Bild in die Münze zu prägen?" Die Antwort lautete: jeweils 50 Tonnen für beide Seiten der Münze. Ich fragte: „Und wie lange hält diese Prägung?" Der Führer sagte: „Wenn nicht die molekulare Struktur des Metalls durch starke Hitzeeinwirkung beeinträchtigt wird, hält die Prägung für immer. Selbst wenn sie nicht mehr erkennbar wäre, könnte ich die Münze unter ein Elektronenmikroskop halten und man sähe noch immer die Kristallisation der Prägung im Metall." Was in eine Münze geprägt wird, hält so ewig, wie es Menschen möglich ist.

Mose weist uns an, Gottes Liebe und seine Gebote unseren – biologischen wie geistlichen – Kindern einzuprägen. „Sprecht über sie [gemeint sind die Gesetze, die Gebote, die Anweisungen des Herrn], wenn ihr zu Hause oder unterwegs seid, wenn ihr euch hinlegt oder wenn ihr aufsteht."

Gemeint ist Folgendes: Wir sollten zu Hause dasselbe denken, sagen und tun wie unterwegs. In den vertraulichsten Momenten in unserer Familie sollten wir genau dasselbe denken, sagen und tun wie in den weniger intimen Momenten. In unserem öffentlichen wie privaten Leben, in den vertraulichen wie den weniger vertraulichen Momenten bleiben wir stetig. Unser Charakter bleibt in allen Situationen derselbe. Wir reagieren unter Stress und auf andere Menschen gleich. Es geht darum, ein stimmiges, beständiges Leben zu führen, das anderen einprägt, wie wichtig es ist, Gott zu kennen und in einer solchen Beziehung mit ihm zu leben.

Im Laufe der Jahre haben wir auch mit launischen Missionarskindern gearbeitet, die die Schule abgebrochen hatten, wegen Drogenmissbrauch im Gefängnis saßen und in allen möglichen Schwierigkeiten steckten. Als wir anfingen, mit diesen jungen Männern zu arbeiten, fielen uns typische Muster auf: Ihre Eltern verhielten sich zu Hause anders als in der Öffentlichkeit. Öffentlich sagten sie das Eine und zu Hause lebten sie ganz anders. Zu anderen sagten sie: „Guckt keine Filme ab 18", hatten zu Hause aber ein ganzes Regal mit Filmen ab 18 stehen – und manchmal noch Schlimmeres. Öffentlich sagten sie: „Liebe deinen Nächsten", aber wenn sie nach Hause kamen, brüllten sie wegen jeder Kleinigkeit herum. Diesen Widerspruch zwischen öffentlichem und privatem Verhalten fanden wir in jeder einzelnen Familie dieser Missionarskinder wieder. Wir müssen ein Leben führen, das in sich absolut stimmig ist.

Meine Frau und ich haben uns kürzlich Satellitenfernsehen angeschafft. Als allererstes haben wir die Kindersicherung gesucht und all die Kanäle und Filme mit Altersbeschränkung blockiert, die wir nicht sehen wollen. Als wir den Code dafür eingeben mussten, tippte meine Frau die ersten beiden Zahlen und ich die letzten beiden und das war's.

Ich weiß nicht einmal mehr meine beiden Ziffern und ich bin sicher, meiner Frau geht es genauso. Wir wollen einfach nicht rumzappen und etwas angucken, das wir nicht sehen wollen. Und ganz sicher wollen wir nicht, dass uns Gäste besuchen, rumzappen und auf eine Überraschung stoßen, die sie unsere Werte hinterfragen lässt. Das gehört in unserer Familie zum Gehorsam dazu; wir versuchen beständig, das zu leben, was wir anderen sagen. Wer sich unsere Bücher, unsere Filme oder irgendetwas anderes in unserem Haus ansieht, wird feststellen, dass die Werte darin dieselben sind wie die, von denen wir reden.

Zu unserer Art von Mentoring gehört, dass der Mentor seine Mentees längere Zeit zu Hause besucht und dass die Mentees andererseits ihren Mentor zu Hause besuchen. Wenn man länger als ein paar Tage bei jemandem zu Hause ist, kann er nicht verbergen, wie er lebt, vor allem, wenn Kinder im Haus sind.

Beständigkeit, Stetigkeit ist gefragt, wenn wir Gottes Liebe und Gebote unseren biologischen wie geistlichen Kindern einprägen wollen.

„Bindet sie zur Erinnerung um eure Hand und tragt sie an eurer Stirn, schreibt sie auf die Pfosten eurer Haustüren und auf eure Tore." Wenn wir etwas nicht befolgen wollen, interpretieren wir es gern symbolisch. Aber diese Anweisung von Mose ist nicht nur symbolisch gemeint. Was auf unserer Stirn steht, sollen andere sehen, nicht wir selbst. Wir vermitteln unserer Umgebung, dass wir 100 Prozent für Gott einstehen. Im Judentum band man sich die Tefillin (kleine viereckige Lederkapseln, in denen Pergamentrollen mit Schriften der Torah enthalten waren) um, als Zeichen für die völlige Hingabe an Gott. Wie zeigen Sie, in Ihrer Kultur, dass Sie zu Gott gehören? Das wäre die Entsprechung zu „Tragt sie an eurer Stirn".

„Bindet sie zur Erinnerung um eure Hand" meint eine Erinnerung an Ihre Identität und Ihr Verhalten. Jeden Morgen um neun Uhr poppt auf meinem iPhone eine Erinnerung auf: „Hast du in der Bibel gelesen?" Ich bin 24 Stunden am Tag im Dienst. Die Leute können mich zu jeder Tages- und Nachtzeit erreichen. Wie soll ich da alles im Kopf behalten, inklusive meiner Stillen Zeit? Manche Tage beginnen mit einer Telefonkonferenz um drei Uhr morgens und es kommt vor, dass ich den ganzen Tag durchpowere, ohne in der Bibel gelesen zu haben. Deshalb muss ich mir Erinnerungen ans Bibellesen, Studieren und Beten einrichten.

Wenn ich arbeite, bin ich meist völlig versunken. Manchmal arbeite ich den ganzen Tag so konzentriert, dass meine Frau abends kommt und fragt: „Weißt du eigentlich, dass du das Mittag- und Abendessen verpasst hast?" Ich sage „Nein!" und sie seufzt: „Ich wusste es." Deshalb brauche ich die Erinnerung daran, aufzustehen und mich zu bewegen, damit ich nicht zu lange am Stück sitze. Der Punkt ist: Ich richte mir Erinnerungen ein. Eine davon ist die, dass meine Frau und ich uns gegenseitig fragen: „Was hast du heute in deiner Stillen Zeit gelernt?"

Welche Erinnerungen helfen Ihnen im Alltag, Gott mit Ihrem ganzen Herzen, mit Ihrer ganzen Seele und mit ganzer Kraft zu lieben? Das müssen aktive Hinweise sein. Meine Frau und ich haben einmal probiert, Bibelverse an die Wand zu hängen, aber sie wurden einfach zur Wanddekoration; wir haben uns daran gewöhnt. Welche aktiven Erinnerungen pieksen Sie in die Seite und fragen: Bist du, wer du sein solltest? Tust du, was du tun solltest? Lebst du so, wie du vorgibst? Haben Sie überhaupt Erinnerungshilfen?

Zur Aufgabe eines Mentors gehört auch, die Mentees immer wieder daran zu erinnern, wie sie ihre Beziehung zu Gott, zu ihrer Familie, zu ihrem Umfeld, ihrer Gemeinde, ihrer Berufung, ihrer Arbeit und sich selbst leben sollten. Die Beziehung zwischen Mentor und Mentee ist eine aktive Erinnerung daran, wer wir sein sollten. Ein wahrer Mentor lässt zu, dass er sich alle Fragen, die er stellt, auch von seinem Mentee stellen lässt. Eine Mentorenbeziehung ist nie eine Einbahnstraße. Sie führt in beide Richtungen und ist ein aktiver, beidseitiger Lernprozess.

Ein jüdisches Zuhause sollte der Stiftshütte entsprechen. Wer sieht das Tor? Jedermann. Wer sieht die Pfosten der Haustür? Familie, Freunde und Gäste. Was der Besucher von außen sieht, ist das, was ihn auch innen erwartet. Was auf den Toren und Türpfosten steht, entspricht der Atmosphäre und dem Benehmen im Haus. Wer Sie vorgeben zu sein, ist genau das, wer Sie auch sind. Dieses gleichbleibende, stimmige Verhalten prägt unseren Kindern Gott ins Herz.

Viele von uns tragen Masken. Wir vermeiden es, uns in der Öffentlichkeit als tiefgeistliche Menschen zu zeigen. Die Folge ist, dass nie jemand unser Haus betritt und sich fragt, weshalb wir so geistlich sind. Wer anfängt, sich als tiefgeistliche Person zu outen, indem er öffentlich und sichtbar geistlich auftritt, wird feststellen, dass Menschen, die sich nach einem geistlichen Leben sehnen, durch sein Tor kommen und herausfinden wollen, ob sein geistliches Leben echt ist. Sie kommen in unser Leben und erkennen die Echtheit. Das gehört dazu, wenn wir Menschen erreichen wollen, die Gott nicht kennen und unseren Gott auch gar nicht kennen wollen. Es gehört dazu, wenn wir unser Umfeld, unsere Städte, unser Land und diese Welt erreichen wollen. Wir müssen öffentlich wie privat dieselben sein.

Noch eins will uns dieser Bibeltext sagen: Wenn wir nicht immer so leben, wie wir leben sollten, wird Gott uns nicht dafür gebrauchen, anderen das Evangelium zu bringen. Ich weiß, dass es ein paar Ausnahmen zu dieser Regel gibt, dass es ein paar Halunken gibt, die das Evangelium verbreiten. Aber laut Bibel sollen wir erkennbar ein stimmiges, geistliches Leben führen, das sich jederzeit und zu jeder Gelegenheit von anderen hinterfragen lässt.

Wenn ich mir ansehe, wann meine Arbeit große Fortschritte gemacht hat, stelle ich fest, dass es immer Zeiten waren, in denen ich geistlich unter Druck stand. In Asien kamen mehr Menschen als zuvor zum Glauben, als mein Vater starb. Sie beobachteten mich, wie ich mit der Situation umging, wie ich mich in meiner Familie verhielt, wie ich bei meinen Kindern auftrat, wie ich Außenstehenden begegnete, wie ich das Unternehmen meines Vaters abwickelte; sie beobachteten alles. Die Leute kamen immer wieder mit derselben Frage: „Keine Ahnung, wie du das geschafft hast, wir würden es zu gern wissen."

Sie sahen etwas, das sie selbst geistlich oder emotional oder körperlich nicht geschafft hätten. Und als wir aus dem Land ausgewiesen wurden, begannen noch mehr Leute Jesus zu folgen. Als wir aus dem nächsten Land ausgewiesen wurden, geschah dasselbe. Die Menschen beobachteten uns in diesen belastenden Situationen, in denen wir Angst, Wut und Frust erlebten, aber darüber redeten, statt unüberlegt zu handeln. Und wenn wir Fehler machten, berührten sie unsere Entschuldigungen, weil sie zu einem stetigen Leben dazugehören. Solche Ereignisse im Leben rufen in die Welt: Ich bin selbst genauso, wie ich es euch beibringe.

Eins meiner Lieblingszitate von Paulus ist: „Ihr wollt wissen, wie man als Christ lebt? Seht mich an!“ (Freier Wortlaut). Immer wieder hat er es in seinen Briefen so formuliert. Dahin führt uns unser Bibeltext. Was für Männer und Frauen müssen wir sein, wozu hat Gott uns berufen, wenn wir das Umfeld, in dem wir leben, wirklich verändern wollen? Das ist die Quintessenz. Wie wir leben, zeigt, dass wir zu Gott gehören. Wenn wir nicht so leben, sagt das, dass man nicht zu Gott gehören muss, um dabei zu sein.

Jüngerschaft und Gemeindegründung fangen nicht mit einer Strategie an; sie beginnen bei mir. Bin ich die Person, zu der Gott mich berufen hat? Wenn nicht: Was muss ich anders machen, um diese Person zu werden? Wenn ich mich nicht verändere und jemand werde, der Gott mit ganzem Herzen, ganzer Seele und ganzer Kraft liebt, weshalb sollte ich erwarten, dass Gott mich gebraucht?

„Ganz“ heißt „ganz“ und das ist auch die ganze Bedeutung. Was halten wir aus unserer Gottesbeziehung heraus? Womit haben wir aufgehört, obwohl Gott es uns aufgetragen hat, als wir anfingen ihm nachzufolgen? Wir sagen unseren Teams immer: Wenn sie zu viel um die Ohren haben, um zu beten, haben sie zu viel um die Ohren. Beenden sie Dinge. Wenn zu viel los ist, um ein oder zwei Stunden zu beten, ist bei Ihnen zu viel los! Wenn zu viel los ist, um jemandem zu helfen, ist zu viel los. Wenn zu viel los ist, um Ihr zu Hause und Ihr Umfeld prägen zu können, dann ist zu viel los. Wir stecken in manches Zeit, wodurch wir uns nur wichtig fühlen, statt die Menschen zu sein, durch die Gott die Menschen um uns herum verändern kann. Wir selbst sind darin schuldig geworden. Manchmal machen wir uns immer noch schuldig, weil wir unsere Zeit mit Aufgaben vergeuden, durch die wir uns wichtig fühlen, statt mitten in einer verlorenen Generation andere zu Jüngern zu machen.

Wenn Sie andere zu Jüngern machen wollen, müssen Sie ein gehorsamer Jünger von Jesus sein – nicht weil andere das so sehen, sondern weil Sie Jesus mehr lieben als alles andere.

KAPITEL 12

Gebet

Einmal haben wir uns mit unseren 100 effektivsten Mitarbeitern zusammengesetzt, um ihre gemeinsamen Merkmale zu finden. Jeder von ihnen hatte mit seinem Team mehr als 20 Gemeinden pro Jahr gestartet, eine Gruppe im Jahr zuvor sogar mehr als 500 Gemeinden. In verschiedenen Gruppen kristallisierten sich etliche Gemeinsamkeiten heraus, aber das Einzige, das auf alle Teams zutraf, war ein starkes Engagement im Gebet.

Diese Leute verbrachten im Durchschnitt drei Stunden täglich im persönlichen Gebet. Zusätzlich beteten sie jeden Tag weitere drei Stunden mit ihren Teams. Und diese Mitarbeiter waren nicht alle Vollzeit-Angestellte, die Mehrheit ging einer ganz normalen Arbeit nach. Sie standen morgens um vier Uhr auf und waren um zehn Uhr bei der Arbeit.

Außerdem fasteten und beteten diese wirkungsvollen Mitarbeiter einen Tag pro Woche, ihr ganzes Team fastete und betete ein ganzes Wochenende im Monat. Als wir anfangs weltweite Jüngerschaftsbewegungen untersuchten, stellten wir vor allem eins fest: Jeder Jüngerschaftsbewegung geht eine Gebetsbewegung voraus. Zweierlei ist nötig, um eine Gebetsbewegung zu initiieren: Erstens müssen wir Beter werden und zweitens müssen wir Beter finden.

ZUM BETER WERDEN

Ich (Paul) bin seit 15 Jahren verheiratet. Meine Frau Christi und ich haben drei Kinder, elf, acht und zwei Jahre alt. Ich leite ein Haus für Männer, die ihre Alkoholkrankheit und Drogensucht überwinden wollen, ein Obdachlosenheim, ein Projekt, das Essenspakete an obdachlose Kinder verteilt und ich begleite in unserer Region, im Nordwesten der USA, Menschen, die andere zu Jüngern machen. Außerdem bin ich Sportler und trainiere täglich ein paar Stunden. Als unser jüngstes Kind zur Welt kam, gab Christi ihre glückliche Lehrerinnenlaufbahn auf. Nach unserem Umzug in den Nordwesten beschlossen wir, unsere Kinder zu Hause zu unterrichten. Christi plant die Lektionen für drei verschiedene Jahrgangsstufen – neben dem ganzen Haushalt. Unser Alltag ist so turbulent wie in vielen anderen Familien auch.

In all dem Chaos eine persönliche Nähe zu schaffen, ist nicht leicht. Der Alltag schleicht sich ein und plötzlich kommunizieren Christi und ich mehr über Zettel und Listen als im persönlichen Gespräch. Eins habe ich gelernt: Informationsaustausch ist nicht dasselbe wie Nähe. Informationen sind wichtig, aber wenn die gesamte Kommunikation nur über SMS und Zettel läuft, verschwindet die Nähe.

Wir haben gelernt, mit Gott zu reden, indem wir unsere Gebetslisten abspulen, statt ein Gespräch mit ihm zu führen. Hastig stammeln wir einzelne Sätze, während wir durch unseren Alltag rauschen, ohne innezuhalten und hinzuhören, was Gott zu sagen hat. Auf diese Weise können wir schon zu Menschen keine Nähe herstellen, wieso glauben wir, wir könnten eine Nähe zu Gott schaffen, der uns doch nach seinem Ebenbild geschaffen hat?

Vielleicht haben Sie schon oft zu Gott gesprochen, aber wenig Erfahrung darin, mit ihm zu reden. Anfangs kommt Ihnen das Gespräch vielleicht komisch vor, aber mit ein wenig Übung wird sich das ändern. Nähe entsteht, wenn wir uns Zeit nehmen, um zusammen zu sein und uns zu überlegen, wie wir die Zeit verbringen wollen.

ES TROTZDEM SAGEN

Ich liebe den Science-fiction-Film „Serenity“. (Ich empfehle diesen Film nur, wenn Sie Science-fiction mögen. Sonst werden Sie ihn nicht mögen.) Malcolm Reynolds (gespielt von Nathan Fillion) ist der sarkastische Kapitän einer antiquierten Raumfähre namens Serenity. Eins seiner Crew-Mitglieder, River Tam (gespielt von Summer Glau) hat telepathische Fähigkeiten. Die Gegner hatten River Tam gekidnappt, um sie in eine Superwaffe zu verwandeln, und dabei ist sie ein wenig verrückt geworden. Malcolm und die restliche Crew helfen ihr bei der Genesung durch ein paar unglaubliche Schwierigkeiten. Am Ende des Films gibt es eine Szene zwischen Malcolm und River.

Malcolm: Willst du mitkommen und mir helfen zu fliegen?

River: Das ist der Plan.

Malcolm: Meinst du, du kannst ... [River startet die Serenity mit schneller Beschleunigung] ... Okay ... Da hat aber jemand Talent zum ... ah ... Es geht nicht nur um Schalter und Tabellen, kleiner Albatross. Kennst du die wichtigste Regel beim Fliegen? Vermutlich ja, du weißt ja immer schon, was ich gerade sagen will.

River: Das stimmt. Aber ich höre es dich trotzdem gerne sagen.

In dem Moment, als ich diese Szene sah, sagte Gott zu mir: Ganz genau. Genau so geht es mir. Mir wurde klar, dass Gott zwar immer schon weiß, was ich sagen werde, es mich aber trotzdem gerne sagen hört. Er will mich mit ihm reden hören. Seine Allwissenheit sollte nie eine Ausrede dafür sein, dass ich mich nicht mit ihm unterhalte.

GOTT UM SEINE MEINUNG BITTEN

Sind Sie je aus einem Kinofilm gekommen und haben mit Gott darüber geredet, statt Ihre Freunde anzurufen oder ihnen eine Nachricht zu schicken? Ich habe mit Gott über „Act of Valor" geredet, einen Film, bei denen aktive Soldaten der United States Navy SEALs mitspielen, einer Spezialeinheit der Marine. In der ersten wichtigen Actionszene des Films, müssen die SEALs eine CIA-Agentin aus den Händen eines Terroristen befreien. Sie dringen ein, töten seine Jungs, befreien die gefolterte Frau und verschwinden wieder. Die Terroristen schneiden ihnen mehrere Fluchtwege ab und am Ende müssen die SEALs ihr Fahrzeug im Fluss versenken. Als die Lage völlig hoffnungslos scheint, kommen zwei Teams der SWCC-Spezialeinheit um eine Flussbiegung und feuern auf die feindlichen Boote und geben den SEALs Deckung, während die SWCC-Teams sie aus dem Wasser ziehen. Ich liebe diese Szene. Ich habe sie bestimmt schon über 100 Mal gesehen.

Einmal beschloss ich, mit Gott über diese Szene zu reden. Anschließend fragte ich ihn: „Was ist deine Lieblingsszene im Film?" Zu meiner Überraschung und Freude antwortete er: Erinnerst du dich an den Moment, als die SEALs in den Raum stürmen, in dem die Frau, an ein Eisenbett gefesselt, gefangen gehalten wird? Mir gefällt, wie der Soldat ihre Fesseln durchschneidet und sie mit dem Vorhang bedeckt, der in der Nähe hängt, weil sie nackt ist. Mir gefällt, dass er sagt: „Wir sind hier, um dich nach Hause zu bringen." Mir gefällt, dass er sie hochhebt und mit ihr herausläuft, um sie schnell in Sicherheit zu bringen. Mir gefällt, dass er sie mit seinem Körper vor gegnerischem Beschuss schützt. Und mir gefällt, dass sich die SEALs nach ihrer Rettung aus dem Wasser die Zeit nehmen, ihre Wunden zu behandeln. All das finde ich gut. Denn genauso handle ich auch.

Gott rettet uns vor dem Bösen. Er durchtrennt die Fesseln, die uns gefangen halten. Er bedeckt unsere Blöße. Er beschützt uns vor den Angriffen des Feindes mit seinem eigenen Leib. Und der Schöpfer des Universums, der Kapitän der Engelsheere, versorgt zärtlich unsere Wunden.

Reden Sie mit Gott über Ihren Lieblingsfilm, wenn Sie das nächste Mal die Gelegenheit dazu haben. Erzählen Sie ihm, was Sie gut finden und was nicht. Fragen Sie ihn, was er gut findet. Vermutlich werden Sie den Film nie wieder so sehen wie vorher. Noch wichtiger ist, dass dieses Gespräch ihre Nähe zu Gott vertieft.

JEMAND WERDEN, DER FÜR ANDERE BETET

Nach unserer Umfrage unter unseren effektivsten Mitarbeitern habe ich mein Gebetsleben umgestellt. Statt andere zu bitten, für mich zu beten, habe ich angefangen, für andere zu beten.

Ich habe ein Blatt Papier genommen und die Zahlen von 1 bis 30 daraufgeschrieben. Neben jede Zahl habe ich den Namen eines Christen geschrieben, mit dem ich befreundet bin. Dann habe ich in meinen Kalender gesehen. Es war der zwölfte des Monats, also habe ich die zwölfte Person auf meiner Liste angerufen.

Wenn die Person sich meldete, sagte ich so etwas wie: „Hi Landis!

Du stehst heute in meinem Gebetskalender. Das bedeutet, dass ich heute den Tag über für dich bete. Hast du konkrete Anliegen, über die ich mit Gott reden soll?“

In diesem Fall war ich überhaupt der Erste, der für ihn betete. Er bedankte sich überrascht und nannte etwas, das ihm auf dem Herzen lag. Dann fragte ich: „Hast du jetzt gerade Zeit zum Beten?“ Er bejahte und ich betete mit ihm. Am Schluss dankte er mir erneut und wir beendeten unser Gespräch. Das Ganze hatte vielleicht fünf oder zehn Minuten gedauert.

Am nächsten Tag, dem 13., rief ich die Nummer 13 auf meiner Liste an – und so weiter. Am Ende des Monats hatte ich insgesamt 150 bis 300 Minuten mit anderen gebetet. Ich hatte die Anliegen von 30 Menschen gehört. Ich hatte für 30 Leute gebetet. Ich hatte 30 Leute ermutigt. Unsere Beziehungen wurden tiefer, weil wir zusammen beteten.

Wenn ich jemanden nicht anrufen kann, schreibe ich ihm eine Nachricht. Wenn E-Mails angebrachter sind, melde ich mich auf diesem Weg. Wenn ich eine Mail oder SMS schicke, schreibe ich der Person mein Gebet. Wenn ich meine Gebete aufschreibe, bleibt nachvollziehbar, dass ich wirklich für den anderen bete und wenn er mein Gebet liest, weiß er, dass für ihn gebetet wurde.

Wenn Sie Jünger gewinnen wollen, entwickeln Sie ein Gebetsleben. Verpflichten Sie sich, jeden Tag des Monats für einen anderen Menschen zu beten. Ermutigen Sie die anderen, ebenfalls dreißig Menschen zu finden, für die sie beten und so weiter. Und schon bald werden Sie sehen, wie Gott sich auf das Drängen seiner Kinder hin bewegt, weil sie aus Gehorsam beten.

AUF GOTT HÖREN

Gebet bedeutet nicht, dass wir Gott die Arme auf den Rücken drehen, um ihn damit zu zwingen zu tun, was wir für richtig halten. Es geht darum, unser Herz und unser Denken mit Gott in Einklang zu bringen. Gebet bedeutet, so viel Zeit mit Gott zu verbringen, dass wir seine Vision für seine Stadt erkennen (weil es seine Stadt ist) und für seine Leute (denn es sind alle seine Leute, nicht nur die Christen). Und während Sie durch die Straßen seiner Stadt spazieren und sich mit ihm unterhalten, flüstert er Ihnen Ihre Rolle in seinem Plan für die Stadt ins Ohr. Nicht alles auf einmal, denn das würde Sie überfordern, sondern eins nach dem andern.

Als ich (Paul) nach Portland zog, hatte ich keine Ahnung, wo ich anfangen sollte. Portland war eine neue Kultur mit Hunderten neuer Gruppierungen. Zudem trat ich eine neue Stelle an. Die diversen Anforderungen waren ziemlich herausfordernd. Was tut man, wenn man nicht weiß, wo man anfangen soll? Man betet. Und ich betete unendlich viel in diesen ersten Monaten. Beim Beten spazierte ich durch die Umgebung des Rescue Centers. Auf einem meiner vielen Gebetsspaziergänge kam ich an einem Striplokal vorbei.

„Herr, bitte schließe dieses Striplokal. Nicht durch wirtschaftliche Gründe oder durch ein Unglück, sondern weil die Männer und Frauen, die hier arbeiten, dich kennenlernen. Ich wünsche mir, dass dieses Lokal zu einem Ort wird, an dem man sich dafür einsetzt, das Umfeld hier zu erreichen, dass es vielleicht eine Gemeinde wird. Zeige mir, wie ich die Männer und Frauen, die hier arbeiten, für dich gewinnen kann. Ich kann nicht hineingehen ... Ich kenne meine Versuchungen und Grenzen. Zeige mir, wie ich sie erreichen kann, ohne dass ich mich dieser Art von Versuchung aussetzen muss."

Weißt du, glaubte ich Gott antworten zu hören, *die Frauen, die hier arbeiten, wohnen hier in der Gegend.*

„Wirklich?"

Wenn sie von der Arbeit kommen, sind sie müde. Sie wollen so schnell wie möglich nach Hause, damit sie in Sicherheit sind und ausschlafen können.

„Aha."

Und sie sind hier in der Gegend unterwegs. Siehst du das Café dort?

„Ja."

Dort trinken sie Kaffee. Im Nagelstudio nebenan lassen sie ihre Nägel machen. In der Kampfsportschule die Straße weiter hoch trainieren die Türsteher. Wenn du diese Gegend erreichen willst, such dir zwei

Leute – ein Ehepaar oder zwei junge Frauen – die hierherziehen, sich eine Stelle suchen und sich an diesen Orten aufhalten. Sie werden die Frauen kennenlernen, die in dem Lokal arbeiten.

Ein anderes Mal lief ich durch eine andere Gegend. Sie machte einen abweisenden Eindruck. Ich hatte das Gefühl, dass es sehr schwierig wäre, Menschen die hier arbeiteten, kennenzulernen.

„Gott, wie komme ich in Kontakt mit den Menschen, die hier wohnen?"

Wieder antwortete er. *Siehst du die Hundepension und den Hundesalon?*

„Ja."

Suche dir zwei Leute, die in diese Gegend ziehen und die beruflich Hundesitting und Gassigehen anbieten. Sie würden die meisten Leute hier kennenlernen, hätten Schlüssel zu ihren Wohnungen und würden in die Häuser eingeladen werden. Das ist ein Weg, um diese Gegend zu erreichen.

In Lukas 10,2 lesen wir: „Er sprach aber zu ihnen: Die Ernte zwar ist groß, die Arbeiter aber sind wenige. Bittet nun den Herrn der Ernte, dass er Arbeiter aussende in seine Ernte!" Als ich durch die Straßen lief, zeigte Gott mir Möglichkeiten, mit den Menschen Kontakt aufzunehmen (dazu später mehr) und wie Christen mit verlorenen Menschen locker ins Gespräch kommen könnten. Daraus könnten sich persönliche Gespräche entwickeln, dann geistliche Gespräche und dann Einladungen zu Entdeckerbibelgruppen (auch dazu später mehr). Leider habe ich bis zu diesem Zeitpunkt noch niemanden gefunden, der bereit wäre, diesen Weg zu beschreiten. Noch immer arbeiten Frauen in diesem Striplokal und noch immer führen die Leute selbst ihre Hunde aus. Ich bete noch immer für Arbeiter in der Ernte und versuche aktiv, sie zu finden.

BETEN, DASS SEIN REICH KOMMT UND SEIN WILLE GESCHIEHT

Jesus betete:

> *„Dein Reich komme, dein Wille geschehe, wie im Himmel so auf Erden" (Mt 6,10).*

Die Gleichnisse vom Reich Gottes lassen sich hervorragend als Gebetsleitfaden verwenden, um für die eigene Nachbarschaft zu beten. Nehmen wir zum Beispiel das Gleichnis des Sämanns aus Matthäus 13,1-9 (NLB):

> *Ein Bauer ging aufs Feld, um zu säen ...*

„Vater, wir bitten dich, in diese Gegend Leute zu schicken, die die Botschaft vom Reich Gottes unter den Menschen hier verbreiten. Ziehe sie heran, dass sie Mitarbeiter und Dienende werden. Bewahre sie vor Versuchungen und schütze sie vor dem Bösen. Versorge sie mit dem, was sie zum Leben brauchen, damit sie sich darauf konzentrieren können, die gute Nachricht von Gottes Reich zu verbreiten und sich um die verlorenen Schafe zu kümmern."

> *Beim Ausstreuen der Saat fiel einiges auf den Weg. Da kamen die Vögel und pickten es auf.*

„Vater, wir wissen, dass die gute Nachricht von Gottes Reich oft schwer zu verstehen ist. Manchmal klingt sie streng und schwierig, obwohl sie doch voller Liebe und Freude ist. Bitte wirke du an den Herzen der Menschen, die in diesem Gleichnis mit dem Weg gemeint sind. Öffne du ihre Herzen und Gedanken, dass sie dein Wort hören, verstehen und mit großer Freude annehmen können. Wir beten gegen den Bösen, der das Wort aus ihren Herzen picken will, bevor sie darüber nachdenken können. Fessele den Bösen und halte ihn davon ab dazwischenzufunken, wenn deine Kinder die Gelegenheit haben, zum ersten Mal dein Wort zu hören."

> *Einiges fiel auf felsigen Boden, der nur von einer dünnen Erdschicht bedeckt war. Weil die Saat dort so wenig Erde hatte, ging sie rasch auf. Als dann aber die Sonne höher*

stieg, wurden die jungen Pflanzen versengt, und weil sie keine kräftigen Wurzeln hatten, verdorrten sie.

„Vater, wir sind so begeistert, wenn Menschen die Nachricht von deiner Herrschaft mit staunender Freude annehmen! Manchmal fragen wir uns aber auch, wie tief ihre Überzeugung geht. Wir wissen, dass die Menschen in der dünnen Erdschicht sich abwenden, weil ihr Glaube keine Wurzeln hat. Bitte hilf uns, die wir säen, all denen Tiefe zu ermöglichen, die dein Wort hören und fröhlich empfangen. Mögen ihr Glaube tiefe Wurzeln schlagen, damit sie jeglicher Verfolgung und Versuchungen, die ihre Beziehung zu dir bedrohen, widerstehen können."

Einiges fiel ins Dornengestrüpp, und die Dornbüsche überwucherten und erstickten die Saat.

„Vater, das Leben ist hart. Vieles lenkt unsere Aufmerksamkeit davon ab, dich zu lieben und als deine Kinder zu leben. Bewahre uns vor Ablenkungen. Bewahre uns davor, deine Freude zu verlieren, weil das Leben schwierig wird. Bewahre uns davor, keine Frucht mehr zu tragen, weil unser Leben so turbulent ist. Wir bitten dich das alles auch für die, die dein Wort hören – behüte sie davor, ein Leben ohne Frucht zu führen. Der Böse will sie davon abbringen, Frucht zu tragen, die dich verherrlicht und die Menschen rettet, die dich lieben. Bewahre sie vor seinen Lügen!"

Einiges jedoch fiel auf guten Boden und brachte Frucht – zum Teil hundertfach, zum Teil sechzigfach, zum Teil dreißigfach.

„Vater! Wir sehnen uns nach der Frucht, die aus dem guten Boden wächst! Wir wünschen uns, dass alle, die die gute Nachricht von deiner Herrschaft hören, reiche Frucht tragen! Wir wünschen uns, dass wir ihre Freude erleben dürfen. Wir möchten mit ihnen feiern! Wir wollen sehen, wie du verherrlicht wirst und möchten dich zusammen mit all denen anbeten, die aus der Ernte der zweiten, dritten und vierten Generation stammen. Mögen wir diese Früchte und diese Ernte zu unseren Lebzeiten erleben. Amen!"

Hier ist eine Liste der Reich-Gottes-Gleichnisse im Matthäusevangelium:

- Vom Sämann (13,1-23)
- Vom Unkraut unter dem Weizen (13,24-30)
- Von Senfkorn und Sauerteig (13,31-33)
- Vom Schatz im Acker (13,44)
- Von der kostbaren Perle (13,45-46)
- Vom Fischnetz (13-47-50)
- Neue Gesetzeslehrer (13,51-52)
- Vom hartherzigen Schuldner (18,21-35)
- Von den Arbeitern im Weinberg (20,1-16)
- Von den ungleichen Söhnen (21,28-32)
- Von den bösen Weingärtnern (21,33-46)
- Die königliche Hochzeit (22,1-14)
- Von den Brautjungfern (25,1-13)
- Vom anvertrauten Geld (25,14-30)

Lassen Sie Ihr Gebet für Ihr Umfeld von diesen Texten inspirieren. Später zeigen wir, wie sich diese Texte als Material für kleine Gebetsgruppen einsetzen lassen.

VERLORENEN MENSCHEN ZUHÖREN

„Du bist schon auf Sendung, dabei solltest du lieber noch die Wellenlänge suchen.“ Ich glaube, das ist ein Lieblingszitat meines Schwiegervaters. Er hat recht: Wenn ich von etwas begeistert bin, reiße ich das Gespräch an mich und höre niemandem im Raum mehr zu. Es ist schon viel besser geworden als früher, aber ich habe noch ein gutes Stück Weg vor mir.

Im Kontakt mit verlorenen Menschen gehen viele Jesusnachfolger gleich auf Sendung und vergessen völlig, vorher die passende Wellenlänge einzustellen. Folglich werden sie zu einem weiteren Sender in einer ohnehin lauten Welt. Wenn Christen nicht die richtige Wellenlänge suchen, schalten verlorene Menschen häufig einfach ab.

Wer andere zu Jüngern machen will, muss die Wellenlänge seines Umfelds suchen. Er muss hinhören, was los ist, und die Bedürfnisse und Wünsche erkennen. Das ist nicht nur hilfreich, um gute Kontakte zu knüpfen, sondern auch, um effektiver beten zu können.

Wir können unser Umfeld nicht erreichen, wenn wir nicht präsent sind. Laufen Sie durch die Straßen. Gehen Sie in die Restaurants vor Ort. Trinken Sie Kaffee im Café und, wenn es nicht dem widerspricht, wozu Gott sie aufruft, besuchen Sie vielleicht auch eine Kneipe oder Bar.

Beobachten Sie die Menschen. Wie alt sind sie? Haben sie Kinder? Wenn ja, wie alt sind sie? Wie gehen Väter und Mütter miteinander um? Wie kommunizieren sie mit ihren Kindern? Wie kleiden sich die Menschen? Wo gehen sie meist einkaufen? Sind die Fenster der Geschäfte vergittert? Hängen an den Restaurants Schilder, das die Nutzung der WCs nur Kunden vorbehalten ist? Grüßt man auf der Straße auch Fremde? Sieht man sich in die Augen? Leben Migranten in der Gegend? Wie gehen Menschen unterschiedlicher Herkunft typischerweise miteinander um?

Vielleicht glauben Sie zu wissen, was Ihre Umgebung braucht. Aber erst, wenn sie die Menschen wirklich – in eigenen Worten – reden hören, wissen Sie, was Sie beten können. Besuchen Sie Sitzungen des Schulbeirats und Bürgerversammlungen. Fragen Sie, ob Sie mit einem Polizisten vor Ort Streife fahren können. Abonnieren Sie die Tageszeitung. Suchen Sie online nach Bloggern aus der Gegend und Leuten bei Twitter, Facebook oder Yelp. Nehmen Sie aufmerksam wahr, was die Menschen Ihnen über die Bedürfnisse und Wünsche in diesem Umfeld erzählen. Hören Sie auf die Meinungen zu den Themen vor Ort.

Stellen Sie Fragen. Manchmal ist es hilfreicher zu sagen: „Helfen Sie mir zu verstehen ..." als bloß: „Warum?". Es geht nicht darum, jemanden zu konfrontieren, anzupredigen oder zu belehren. Zu verstehen bedeutet nicht immer, dem auch zuzustimmen. Wenn wir die Menschen verstehen lernen, haben wir in unseren Gebetszeiten für unser Umfeld viel mit Gott zu bereden.

Gott gab uns aus gutem Grund zwei Ohren und einen Mund. Vielleicht will er, dass wir öfter die Wellenlänge suchen als auf Sendung zu gehen.

ANDERE ZUM GEBET ERMUTIGEN

Als die Bewegung unter den Bhojpuri Fahrt aufnahm, gehörten mehr als 100.000 Menschen zu unserem Gebetsnetzwerk – und das, bevor Internet und E-Mail wirklich verbreitet waren! Die Arbeit des Cityteams in San Francisco und Lateinamerika hat richtig an Dynamik gewonnen, nachdem das Team sich zu Gebet und Fasten verpflichtet hat und mehr als 1.500 Menschen versprochen haben, mindestens eine Stunde in der Woche – ungefähr zehn Minuten am Tag – zu beten und zwar konkret für Jüngerschaftsbewegungen. Mittlerweile gibt es 1.695 Entdeckerbibelgruppen in Kalifornien und Zentral- und Südamerika, mindestens bis in die achte Generation. Gebet ist entscheidend und wir können es nicht oft genug betonen: Ohne Gebetsbewegung wird keine Jüngerschaftsbewegung entstehen.

David und ich hören immer wieder Missionare aus den USA und überall aus der Welt klagen: „Ich habe alles aus eurem Training umgesetzt, aber nichts ist passiert. Jüngerschaftsbewegungen haben hier einfach keine Chance." Wir drücken dann unser Mitgefühl aus und stellen ein paar Fragen. In vielen Fällen haben die Missionare viel geleistet. Oft haben sie selbst ein lebendiges Gebetsleben. Aber wenn wir ein bisschen tiefer nachhaken, stellen wir fest, dass ihr Gebetsnetzwerk sehr klein ist – meist sind es höchstens 100 Leute. Wir stellen außerdem fest, dass die Kommunikation mit ihrem Netzwerk höchstens aus einem monatlichen Newsletter und einer gelegentlichen E-Mail mit dringenden Gebetsanliegen besteht. Das mag ganz gut klingen, aber dieses Maß an Kommunikation mit einem so kleinen Gebetsnetzwerk wird kaum eine Jüngerschaftsbewegung tragen können.

Wenn Sie andere zu Jüngern machen wollen, müssen Sie ein umfangreiches Gebetsnetzwerk finden, schulen und in Gang setzen – ganz egal, ob Sie vollzeitlich oder ehrenamtlich engagiert sind. Ohne gut entwickeltes Gebetsnetzwerk werden Sie in der Jüngerschaft frustriert und enttäuscht sein.

ANDEREN ZEIGEN, WIE SIE BETEN KÖNNEN

Menschen wissen nicht, wie sie für Sie beten können. Sie wissen auch nicht, wie sie für Ihr Umfeld beten können. Wenn Sie möchten, dass sie beten, müssen Sie es ihnen zeigen.

Wir können uns viel davon abgucken, wie Jesus seine Jünger das Beten lehrte:

> *Und es geschah, als er an einem Ort war und betete, da sprach, als er aufhörte, einer seiner Jünger zu ihm: Herr, lehre uns beten, wie auch Johannes seine Jünger lehrte!*
> *Er sprach aber zu ihnen: Wenn ihr betet, so sprecht: Vater, geheiligt werde dein Name; dein Reich komme;*
> *unser nötiges Brot gib uns täglich;*
> *und vergib uns unsere Sünden, denn auch wir selbst vergeben jedem, der uns schuldig ist; und führe uns nicht in Versuchung.*
> *Und er sprach zu ihnen: Wer von euch wird einen Freund haben und wird um Mitternacht zu ihm gehen und zu ihm sagen: Freund, leihe mir drei Brote,*
> *da mein Freund von der Reise bei mir angekommen ist und ich nichts habe, was ich ihm vorsetzen soll!*
> *Und jener würde von innen antworten und sagen: Mach mir keine Mühe! Die Tür ist schon geschlossen, und meine Kinder sind bei mir im Bett; ich kann nicht aufstehen und dir geben?*
> *Ich sage euch, wenn er auch nicht aufstehen und ihm geben wird, weil er sein Freund ist, so wird er wenigstens um seiner Unverschämtheit willen aufstehen und ihm geben, so viel er braucht.*
> *Und ich sage euch: Bittet, und es wird euch gegeben werden; sucht, und ihr werdet finden; klopft an, und es wird euch geöffnet werden!*
> *Denn jeder Bittende empfängt, und der Suchende findet,*

und dem Anklopfenden wird geöffnet werden.
Wen von euch, der Vater ist, wird der Sohn um einen Fisch bitten - und wird er ihm statt des Fisches etwa eine Schlange geben?
Oder auch, wenn er um ein Ei bäte - er wird ihm doch nicht einen Skorpion geben?
Wenn nun ihr, die ihr böse seid, euren Kindern gute Gaben zu geben wisst, wie viel mehr wird der Vater, der vom Himmel gibt, den Heiligen Geist geben denen, die ihn bitten!
Lukas 11,1-13

Erstens, Jesus betete. Eine Lektion über das Gebet beginnt mit meinem eigenen Vorbild. Pflegen Sie ein gesundes Gebetsleben. Lernen Sie, mit Gott wie mit einem Freund zu reden, als säße er mit Ihnen im selben Zimmer (was er ja tut!). Laufen Sie durch die Straßen und unterhalten Sie sich mit Gott über Ihr Viertel. Laden Sie jemanden ein, Sie dabei zu begleiten.

Zweitens, Jesus war den Jüngern ein Vorbild. Später wird es darum gehen, ein Gebetstreffen zu leiten. Bei diesen Treffen bringen Sie anderen bei, anhand der Reich-Gottes-Gleichnisse für ihre Umgebung zu beten. Es wird auch um Gebetsspaziergänge gehen und wie man andere einlädt mitzukommen, wenn man durch die Straßen des Stadtviertels läuft.

Drittens, Jesus sprach über die Einstellung der Jünger zu Gott in ihren Gebeten. Wir haben bereits eine Menge über unsere Haltung Gott gegenüber geschrieben und wie sie unsere Gebete beeinflusst. Auch wenn wir unsere Einstellung zu Gebet und zu Gott verändern lassen, müssen wir andere mit uns auf diese Gebetsreise nehmen.

ZUM BETEN ZUSAMMENKOMMEN

Ein Gebetstreffen zu veranstalten, ist nicht schwierig. Beim ersten Mal kann es ein wenig herausfordernd sein, dann sind die folgenden Tipps und der Ablauf hoffentlich hilfreich.

Laden Sie ein paar Freunde und vielleicht ein paar Freunde aus der Gemeinde zu sich nach Hause ein, um für Ihre Umgebung zu beten.

Kündigen Sie vorher an, wann Sie anfangen und enden und dass Sie vorwiegend beten werden.

Planen Sie die erste halbe Stunde zum Ankommen ein, sich mit Kaffee oder Tee zu versorgen und vielleicht ein paar Kekse zu knabbern. Menschen brauchen Zeit für die Beziehungspflege. Planen Sie die Zeit ein, aber beschränken Sie diese auch auf eine halbe Stunde, sonst nimmt der Austausch schnell überhand.

Wenn die halbe Stunde Gespräch vorbei ist, beginnen Sie das Treffen. Erklären Sie, dass Sie anhand der Bibel durch die Gebetszeit führen und jeweils ein oder zwei Verse vorlesen werden, anhand derer anschließend für die Menschen in der Umgebung gebetet wird. Erklären Sie, dass Sie beim Vorlesen des Textes immer nach diesen Versen eine Pause machen, damit laut gebetet werden kann, so wie Gott es führt.

Hier ein Beispiel, wie sich das Gleichnis von den ungleichen Söhnen (Lukas 15,11-24) als Gebetsleitfaden einsetzen lässt:

Lesen Sie: Jesus fuhr fort: „Ein Mann hatte zwei Söhne. Der jüngere sagte zu ihm: ‚Vater, gib mir den Anteil am Erbe, der mir zusteht!' Da teilte der Vater das Vermögen unter die beiden auf. Wenige Tage später hatte der jüngere Sohn seinen ganzen Anteil verkauft und zog mit dem Erlös in ein fernes Land. Dort lebte er in Saus und Braus und brachte sein Vermögen durch."

Beten Sie: „Vater, in unserem Umfeld leben viele Menschen, die alles, was du ihnen geschenkt hast, vergeuden mit Dingen, die ihnen schaden. Prostitution, Alkoholismus, Drogenmissbrauch, Materialismus, Egoismus – sie alle machen Menschen um uns herum kaputt. Hilf uns zu erkennen, was wir tun können, um ihnen in diesen Situationen zu helfen. Erfülle uns mit Mitgefühl. All das sind geistliche Probleme, die nur du, Vater, lösen kannst.

Ermutigen Sie die anderen, so zu beten, wie sie sich geleitet fühlen.

Lesen Sie: „Als er alles aufgebraucht hatte, wurde jenes Land von einer großen Hungersnot heimgesucht. Da geriet auch er in Schwierigkeiten. In seiner Not wandte er sich an einen Bürger des Landes, und dieser schickte ihn zum Schweinehüten auf seine Felder. Er wäre froh gewesen, wenn er seinen Hunger mit den Schoten, die die Schweine fraßen, hätte stillen dürfen, doch selbst davon wollte ihm keiner etwas geben."

Beten Sie: „Hunger ist unserem Umfeld genauso ein Thema wie Egoismus. Geistlicher Hunger ist so real wie körperlicher Hunger. Hilf uns zu erkennen, wer geistlichen Hunger hat. Hilf uns, dass wir uns nicht länger hilflos fühlen, sondern etwas bewegen im Leben derer, die geistlich hungern."

Geben Sie Raum zu beten.

Lesen Sie: „Jetzt kam er zur Besinnung. Er sagte sich: ‚Wie viele Tagelöhner hat mein Vater, und alle haben mehr als genug zu essen! Ich dagegen komme hier vor Hunger um.'"

Beten Sie: „Vater, wir sehnen uns nach der Zeit, wenn Menschen erkennen, dass du die Antwort auf ihren geistlichen Hunger bist! Wir sehnen den Moment herbei, wenn sie erkennen, dass sie verloren sind. Bitte öffne du den Menschen in unserer Umgebung die Augen für ihre geistliche Realität."

Geben Sie Raum zu beten.

Lesen Sie: „„Ich will mich aufmachen und zu meinem Vater gehen und zu ihm sagen: Vater, ich habe mich gegen den Himmel und gegen dich versündigt; ich bin es nicht mehr wert, dein Sohn genannt zu werden. Mach mich zu einem deiner Tagelöhner!' So machte er sich auf den Weg zu seinem Vater. Dieser sah ihn schon von weitem kommen; voller Mitleid lief er ihm entgegen, fiel ihm um den Hals und küsste ihn."

Beten Sie: „Vater, bitte bewege die Herzen der Menschen in unserem Umfeld. Hilf uns ... hilf ihnen ... sich ihrer geistlichen Situation bewusst zu werden und dass wir Jesus brauchen. Hilf uns, die oft schwierigen ersten Schritte auf dich zuzugehen. Vater, schenk uns, dass wir deine Umarmung spüren, wenn wir uns dir zuwenden. Schenke uns, dass wir miterleben dürfen, wie Menschen in unserer Stadt sich dir zuwenden und deine Umarmung spüren."

Geben Sie Raum zu beten.

Lesen Sie: „„Vater', sagte der Sohn zu ihm, ‚ich habe mich gegen den Himmel und gegen dich versündigt; ich bin es nicht mehr wert, dein Sohn genannt zu werden.' Doch der Vater befahl seinen Dienern: ‚Schnell, holt das beste Gewand und zieht es ihm an, steckt ihm einen Ring an den Finger und bringt ihm ein Paar Sandalen! Holt das Mastkalb und schlachtet es; wir wollen ein Fest feiern und fröhlich sein. Denn mein Sohn war tot, und nun lebt er wieder; er war verloren, und nun ist er wiedergefunden.' Und sie begannen zu feiern."

Beten Sie: „Vater, wir können es gar nicht abwarten, bis wir die Frucht deines Wirkens in unserem Umfeld feiern dürfen. Danke, dass wir uns in dein Wirken einklinken dürfen. Schenke uns, dass wir mit dir und unseren neuen Brüdern und Schwestern feiern können! Wir danken dir schon jetzt für diesen Tag und beten, dass wir ihn bald erleben können!"

Geben Sie Raum zu beten.

Wenn Sie auf diese Weise den Text durchgebetet haben oder wenn eine Stunde vorüber ist, beenden Sie die Gebetszeit. Sprechen Sie in der verbleibenden halben Stunde darüber, wie Gott während des Gebets zu den Teilnehmenden gesprochen hat. Denn es geht beim Gebet darum zu erkennen, was Gott mit Ihrem Umfeld vorhat. Vielleicht ist dieser letzte Teil der Gebetszeit sogar der wichtigste.

Zeit ist kostbar in westlichen Kulturen. Wenn Sie hier ein Gebetstreffen leiten, sollten Sie das unbedingt im Hinterkopf behalten. Wenn Sie länger brauchen, als die Leute eingeplant haben, sinkt die Wahrscheinlichkeit, dass sie wiederkommen. Wer einen Babysitter engagiert hat, bekommt Schwierigkeiten bei einer langen Veranstaltung. Außerdem sind kurze Treffen eher reproduzierbar, denn eine endlose Veranstaltung würden viele nicht leiten – oder besuchen – wollen. Achten Sie auf die kulturellen Gegebenheiten und sprengen Sie nicht den Rahmen, wenn es nicht nötig ist.

Veranstalten Sie jeden Monat einen solchen Gebetsabend. Ermutigen Sie Gebetspartner, ähnliche Treffen zu veranstalten. Das Ziel ist nicht ein riesiges Treffen, sondern setzen Sie sich zum Ziel, vielleicht hundert solcher monatlichen Treffen zu initiieren. Diese Art von Treffen können ein effektiver Weg sein, um zwischen 500 und 1000 Menschen vor Ort zu motivieren, für die Menschen in der Region zu beten.

GEBETSTREFFEN FÜR GEBETSPARTNER WOANDERS

Sie werden auch Menschen finden müssen, die für Sie, für Ihr Team und Ihr Umfeld beten, aber nicht in Ihrer Region leben und arbeiten. Fragen Sie Verwandte und Freunde, ob Sie in deren Gemeinde oder Kleingruppe davon erzählen dürfen, was Sie tun. Finden Sie Menschen, die sich für Ihre Arbeit begeistern und bitten Sie sie, kleine monatliche Treffen zu veranstalten, in denen sie mit dem Leitfaden oben beten. Nutzen Sie Skype oder FaceTime, um zu Beginn des Gebetstreffens dabei zu sein. Erzählen Sie – in ein oder zwei Sätzen – wie notwendig eine Jüngerschaftsbewegung in Ihrem Missionsfeld ist. Nennen Sie kurz ein Gebetsanliegen, einen konkreten Punkt, wie Sie in der kommenden Woche in Ihrem Umfeld aktiv werden. Danken Sie den Teilnehmern dafür, dass sie sich die Zeit nehmen, für Sie zu beten, beenden Sie das Gespräch und lassen Sie der Gruppe Zeit zum Beten. Denken Sie daran, sich in der folgenden Woche zu bedanken und zu erzählen, wie Gott ihr Gebet beantwortet hat.

ERMUTIGEN, GEBETSKALENDER EINZURICHTEN

Ermutigen Sie Ihr Gebetsnetzwerk, selbst einen Gebetskalender einzurichten. Wenn Sie zehn Freunde ermutigen, einen Gebetskalender zu führen, betet Ihr Gebetsnetzwerk (Sie eingeschlossen), schon jeden Tag für elf Menschen, das sind 330 jeden Monat. Wenn wir füreinander beten, entwickelt sich eine Gebetskultur. Durch diese Haltung flüstert Gott seinen Leuten seinen Willen ein und führt sie dahin, sich in sein Wirken einzuklinken, wenn er die Menschen in der Umgebung zu sich zieht.

Eine Gebetskultur schafft eine Atmosphäre und geistliche Haltung, in der Gott seine Leute dazu bringt, seinen Willen zu tun, und die Region in sozialer und geistlicher Hinsicht vollkommen zu verändern.

ANDERE ZU GEBETSSPAZIERGÄNGEN MITNEHMEN

Ich bin ein großer Anhänger von Gebetsspaziergängen, seit ich 1996 das Buch „Prayer-Walking – Praying On Site with Insight" von Steve Hawthorne gelesen habe. Ich mag Gebetsspaziergänge, weil ich währenddessen nicht einschlafen kann. Bewegung hält mich viel wacher und konzentrierter als Sitzen oder Knien. Außerdem lenkt Gott meinen Blick bei den regelmäßigen Spaziergängen durch ein Viertel auf kleine Veränderungen, Möglichkeiten, etwas zu tun, und potenzielle Mitarbeiter. Gott will, dass die Menschen in dieser Gegend ihn kennenlernen, also richtet er meine Gedanken beim Laufen und Beten auf seinen Willen aus.

Hier ein paar Tipps, die wir im Lauf der Jahre und auf etlichen Kilometern Gebetsspaziergängen gesammelt haben:

Planen Sie sich die Zeit ein. Wenn Sie sich den Gebetsspaziergang nicht in den Kalender schreiben, werden Sie nur selten einen unternehmen.

Legen Sie vorher die Route fest. Gebetsspaziergänge sind leichter, wenn Sie die Strecke vorher kennen.

Kleiden Sie sich passend zum Wetter. Wenn es laut Wettervorhersage regnen soll, tragen Sie Regenkleidung. Wenn es kalt ist, ziehen Sie sich warm an. Wenn es heiß ist, kleiden Sie sich so, dass Sie schwitzen können. Nichts ist einem Gebetsspaziergang abträglicher als falsche Kleidung.

Planen Sie eine Zwischenmahlzeit ein. Ideal ist es, in einem Geschäft oder Café vor Ort einen Zwischenstopp einzulegen, weil man dort mit Menschen aus der Gegend ins Gespräch kommen kann. Aber wenn es Ihnen lieber ist, können Sie auch einen kleinen Rucksack mit Wasser und Snacks mitnehmen. Seien Sie vorbereitet, wenn Sie eine kleine Stärkung brauchen.

Bleiben Sie zum Beten nicht stehen. Beten Sie beim Laufen mit offenen Augen. Für Außenstehende soll es so aussehen, als würden sich zwei Menschen unterhalten, während Sie durch die Straßen gehen.

Nehmen Sie eine Kamera mit (eine Handykamera tut es auch). Vielleicht wollen Sie ein paar Bilder von Ihrem Gebetsspaziergang Ihrem Gebetsnewsletter anhängen. Fotos können auch später helfen zu beten, wenn man einmal nicht selbst durch die Straßen laufen kann.

Nehmen Sie ein Notizbuch mit. Wenn Gott Ihnen etwas sagt, halten Sie bei einer Bank oder einem Café an und schreiben Sie es auf. Schließlich wollen Sie es nicht vergessen.

Wir empfehlen zweiwöchentliche Gebetsspaziergänge. Laden Sie mindestens einmal im Monat jemanden ein, Sie zu begleiten. Ermutigen Sie jeden in Ihrem Team, alleine und mit Christen aus ihrem Netzwerk Gebetsspaziergänge zu unternehmen.

GEBETSPARTNERN BEIBRINGEN, DIE STRATEGISCHEN ELEMENTE EINER JÜNGERSCHAFTSBEWEGUNG DURCHZUBETEN

Dieses Buch enthält die ersten sieben strategischen Elemente, die notwendig sind, um Menschen zu Jüngern zu machen und eine Jüngerschaftsbewegung in Gang zu setzen. Zu jedem strategischen Element gehören konkrete Gebetspunkte. Sie müssen diese Gebetspunkte auswendig kennen, um nicht nur für sich zu beten, sondern auch um anderen beizubringen, wie sie für Sie und Ihr Team beten können. Die meisten haben keine Ahnung, wie sie für Sie beten sollen. Wenn Sie möchten, dass sie mehr beten als „Bitte sei bei [Name ergänzen], wenn sie mit verlorenen Menschen in [Ort ergänzen] arbeitet", müssen Sie ihnen beibringen, wie sie beten sollen. Es ist Ihre Verantwortung, ihnen beizubringen, wie man effektiv betet.

EIN JÜNGER SEIN, DER JÜNGER GEWINNT

Als Jünger zu leben, ist nicht leicht. Opfer, geistlicher Kampf, Verfolgung – sie alle tauchen auf diesem Gebiet auf, manchmal minimal, manchmal beträchtlich. Manchmal sind geistliche Bedrohungen und Verfolgung lebensbedrohlich. Als Jünger zu leben, ist eine hehre Entscheidung, und wie die meisten hehren Entscheidungen erfordert sie mehr, als man ahnt.

Suchen Sie sich einen inneren Kreis von Menschen – vielleicht zwei bis fünf – die Sie kennen und lieben. Melden Sie sich jede Woche per Telefon oder E-Mail. Halten Sie sie auf dem Laufenden darüber, was Sie lernen und womit Sie zu kämpfen haben. Werden Sie persönlich. Wenn Sie jemandem nicht vertrauen, dass er alles für sich behält und Ihnen ehrlich die Meinung sagt, gehört er nicht in diesen Kreis. Nennen Sie jedes Mal, wenn Sie mit jemandem aus diesem Kreis sprechen, ein oder zwei sehr konkrete Gebetsanliegen. Achten Sie darauf, immer wieder per Telefon, SMS, E-Mail oder Facebook zu erzählen, wie Gott die Gebete beantwortet hat.

BETEN

Leute über Gebet beten zu lassen, klingt albern. Aber Sie müssen ein beträchtliches Gebetsnetzwerk auf die Beine stellen – einen Beter, eine Beterin und eine Kleingruppe nach der anderen, die für Jüngerschaftsbewegungen beten. Bitten Sie die Menschen in Ihrem Netzwerk, für weitere Beter und Beterinnen zu beten. Beim Beten werden ihnen immer noch weitere Freunde und Verwandte einfallen, die sie bitten können, sich dem Gebetsnetzwerk anzuschließen. Geben Sie ihnen Material an die Hand – online wie offline – mit denen sie andere auch beim Beten einbeziehen können.

KONTAKT AUFNEHMEN

Mit verlorenen Menschen Kontakt aufzunehmen, erfordert Kreativität. Das kann etwas so Simples sein, wie Menschen zuzuhören und sich mit ihnen zu unterhalten, aber auch so aufwändig, wie die Organisation eines Sommersportlagers oder eines Hilfsprojekts. Was auch immer Sie tun, Sie werden jede Menge Kreativität brauchen. Erzählen Sie, was Sie vorhaben. Ermutigen Sie, um Kreativität für Sie zu bitten.

Bitten Sie Ihr Gebetsnetzwerk, dafür zu beten, dass die richtigen Menschen durch die Aktion Kontakt zu Ihnen suchen. Das Ziel ist nicht, Menschen nur zu helfen oder Spaß zu haben – obwohl beides großartig ist. Das Ziel sind lockere Gespräche, aus denen tiefgehende Gespräche werden, aus denen Gespräche über geistliche Fragen werden, die Ihnen den Weg zu Personen des Friedens eröffnen und schließlich zu einer Einladung zu einem Entdeckerbibelstudium führen. Halten Sie Ihr Gebetsnetzwerk auf dem Laufenden. Bitten Sie es, dafür zu beten, dass Sie die Chance haben, mit Menschen ins Gespräch zu kommen. Bitten Sie, konkret für all die erwähnten Arten von Gespräch zu bitten. Unterschätzen Sie das nicht. Wenn Sie solche Gespräche nicht führen und keine Personen des Friedens finden, hatte Ihre Aktion keinen Erfolg. Und weil die Aktion auch erfolglos enden kann, ist das ein entscheidendes Gebetsanliegen.

EINE PERSON DES FRIEDENS FINDEN

Wie wir noch sehen werden, ist es Gottes Sache, die Person des Friedens zu finden. Er geht voraus und bereitet eine Person, eine Familie, einen Freundeskreis und ein Umfeld darauf vor, dass das Evangelium zu ihnen getragen wird. Wir suchen den Kontakt zu dem Umfeld, um die Person des Friedens zu finden und ihr zu helfen, Jesus in einer Entdeckerbibelgruppe kennenzulernen. Wenn wir keine Person des Friedens finden, wissen wir, dass wir einen neuen Weg finden müssen, um zu anderen Menschen aus diesem Umfeld Kontakt zu suchen – oder weiterzuziehen. Wenn Sie das Kapitel über die Person des Friedens lesen, notieren Sie sich die Eigenschaften, die eine solche Person hat. Bitten Sie Ihr Gebetsnetzwerk, dafür zu beten, dass Menschen aus Ihrem Umfeld diese Eigenschaften entwickeln.

DIE ENTDECKERBIBELGRUPPE

An irgendeinem Punkt werden Sie eine mögliche Person des Friedens in eine Entdeckerbibelgruppe einladen (später mehr dazu). Sie möchten, dass sie sich dafür entscheidet und auch noch ein paar Freunde oder ihre Familie dazu einlädt. Bitten Sie Ihr Netzwerk, dafür zu beten. Der Gruppenprozess ist entscheidend für die Multiplikation.

Wenn Sie mit der Person des Friedens und ihren Freunden in der Bibel lesen, bitten Sie Ihr Gebetsnetzwerk dafür zu beten …

- dass sie sich tiefgehend mit der Bibel beschäftigen,

- dass die Bibel Fragen beantwortet, die sie sich über das Leben stellen,
- dass sie das Gelesene ihren Freunden und Familienangehörigen, die nicht in der Gruppe sind, weitererzählen,
- dass diese Freunde und Familienangehörige selbst eine Entdeckerbibelgruppe starten wollen,
- dass das Leben aller in der Gruppe verändert wird, wenn sie in der Bibel lesen,
- dass ihre Freunde und Familienangehörigen den Unterschied bemerken und
- dass sie auf den Heiligen Geist hören, während Gott sie zu sich zieht.

In diesem Prozess als Jünger, der andere zu Jüngern macht, werden Sie geistliche Anfechtungen erleben. Und auch die Person des Friedens und ihr Umfeld werden Anfechtungen erleben, wenn sie in der Bibel lesen. Ihr Leben wird auseinanderbrechen. Satan wird tun, was er kann, um sie abzulenken und sie davon abzuhalten, Jesus kennenzulernen. Da sie selbst noch nicht wissen, wie sie für sich beten sollen oder wie sie geistlichen Anfechtungen widerstehen können, müssen Sie und Ihr Gebetsnetzwerk für sie beten. Beten Sie für ihre Gesundheit, für ihre Beziehungen, für ihre Arbeit, für ihren Schlaf. Beten Sie für alles, wodurch Satan sie davon abhalten könnte, Jesus zu finden.

GEMEINDE

Menschen, die Jesus für sich entdecken, stehen vor der großen Hürde, sich dann auch dafür zu entscheiden, ihm ihr Leben zu geben. Diese Hingabe mit der Taufe auszudrücken, ist ein unglaublich wichtiger Augenblick. Bitten Sie Gott, dass die Gruppe die Wichtigkeit der Taufe versteht. Bitten Sie, dass sie sich innerlich Jesus und einander verpflichten. Lesen Sie die „Einander“-Texte in Kapitel 16 und beten Sie, dass die Gemeinde, die hier gerade entsteht, diese Eigenschaften entwickelt. Bitten Sie, dass sie sich nach außen öffnen und den Menschen um sie herum dienen.

LEITERFÖRDERUNG

Wer andere zu Jüngern macht, wird sich irgendwann aus der entstehenden Gemeinde zurückziehen, damit sie alleine weiterwachsen kann. Wir werden später noch ausführlicher darauf eingehen, aber an dieser Stelle sei gesagt, dass das eine extrem wichtige Zeit für die Gemeinde ist. Beten Sie für diejenigen, die sich als Leiter entpuppen, und für die Entdeckerbibelgruppen, die sie begonnen haben. Beten Sie für ihre Begleitung anderer als Mentoren.

In diesem Buch werden noch viele Themen weiter behandelt. Nutzen Sie die Informationen daraus auch für Ihre Gebete. Gebet, das sich durch den gesamten Prozess zieht, ist entscheidend wichtig. Schulen Sie Ihr Gebetsnetzwerk. Erklären Sie deutlich, dass es keine Jüngerschaftsbewegung ohne eine vorhergehende Gebetsbewegung gibt. Ohne Gebet wird alles auseinanderbrechen.

KAPITEL 13

Kontakte mit verlorenen Menschen knüpfen

Wenn viele Menschen an einem Ort zusammenkommen (sei es in einer Stadt, einer Uni oder einem Verein), bilden sich Gruppen aus Gleichgesinnten. Diese Gruppen werden irgendwann so groß, dass Außenstehende, Leute, die nicht dazugehören, sie wahrnehmen. Diese Teilgruppen sind einerseits klar begrenzt, gleichzeitig besteht ein Austausch nach außen. Sozialanthropologen nennen diese Teilgruppen „Silos".

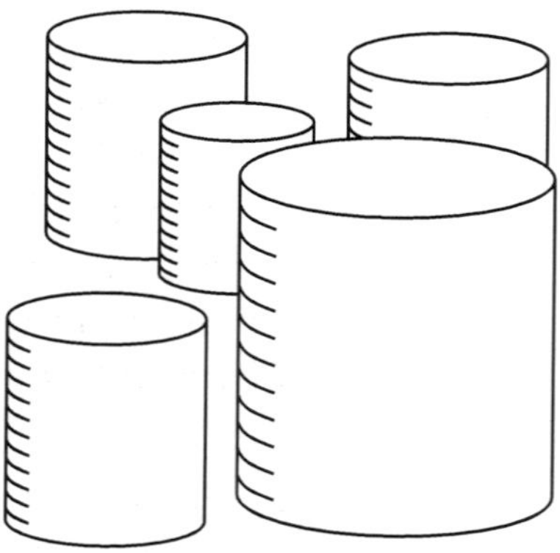

Die meisten sozialen Räume bestehen aus vielen kleinen Gruppierungen, die in Silos leben und arbeiten. Das trifft auch auf einen Universitätscampus zu.

Wie diese Silos zusammenkommen und sich organisieren, ist unterschiedlich. Manchmal gruppieren Sie sich nach Hautfarben, manchmal nach den Einkommensverhältnissen. Sie gruppieren sich auch um bestimmte Freizeitbeschäftigungen (wobei auch diese oft mit bestimmten Kulturen und wirtschaftlichen Verhältnisse zusammenhängen). Auch Familien sind Mikro-Silos. Manchmal überlappen sich mehrere Gemeinschaften auch. Oft wohnen, arbeiten und vergnügen sich Menschen in mehreren unterschiedlichen Gemeinschaften. Feststehende

Regeln gibt es nicht. Es gilt, Menschen lange und intensiv zu beobachten und mit ihnen zu sprechen, um herauszufinden, wie sie in einem sozialen Raum interagieren. Irgendwann kristallisieren sich Muster heraus und die verschiedenen Silos werden erkennbar.

PERSÖNLICHE EVANGELISATION, JÜNGERSCHAFT UND SILOS

Die meisten herkömmlichen Evangelisationsformen haben eine Gemeinsamkeit: Sie holen Menschen heraus. Im Mittelpunkt dieser Evangelisationsmethode steht ein außenstehender Leiter (Pastor, Gemeindegründer, Evangelist, Missionar), der das Evangelium allen verkündet, die es hören wollen. Bei einer Evangelisationsform, die Menschen herausholt, werden Menschen für Gott gewonnen, ohne dass ihr Silo in den Blick rückt. Wenn doch, dann meist um Zugang zu einer Zielgruppe zu finden, die noch nicht mit dem Evangelium erreicht wurde und um die Botschaft des Evangeliums für sie neu zu verpacken (Stichwort Kontextualisierung), damit es einfacher wird, Menschen in diesem Silo zu bekehren. Die Bekehrung Einzelner ist wichtiger als die mögliche Jüngerschaft eines gesamten Silos. Evangelisationsformen, die Menschen herausholen, sind das Ergebnis einer schlechten Theologie und einer Evangelisationsstrategie, die Silostrukturen nicht versteht oder sie bewusst ignoriert.

Jeder Mensch muss für sich persönlich eine Entscheidung treffen, Jesus nachzufolgen (Röm 10,9-13). Aber Menschen, die außerhalb des Kontexts einer Familie oder einer Gemeinschaft zum Glauben kommen, finden sich in der Bibel äußerst selten und ihre Bekehrung beruht zumeist auf besonderen Umständen, wie bei Saulus, der später Paulus genannt wurde (Apg 9,1-19) und bei dem äthiopischen Eunuchen (Apg 8,27-38). Jesus hat uns aufgetragen, „alle Völker" zu Jüngern zu machen (Mt 28,19-20), nicht nur Einzelpersonen aus allen Völkern. Bei Markus und Lukas lesen wir, dass wir der ganzen Schöpfung und allen Völkern predigen sollen (Mk 16,15f; Lk 24,45-47). In Apostelgeschichte 1,8 liegt der Eindruck nahe, dass wir in ganzen Städten als Zeugen auftreten sollen – in Jerusalem, Judäa, Samarien, bis in die entlegensten Gegenden der Welt. Der Missionsbefehl scheint einen starken Schwerpunkt auf Gemeinschaften, auf Städte und Völker zu legen.

Ein häufige Formulierung bei Bekenntnissen zu Jesus in der Bibel lautet: „XY und sein Haus glaubte und wurde getauft". Dieses Muster finden wir zum ersten Mal in Apostelgeschichte 10 bei Kornelius. Petrus verteidigt sich in Apostelgeschichte 11 (Vers 4, siehe auch 18,8; 1.Kor 1,16; 16,15). Persönliche Begegnungen wurden schnell auf die gesamte Familie ausgeweitet und die Familie wurde zum Ziel missionarischer Bemühungen. Manchmal weiteten sie sich auf die gesamte Gemeinschaft aus, die zu Jesus kam (siehe Joh 4,1-26, der Geschichte von der Frau am Brunnen.) Zwar erlebte nur der Gefängniswärter in Philippi das Wunder, aber seine gesamte Familie glaubte und wurde getauft (Apg 16,23-40). Zwar hörten nur Lydia und eine Gruppe von Frauen von Paulus, aber alle, die in Lydias Haus wohnten, begannen zu glauben und wurden getauft (Apg 16,11-15).

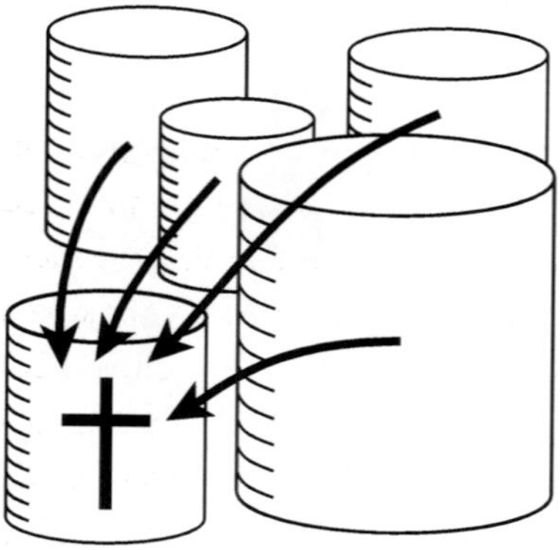

In der traditionellen Gemeindegründung werden Menschen aus ihrem Silo herausgeholt, damit sie ein neues Silo bilden, das wir Gemeinde nennen.

Nicht nur zur Evangelisation, auch für die Jüngerschaft kann man Menschen aus ihrem Silo herausholen. Menschen, die keinen Bezug zueinander haben, bekehren sich, werden aus ihren Silos herausgeholt und zu einer Gemeinde zusammengewürfelt. Sie lernen eine neue Kultur kennen, fangen an, in einer Insidersprache zu reden und werden aufgefordert, andere in diese neue Gemeinschaft einzuladen – wenn diese bereit sind, ihre alten Silos zu verlassen. Ihr eigenes Silo zu verändern, ist keine ernsthafte Option, sondern andere Einzelpersonen werden gesucht – wenn es nicht zu viel Mühe macht (sprich: wenn kaum oder keine Verfolgung droht). Schon bald haben sich die neuen Gläubigen ihrem neuen Silo so angepasst und ihrem alten Silo so entfremdet, dass es ihnen nahezu unmöglich ist, ihre Familien, Bekanntenkreise oder Volksgruppen zu erreichen. Familien betrauern ihre Angehörigen so, als wären sie ihnen geraubt worden, ganz ähnlich wie Christen es bei Sekten und deren Vorgehen empfinden. Silos werden skeptisch, wenn jemand seine oder ihre kulturellen Wurzeln kappt. Und Länder tolerieren nur selten Verräter.

Gemeinden, die Menschen herausholen, werden sich nur selten multiplizieren. Den Schmerz, den ihre Mitglieder dabei empfunden haben, wollen sie nur ungern anderen zumuten. Nur wenige Mitglieder solcher Gemeinden werden effektiv Menschen zu Jüngern machen, deshalb muss der Evangelist von außen weiterhin jede neue Gemeinde selbst gründen – mit denselben üblen Folgen: Einzelpersonen werden aus ihren Strukturen herausgeholt, Familien auseinandergerissen, Gemeinschaften brüchig und Länder formulieren Gesetze gegen das Übel von Bekehrungen.

Unserer Meinung nach wirkt Satan durch solche Methoden, bei denen Menschen aus ihrem Silo herausgeholt werden. Satan ermutigt zu diesen Missions- und Jüngerschaftsmethoden, weil so die Silos nicht ernsthaft in den Blick geraten und wenn einer „gewonnen" wird, gehen auf der anderen Seite Familie, Gemeinschaft oder Silo verloren. Für Satan ist das eine gute Quote – er ermuntert gern dazu, einen zu gewinnen und zehn oder mehr Menschen auf diese Weise zu verlieren. Die meisten von uns spielen Satan in die Hände, wenn wir glauben, Großes zu bewirken, indem wir einen „gewinnen", obwohl wir doch zugleich in Kauf nehmen, eine Familie, einen Freundeskreis oder ein Silo durch diese Heraushol-Strategie zu verlieren.

Unser missionarisches Denken zu ändern, ist nicht einfach. Aber das Herausholen der Menschen schafft zu viele Hürden, als dass eine Jüngerschaftsbewegung entstehen könnte. Punkt. Es impft Menschen regelrecht gegen das Evangelium. Jüngerschaft dagegen hilft mit, welt-

ZU JÜNGERN MACHEN, DAS EVANGELIUM SÄEN UND SILOS

Was ist die Alternative? Wir müssen Menschen als Wege zu ihren Familien sehen, Familien als Türen zu ihren Silos und Silos als Schnellstraßen zu ganzen Ländern. Unsere Strategien dürfen sich nicht nur auf den Einzelnen richten, sondern müssen bewusst seine oder ihre Familie, ihre Gemeinschaft, ihr Silo und ihr Land in den Blick nehmen. Die Hausgemeinschaft, die Familie, die Interessengruppe oder Gemeinschaft muss für uns die kleinste Einheit sein, in der wir Jüngerschaft denken - nicht die Einzelperson. Diese Gruppe gewinnt ihre Gemeinschaft, die Gemeinschaft gewinnt das Silo und das Silo gewinnt das Land für den Glauben. Wenn wir uns darauf konzentrieren, andere zu Jüngern zu machen, statt sie zur Evangelisation herauszuholen, treten wir Satan auf die Füße, statt ihm in die Hände zu spielen. Und wir entwickeln Strategien, die über das Herausholen hinausgehen. Denn Strategien, die Menschen herausholen, können schon mit dem Bevölkerungswachstum nicht mithalten, geschweige denn alle Völker zu Jüngern zu machen.

Es ist die Aufgabe derer, die andere zu Jüngern machen, die Verlorenen zu suchen – alle Verlorenen. Wir dürfen nicht aufhören, wenn wir einen gefunden haben – oder ein Dutzend oder tausend. Wir dürfen nicht Strategien anwenden, die Verlorenheit bewirken oder Verlorenheit fördern, indem sie die Aufgabe ignorieren oder missverstehen. Wir dürfen nicht Strategien anwenden, die bewusst Familien auseinanderreißen oder die den Gemeinschaften eine spätere Begegnung mit Jesus erschweren. Unsere Aufgabe ist, die Verlorenen zu finden und zu retten, und zwar jeden von ihnen. Vielleicht werden wir nicht zu 100 Prozent Erfolg haben, aber wir dürfen nichts tun, das die Verlorenen davon abhält, Menschen aufzunehmen, die nach ihnen suchen und von dem gerettet zu werden, der für sie gestorben ist. Unser Job ist, Gemeinschaften für Jesus und durch Jesus zu befreien. Unser Job ist nicht, ein paar Leute für eine bestimmte christliche Kultur, Konfession oder Gemeinde zu gewinnen.

Wer Menschen zu Jüngern machen will, sät das Evangelium bewusst in jedem Silo innerhalb eines Umfelds. Statt sich auf Methoden der persönlichen Evangelisation zu spezialisieren, konzentrieren wir uns darauf, Familien oder Bekanntenkreise in jedem Silo zu einer Entdeckerbibelgruppe einzuladen, wo sie beim Bibellesen Gott entdecken können. Die Entdeckerbibelgruppe ermutigt zur Jüngerschaft, zum Gehorsam, zum Dienen und zur Leiterschulung. Daher multiplizieren sich Entdeckerbibelgruppen innerhalb der Silos und überspringen die natürlichen Grenzen zwischen den einzelnen Silos, um sich in anderen Silos zu multiplizieren, weil Silos sich, wie erwähnt, häufig überschneiden. In der Jüngerschaft leiten wir den Entdeckerprozess, leben Leiterschaft vor, schulen Leiter und ermutigen dazu, gehorsam zu sein, zu dienen und andere zu Jüngern zu machen – ohne ein Gemeinde"silo" zu errichten.

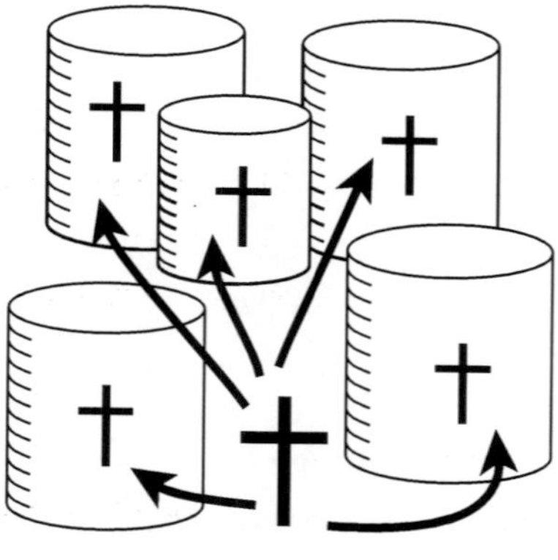

In jeder bestehenden Gemeinschaft wird das Evangelium ausgesät statt neue Silos zu errichten.

Wenn Gruppen zur selben Erkenntnis kommen wie Petrus – „Du bist der Messias, der Sohn des lebendigen Gottes!" (Mt 16,16) – und getauft werden wie alle, die in Kornelius Haus lebten (Apg 10,47f), werden sie sich auch weiterhin als Familie oder Bekanntenkreis innerhalb ihres Silos treffen. Durch die Taufe wird erkennbar, dass diese Gruppe innerhalb eines Silos, eine Gemeinschaft aus Gläubigen oder eine Gemeinde ist. Wenn sie mehr über den Glauben lernen und sich an die Bibel halten, wachsen diese Gemeinden und vermehren sich innerhalb ihrer Silos. Wo Beziehungen zu anderen Silos bestehen, weiten sie sich über diese Beziehungen aus und starten Entdeckerbibelgruppen in neuen Silos. Sie bringen keine Freunde aus dem einen Silo ins andere Silo, damit sie „Gemeinde erleben".

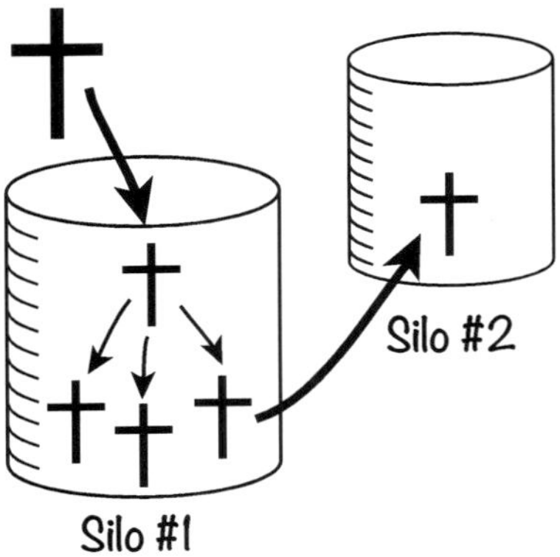

Am Ende multipliziert sich die ursprüngliche Entdeckerbibelgruppe innerhalb des Silos. Mehrere Gruppen treffen sich in diesem Silo.
Weil auch zu anderen Silos Beziehungen bestehen, kann eine Gruppe in Silo 1 auch eine Gruppe in Silo 2 starten.

HÜRDEN

Wer andere zu Jüngern machen will, muss viele Hürden überwinden, wenn er Kontakte knüpft zu verschiedenen Silos, Menschen zu Jüngern macht und Jüngerschaftsbewegungen in Gemeinschaften anstößt.

DIE PERSÖNLICHE DEFINITION VON ERFOLG

Viele, die andere zu Jüngern machen wollen, meinen, sie wären erfolgreich, wenn viele Menschen ihnen zuhören und folgen. Um eine Jüngerschaftsbewegung anzustoßen, müssen wir das Rampenlicht aber verlassen. Wir müssen Menschen beibringen, in der Bibel nach Antworten zu suchen und den Heiligen Geist zu fragen, statt derjenige zu sein, der alle Antworten parat hat. Wir müssen innerhalb des Silos schnell Leiter schulen und ihnen von Anfang an die Zügel übergeben. Weil wir nicht zum Silo gehören, müssen wir uns damit begnügen, durch Leiter aus der Gruppe zu leiten, statt eine persönliche Beziehung zu jeder Gruppe oder gar zu jeder Person innerhalb der Gruppe zu haben.

Wir müssen Erfolg neu definieren. Wir müssen zählen, wie viele Leiter wir schulen, wie viele Leiter diese Leiter wiederum finden und schulen. Wir müssen zählen, zu wie vielen Netzwerken sie Kontakt suchen, wie viele Gruppen sie starten, wie viele Gruppen sich multiplizieren und wie viele Gruppen sich Jesus zuwenden und getauft werden.

Wir können unseren Erfolg nicht an der Zahl derer messen, die uns zuhören (egal, wie gut ist, was wir lehren) und erwarten, dadurch eine Jüngerschaftsbewegung anzustoßen.

ERWARTUNGEN

Wenn jemand in unserem Prozess der Jüngerschaft für uns betet, uns finanziell unterstützt oder mit uns zusammenarbeitet, hat er bestimmte Erwartungen, was wir tun und wann unsere Arbeit erfolgreich ist. Wenn wir für die Jüngerschaft mit einer Gemeinde zusammenarbeiten, müssen wir überzeugend versichern, dass diese Arbeit der Gemeinde hilft zu wachsen (Das wissen wir aus unserer Erfahrung mit Gemeinden in ähnlichem Kontext.), aber es wird anfangs nicht danach aussehen. Es kann sein, dass wir ein oder zwei Jahre arbeiten, bevor wir das exponentielle Wachstum einer Jüngerschaftsbewegung sehen. Wir müssen uns überlegen, wie wir den Christen, die hinter uns stehen, erklären, was wir tun und warum.

Unrealistische oder ungerechtfertigte Erwartungen erschweren das Entstehen einer Jüngerschaftsbewegung. Anderen die Vision zu erklären und sie zum Mitmachen zu bewegen, kann Kopfzerbrechen bereiten oder sogar aussichtslos erscheinen. Aber Beziehungen mit Menschen, die die Vision verstehen und sich der Arbeit anschließen, sind auf lange Sicht von entscheidender Bedeutung für die Arbeit.

SILOS FINDEN

Manche Silos lassen sich beinahe sofort identifizieren, aber alle Silos in einem Umfeld zu erkennen und ihre Merkmale und Grenzen zu verstehen, dauert seine Zeit. Sie müssen aber gar nicht alle Silos einer Gegend erfasst haben, bevor Sie in den Jüngerschaftsprozess einsteigen. Wer andere zu Jüngern macht, wird ständig versuchen, weitere Silos in seinem Umfeld zu erkennen.

ANFÄNGE

Es kann eine Weile dauern, bis man innerhalb eines Silos zum ersten Mal Menschen zu Jüngern macht. Es dauert seine Zeit, um die Zusammenhänge in einem Silo zu verstehen, genauso wie der Teamaufbau und die Schulung. Lassen Sie sich nicht entmutigen. Bleiben Sie dran und Sie werden Früchte ernten. Das können wir aus unserer Erfahrung mit verschiedenen Silos und der Schulung von Teams weltweit sagen.

DIENEN

Einer Gemeinschaft oder einem Netzwerk zu dienen, ist der Schlüssel für gute Beziehungen und wirkungsvolle Jüngerschaft. Jesus hat seinen Jüngern aufgetragen, die Kranken zu heilen, Dämonen auszutreiben, Tote aufzuwecken, Hungrige satt zu machen, für Witwen und Waisen zu sorgen, die Gefangenen zu besuchen und zu predigen, dass Gottes Königreich nahe ist. Irgendwie haben wir in den vergangenen hundert Jahren Dienen und Jüngerschaft getrennt. Wenn wir Menschen zu Jüngern machen, ohne ihnen zu dienen, entsteht eine verkrüppelte Gemeinde, die nicht dem folgt, was Jesus will. Wenn wir andererseits dem Umfeld dienen, die Menschen aber nicht zu Jüngern machen, kleben wir nur ein Pflaster auf eine tödliche Wunde. Wir helfen vielleicht jemanden eine neue Stelle zu finden oder besuchen jemanden im Krankenhaus, aber er oder sie landet trotzdem bis in alle Ewigkeit in der Hölle, wenn wir oder ein anderer Jünger ihm oder ihr nie helfen, Jesus zu finden.

Kirche ist erst dann Kirche, wenn sie dem Silo dient und Menschen zu Jüngern macht, ohne sich zu entschuldigen. Entschuldigungen sind nicht nötig, wenn unsere Worte und Taten übereinstimmen. Wir erarbeiten uns das Recht, über das Evangelium zu reden, wenn wir Menschen dienen. Menschen sehen, wie wir einander dienen – oder eben nicht. Es fällt auf, wenn wir uns um uns selbst kümmern, aber keinen Finger rühren, wenn es um Hilfe für jemanden außerhalb der Gemeinde geht. Es fällt auch auf, wenn wir Leuten außerhalb der Gemeinde helfen, aber keine Anstalten machen, auf die Nöte unserer eigenen Gemeindemitglieder einzugehen.

Ich (David) habe einen Freund, der Pastor in einer texanischen Kleinstadt ist. Er ließ seine Gemeinde Spenden für die Feuerwehr und Polizei sammeln, damit dringend benötigtes Material angeschafft werden konnte. Seine Gemeinde hat unglaublich gute Beziehungen in die Kommune. Ist es angesichts einer solch dienenden Haltung überraschend, dass seine Gemeinde wächst? Wenn Gemeinden zu ihrem Umfeld Kontakte knüpfen, den Menschen helfen, die es nötig haben und sie zu Jüngern machen, hinterlassen sie große Spuren in den Menschen.

Als sich kürzlich afrikanische Christen trafen, die Menschen zu Jüngern machen wollten, erzählte einer die Geschichte von einem Mann, der den Frauen im Dorf einen Esel schenkte, mit dem sie Wasser aus dem Fluss holen konnten. Bislang hatte das niemand getan und es war eine große Hilfe für die Frauen, die sich vorher Wasserkanister auf den Kopf gestellt und damit den steilen Berg zum Dorf hinaufgelaufen waren. Die Hilfe führte zur Frage: „Warum?" Die Antworten führten zu Gesprächen über Gott, woraufhin eine Familie zu Jesus umkehrte und eine Gemeinde entstand.

Ein Freund sagte einmal, wenn wir in unserer Nachbarschaft an einem Haus vorbeikommen, bei dem eine Fensterscheibe gesprungen oder das Dach undicht ist, und wir reparieren es nicht, sind wir keine Christen. Er sagte, was unser jeweiliges Umfeld für Jesus verändert, ist unsere Reaktion auf die Bedürfnisse der Menschen und der Gegend. Wenn wir das alleine können, sollten wir es tun. Wenn das Projekt größer ist, als einer allein bewältigen kann, sollten wir eine Dienstgruppe starten, die sich dem Problem annimmt. So kommen genug Zeit und Geld zusammen, um auf eine Notlage zu reagieren.

Bei mir in der Gegend wohnte eine Frau, die mehr Hilfe benötigte, als ich allein aufbringen konnte. Ich bat vier weitere Familien, mich bei meiner Hilfe für diese Frau zu unterstützen. Zusammen konnten wir ihr helfen und sie begann, Jesus nachzufolgen. Bald tat ihre Familie es ihr nach.

Ich war zu Besuch in einem Land, das die christlichen Missionare vor über 40 Jahren verlassen mussten und bis heute nicht betreten dürfen. Als die Missionare gingen, blieben ein paar gebeutelte, junge Leiter zurück. Die Regierung und die Kultur waren extrem gegen Christen eingestellt. Viele dieser Leiter gaben auf. Aber ein junger Mann nahm sich vor, etwas zu bewegen. In den über 40 Jahren, die er jetzt auf sich allein gestellt war, haben er und sein Team mehr als 3000 Gemeinden gegründet, vor allem im Untergrund.

Am Anfang bemühte er sich, Gemeinden so zu gründen, wie es ihm seine Mentoren beigebracht hatten. Aber die sofortige Ablehnung durch Verantwortliche vor Ort und Gegenwind aus der Kultur zwangen ihn, seinen Ansatz zu überdenken. Er fragte danach, was die Menschen brauchten, und traf sich mit denen, für die er Kapazität hatte. Am Anfang gab es nur wenig, was er aufgrund seines Wissens und Budgets tun konnte. Aber je mehr er wusste und je mehr Menschen durch seine Bemühungen begannen, Jesus nachzufolgen, desto mehr wuchs seine Kapazität. Er ging größere Probleme der Menschen an und mehr Menschen kehrten um zu Gott. Er pflegte Beziehungen, indem er Menschen diente, und dadurch konnte er von seinem Glauben erzählen – und wieder begannen Menschen Jesus nachzufolgen.

Beziehungen beginnen damit, dass wir den gefühlten Nöten der Menschen und Gruppen begegnen – das ist das Ziel, wenn wir dienen. Die Beziehung ist aber erst dann vollständig, wenn diejenigen, denen wir dienen, das Evangelium auf eine solche Weise gehört und gesehen haben, dass sie die Einladung, Jesus zu entdecken, ablehnen oder annehmen können. Wer die Welt für Jesus gewinnen will, muss damit anfangen, auf die Nöte des Umfelds so gut wie eben möglich einzugehen. Wer die Welt für Jesus gewinnen will, muss mit dem Evangelium abschließen; muss den Menschen, denen er dient, zeigen, dass Gottes Reich nahe herbeigekommen ist – es kann ihr Leben auf ewig verändern. Das ist ein großer Bereich unseres Wirkens, wenn wir Menschen zu Jüngern machen.

Kontakt zu suchen, heißt, einen Stamm aufzusuchen, in dem wir Fremde sind. Angemessen ist eine Kontaktaufnahme dann, wenn wir weit Jüngerschaftsbewegungen anzustoßen. Wenn Jüngerschaftsbewegungen unser Ziel sind, müssen wir den Sprung machen von Heraushol-Strategien hin zum Jüngerschafts-Denken.

HERAUSHOL-STRATEGIE	JÜNGERSCHAFTS-STRATEGIE
Eine Person nach der anderen wird erreicht.	Eine Familie oder ein Bekanntenkreis wird erreicht.
Erfolg heißt, einen Menschen zu erreichen.	Erfolg heißt, eine Familie oder einen Bekanntenkreis zu erreichen.
Neue Gläubige werden aus ihrem bestehenden Bekanntenkreis herausgeholt und Teil einer neuen Gemeinde einer bestimmten Konfession.	Jünger werden mit und innerhalb bestehender Familien und Bekanntenkreise gewonnen.
Einem neuen Gläubigen wird eine christliche Kultur übergestreift.	Die bestehende Kultur wird erlöst.
Außenstehende empfinden sie als schädlich für die Gemeinschaft.	Außenstehende empfinden sie als anders, aber nicht als schädlich für die Gemeinschaft.
Führt in Ländern mit beschränktem Zugang zu erhöhter Verfolgung.	Führt in Ländern mit beschränktem Zugang zur üblichen Verfolgung.
Die eigene Gemeinschaft für eine neue Gemeinschaft zu verlassen, wird vom neuen Gläubigen als schmerzhaft empfunden.	Als Familie gemeinsam Jesus zu entdecken, wird als fröhlicher Prozess empfunden.
Gläubige werden ermutigt, Kontakt zu ihrer alten Gemeinschaft zu suchen, um Menschen zu finden, die sie zur neuen Gemeinschaft mitbringen können.	Gläubige werden ermutigt, innerhalb ihrer Gemeinschaft so wie Jesus zu leben und in ihrem Alltag das Evangelium weiterzugeben.

diese neue Gemeinschaft betreten, ohne weitere Hürden aufzubauen. In offenen Ländern verkünden die meisten Menschen, die andere zu Jüngern machen wollen, dass sie Kirchenleute oder Pastoren oder Jünger, die zu Jüngern machen, oder Evangelisten sind. In den meisten, wenn nicht sogar in allen Fällen, werden dadurch sofort enorme Hürden aufgerichtet, die es unwahrscheinlich machen oder sogar verhindern, eine Person des Friedens zu finden, die in dem Stamm, in der Gemeinschaft eine Offenheit dafür weckt, das Evangelium zu hören.

Am besten gelingt die Kontaktaufnahme, indem wir uns von einem Mitglied der Gemeinschaft, die wir erreichen wollen, den anderen vorstellen lassen. Das kann ein Kollege sein oder eine Freundin, ein Familienmitglied oder irgendjemand anderes, zu dem wir eine gute Beziehung haben und der in der Gemeinschaft gern gesehen ist. Ein Mitglied der Gemeinschaft, das einen schlechten Ruf hat, wird uns bei unserer Akzeptanz in der Gemeinschaft nicht sehr weiterhelfen können. Je höher der Status dessen, der ihn mitnimmt, desto eher wird die Gemeinschaft denjenigen von außen akzeptieren.

Wenn es niemanden gibt, der uns in die Gemeinschaft einführen kann, müssen wir herausfinden, welche guten Wege für eine Kontaktaufnahme es gibt. Dahingehend sind unserer Kreativität keine Grenzen gesetzt. Wir kennen Leute, die mit einem Fußball ins Dorf gegangen sind und spontan ein Spiel angezettelt haben. Andere sind von Tür zu Tür gezogen und haben Dinge verkauft, die in der Gegend gebraucht wurden. Manche haben sich eine Stelle gesucht oder haben auf Bauernhöfen für ihr Essen gearbeitet. Vielversprechend sind auch Ansätze, die dem Wunsch nach Ausbildung, medizinischer Versorgung, sauberem Wasser und landwirtschaftlicher Schulung nachkommen. Vielerorts waren Unternehmen erfolgreich, die die Wirtschaft vor Ort gestärkt haben. Die Alternativen sind nahezu endlos und häufig erfordern diese Zugangsmöglichkeiten nur wenige bis gar keine finanziellen Mittel.

Nehmen Sie sich Zeit, in Ihrem Umfeld genau hinzuhören, bevor Sie loseilen und neue Kontaktmöglichkeiten testen. Aktionen, über die wir Kontakte knüpfen wollen, müssen der Kultur entsprechen, die wir erreichen wollen. Häufig schon haben Gemeinden hochfliegende Pläne geschmiedet, um Beziehungen zu verlorenen Menschen anzubahnen, haben viel Zeit und Geld investiert, ohne vorher darüber nachzudenken, ob diese Aktion wirklich sinnvoll war für die Menschen, die sie erreichen wollten.

Betrachten Sie es einmal so: Nehmen wir an, Sie fahren als Mann durch ein Viertel, in dem Sie Kontakte knüpfen wollen, und Sie sehen einen Spielplatz mit vielen Müttern und Kindern. Sie denken: Wow, das ist ja ein super Ort, um ins Gespräch zu kommen, Kontakte in diesem Viertel zu knüpfen und Personen des Friedens zu finden. Wie kriege ich sie bloß dazu, mit mir zu reden? Nach viel Grübelei kommen Sie darauf, dass Kinder kleine Hunde und Süßigkeiten mögen. Vielleicht sagen Sie sich: Wenn ich einen Welpen mitnehme und den Kindern Süßigkeiten schenke, werden alle mit mir reden wollen!

Hoffentlich sehen Sie hier das Problem. Was würden alle Mütter denken, wenn am helllichten Tag ein fremder Mann mit Welpe und Süßigkeiten auf dem Spielplatz auftauchte? Sie würden glauben, Sie wären pädophil und eine Bedrohung für ihre Kinder! Wenn sie nicht die Polizei rufen würden, würden sie in jedem Fall verschwinden. Was als gut gemeinte Kontaktaufnahme gedacht war, würde den gesamten Spielplatz leer fegen!

Was, wenn wir den Plan ein wenig abändern? Nehmen wir an, Sie bringen neben dem jungen Welpen auch Ihre Frau und Ihre Kinder mit zum Spielplatz. Niemand würde Sie nun schräg ansehen. Warum? Weil Sie einen kulturell akzeptierten Grund hätten, auf dem Spielplatz zu sein – Sie haben Frau und Kinder. Und schon sehr bald werden Sie Gelegenheit haben, die meisten Eltern und Kinder auf dem Spielplatz kennenzulernen und lose ins Gespräch zu kommen. Mit der Zeit und durch regelmäßigen Kontakt werden aus den lockeren Gesprächen vielleicht tiefgehendere Gespräche. Aus tiefgehenden Gesprächen werden Gespräche über geistliche Fragen. Und aus Gesprächen über geistliche Fragen wird eine Einladung an die neuen Bekannten, Gott in der Bibel selbst zu entdecken. Solche Gespräche wären aber nicht möglich, wenn die Menschen Sie wegen Ihres Verhaltens schon als Bedrohung wahrnähmen, noch bevor Sie die Chance hätten, sich kennenzulernen.

KONTAKT DURCH KOMMERZIELLE TÄTIGKEITEN

Der Mann, der Jüngerschaft betrieb, lief den Pfad hinauf zum Dorf. In all den Jahren, in denen er in dieser Region lebte und Menschen zu Jüngern machte, hatte er noch nie ein Dorf mit einer Mauer gesehen. Aber hier umgab tatsächlich eine große Umrandung sein Ziel. Zwei Wachen begrüßten ihn am Tor.

„Darf ich ins Dorf hinein?"

„Nein, Fremde sind hier nicht willkommen. Wir hatten zu viele Schwierigkeiten mit Banditen. Deshalb haben wir diese Mauer gebaut und nur Dorfbewohner haben Zutritt."

Der Mann sah ein, dass er keine Möglichkeit hatte, hineinzugelangen. Also lief er weiter. Ein paar Tage später sah er in einem Dorf, das etwa drei Stunden zu Fuß entfernt lag, eine Frau wieder, die das Dorf mit der Mauer betreten hatte.

„Leben Sie nicht in diesem Dorf mit der Mauer?"

„Ja."

„Was machen Sie denn hier?"

„Hier ist der größte Markt in der Gegend. Ich komme hierher, wenn ich etwas brauche, das ich in meinem Dorf nicht bekomme."

Der Mann hatte eine Idee. „Wie oft kommen sie hierher? Und was kaufen Sie ein, wenn Sie hier sind?"

Die Frau erzählte ihm, dass sie meist einmal in der Woche herkam und die meisten anderen Dorfbewohnerinnen ebenfalls regelmäßig den Weg auf sich nahmen. Sie gab dem Mann eine Liste mit Dingen, die sie normalerweise hier kaufte. Sie unterhielten sich eine Weile, dann trennten sich ihre Wege.

Der Mann kaufte ein Fahrrad und einen Anhänger. Er besorgte etliche Waren, die regelmäßig auf dem Einkaufszettel dieser Frau standen. Nachdem er alles beisammen hatte, fuhr er mit dem Fahrradanhänger zum Dorf mit der Mauer. „Ist es in Ordnung, wenn ich meinen Hänger hier vor dem Dorf aufstelle?", fragte er.

Die Wächter sahen sich an. Nachdem sie eine Weile beratschlagt hatten, kamen sie zu dem Mann und erlaubten ihm, seine Waren auf der Straße vor dem Dorftor zu verkaufen.

Als einige Frauen das Dorf verließen, um sich auf den langen Weg zum großen Markt zu machen, sahen sie den Mann und seinen Hänger. Als sie feststellten, dass sie bei ihm alles kaufen konnten, was sie brauchten, begannen die Frauen zu jubeln. Der geschäftstreibende Evangelist und sein Anhänger hatten ihnen eine sechsstündige Wanderung erspart.

Der Mann verkaufte sämtliche Waren aus seinem Hänger. Er machte einen angemessenen Gewinn, den die Dorfbewohnerinnen gerne bereit waren zu zahlen. Er stockte seine Vorräte wieder auf und fuhr mehrmals in der Woche zum Dorf mit der Mauer. Bald kannten und schätzten ihn viele Dorfbewohner.

Nach einer Weile begann der Mann, auch besondere Bestellungen anzunehmen. Eines Tages bestellte eine ältere Frau 50 Kilo Reis für eine anstehende Hochzeit. Der Mann fuhr zum großen Markt und lieferte den Reis ein paar Tage später aus.

Die ältere Frau sah erst den Reissack, dann zu den Wächtern. „Ich kann diesen Sack unmöglich allein ins Dorf tragen. Darf er ihn für mich reinbringen?“

Die Wächter sahen sich an. Sie mochten den Mann. Sie sahen ihn schon seit mehreren Monaten mehrmals in der Woche, unterhielten sich mit ihm und sahen, dass er jeden fair behandelte. „Natürlich.“

Der Mann lieferte den Reis aus. Von dem Tag an, lieferte er besondere Bestellungen ins Dorf. Er wurde von Dorfbewohnern zum Essen eingeladen. Bald fand er eine Person des Friedens, begann eine Entdeckerbibelgruppe mit ihrer Familie und gründete in diesem Dorf eine Gemeinde.

Geschäftliche Tätigkeiten sind ein guter Weg, um Kontakte zu knüpfen und Personen des Friedens zu finden. Oft sind sogar Unternehmen und Dienstleistungen, die auf Gewinn angelegt sind, erfolgreicher als Hilfsorganisationen. Menschen verstehen Geschäfte, aber nicht immer

Hilfswerke. Denken Sie daran: Suchen Sie nach Wegen, die in erster Linie passend für die anderen sind, nicht für Sie.

Ich (Paul) habe mich einmal mit jemandem unterhalten, der Menschen zu Jüngern machte und auf ein neues Silo gestoßen war. Er freute sich, denn er hatte festgestellt, dass es in der Gegend kein Café gab. „Ich kann ein Café aufmachen und dadurch Beziehungen zu Menschen aus der Gegend knüpfen! Wir können eine Gemeinde im Café gründen!"

„Hast du schon mal ein Café eröffnet?", fragte ich ihn.

„Nein."

„Kennst du jemanden, der ein Café eröffnet hat?"

„Ja."

„Ich sag dir was", schlug ich vor, „sprich mit deinem Bekannten und frag ihn, ob er eine Machbarkeitsstudie für die Eröffnung eines Cafés in der Gegend durchführt. Wenn er gute Chancen dafür sieht, frag ihn, ob er das Café mit dir zusammen eröffnet. Er kann die Geschäfte führen und du kannst die Mitarbeiter darin schulen, wie sie Beziehungen zu den Kunden aufbauen und nach Personen des Friedens Ausschau halten. Wenn er sagt, dass eine Eröffnung aussichtslos ist, dann lass es bleiben. Du vergeudest zu viel Zeit und Geld für etwas, das sowohl wirtschaftlich als auch aus Beziehungssicht scheitern wird."

Der Mann sprach mit seinem Bekannten. Nachdem dieser einige Erkundungen eingeholt hatte, erklärte er, er sehe in dieser Gegend keine Chance für ein Café. Der Gemeindegründer suchte daraufhin andere Wege, um in diesem Silo Kontakte zu knüpfen.

Wenn Sie auf geschäftlichem Weg Kontakte in Gemeinschaften und Silos knüpfen wollen, vergewissern Sie sich vorher, dass es sich um ein geeignetes Geschäftsmodell handelt, das tatsächlich gebrauchte Waren oder Dienstleistungen anbietet und das gewinnorientiert angelegt ist. Wenn Sie keinen Gewinn machen dürfen, starten Sie kein Gewerbe. Wenn Sie keine Erfahrung damit haben, suchen Sie sich jemanden, der diese hat und mit dem Sie zusammenarbeiten können. Eine solche Partnerschaft ist unverzichtbar, damit Sie tun, wozu Gott Sie berufen hat, ohne überrollt zu werden von den Anforderungen an einen Einzelunternehmer.

David und ich knüpfen begeistert Kontakte zu neuen Gruppen. Man kann unglaublich viel Neues lernen und das Neue auf kreativen Wegen umsetzen. Nur unter uns: Wir haben viel über Taschenuhren gelernt, sind ferngesteuerte Helikopter geflogen, Jagen und Fischen gegangen, haben am Schlammwettkampf „Tough Mudder" und an anderen Ausdauerwettbewerben teilgenommen, Taekwondo und Krav Maga gelernt, gebloggt, gevloggt, Katastropheneinsätze geleitet, ein Internetcafé eröffnet, auf der Straße Donuts und Kaffee an Obdachlose verteilt und sogar die Ausbildung zum Rettungssanitäter absolviert. All das hat uns den Kontakt zu verlorenen Menschen eröffnet, die nie in die Gemeinden gekommen wären, zu denen wir gehören. Wir haben Small Talk gehalten, woraus sich tiefgehendere Gespräche ergaben, über die wir auf geistliche Fragen kamen. Manchmal haben wir Personen des Friedens gefunden und manchmal nicht. Aber ganz unabhängig davon waren wir sicher, das zu tun, was Gott von uns wollte: den Kontakt zu verlorenen Menschen zu suchen und mit ihm zusammenzuarbeiten, wenn er sie zu sich nach Hause bringt.

KAPITEL 14

Eine Person des Friedens finden

Ein alter Mann saß am Rand der Straße, die ins Dorf führte. Als er mich (David) sah, setzte er sich in Bewegung. Er stand langsam auf und kam auf mich zu.

„Endlich!", rief er. „Endlich bist du hier." Bevor ich irgendetwas sagen konnte, nahm er mich am Arm und zog mich ins Dorf.

„Hier ist der Mann, von dem ich euch erzählt habe", sagte er zu den Leuten, als er mich hinter sich herzog. „Hier ist der Mann, von dem ich in den letzten zwanzig Jahren jede Nacht geträumt habe. Meine Träume haben mir gesagt, dass wir auf alles hören müssen, was dieser Mann uns sagt."

Ich erklärte ihnen das Evangelium und seither trifft sich eine Gemeinde in diesem Dorf. Gott wirkt in den Herzen der Menschen, noch bevor wir in ihr Leben treten. Dieser Mann sagt, Gott habe ihm schon zwanzig Jahre zuvor gesagt, dass ich in sein Dorf kommen würde. Das Lustige ist, dass ich zwanzig Jahre vor diesem Augenblick noch mitten im Ingenieurstudium steckte. Ich hatte zu der Zeit weder den Wunsch noch die Berufung, Pastor oder Gemeindegründer zu werden.

Menschen zu Jüngern zu machen und Gemeinden zu gründen, ist einfacher, wenn wir mit Gott und den Menschen, die er vorbereitet, zusammenarbeiten, statt zu versuchen, Menschen das Evangelium aufzuzwingen, die noch nicht bereit dafür sind. Knüpfen Sie Kontakte und finden Sie eine Person des Friedens. Wenn wir alles richtig machen, findet die Person des Friedens sogar uns. Wichtig ist, dass wir lernen, wie wir gefunden werden.

Eine Person des Friedens ist nicht einfach ein guter oder gastfreundlicher oder netter Mensch. In jeder Kultur gibt es viele gute, gastfreundliche oder nette Menschen, die keine Personen des Friedens sind.

Eine Person des Friedens ist die eine Person, die Gott dafür vorbereitet hat, innerhalb einer Gemeinschaft das Evangelium als Erste anzunehmen. Es gibt zwei verschiedene Arten von Personen des Friedens – manche sind von Natur aus Personen des Friedens und manche werden durch Gottes unmittelbares Eingreifen für ihre Familie oder ihr Umfeld zu Personen des Friedens. Für beide Arten gibt es zahlreiche Beispiele in der Bibel. Kornelius und Lydia gehören zur Kategorie „Von Natur aus eine Person des Friedens". Der Gefängniswärter in Philippi und die Frau am Brunnen sind Beispiele für diejenigen, die durch Gottes unmittelbares Eingreifen zu Personen des Friedens wurden.

In allen diesen Beispielen war aber derjenige, der die Menschen zu Jüngern machen wollte, ein sichtbar gläubiger Mensch, der seinen Glauben ohne Entschuldigung auslebte. Das ist das Geheimnis, um die Person des Friedens zu finden. Wir müssen unseren Glauben so sichtbar wie möglich leben. Es geht nicht darum, religiös zu sein. Es geht darum, ein geistliches Leben zu führen.

Gott verurteilt Religiosität. Wir müssen uns nur ansehen, wie Jesus mit den religiösen Führern seiner Zeit umging und wie Gott im Alten Testament durch seine Propheten redete. Man schätzte und förderte in der Bibel Religion nicht sonderlich.

Gott hat uns jede Menge über ein geistliches Leben zu sagen – wie wir durch eine persönliche Beziehung zu ihm als Freigesprochene mit Gott und seiner Schöpfung leben. Es geht um Glauben und darum, ihn in jeder Situation zu leben, koste es, was es wolle. Es geht darum, Gott und Menschen zu lieben. Es geht darum, uns in dem, was wir denken und tun, Gott zu unterstellen. Ein solcher Lebensstil wirkt anziehend auf Menschen, die an geistlichen Fragen interessiert sind, und öffnet die Tür in Netzwerke hinein, um Gemeinden zu gründen, die sich Jesus Christus unterstellen. Wir müssen konsequent ein geistliches Leben führen, damit Evangelisation und Jüngerschaft geschehen können.

In Wahrheit geht es auf der Suche nach der Person des Friedens mehr um uns und um unsere Lebensweise als darum, die Person des Friedens zu finden. Wenn wir so leben, wie wir sollten, werden diejenigen, die Jesus entdecken wollen, zu uns kommen. Es geht nicht nur darum, ein gutes Leben zu führen. Es geht darum, ein Leben zu führen, das sich Gott unterstellt, das Gottes Liebe sichtbar macht und Gottes Wort so weitersagt, dass Verlorene gerettet werden, dass Gerettete gehorsam werden und dass die Gehorsamen mehr Menschen für Jesus zu Jüngern machen, damit wir Jünger und Gemeinden sehen, die sich selbst multiplizieren.

Die Personen des Friedens zu finden, hat wirklich die Zahl unserer Gemeindegründungen signifikant erhöht. Wir haben Jüngerschaftsstränge erlebt, die dadurch nicht mehr nur ein paar Gemeinden im Jahr gegründet haben, sondern Dutzende von Gemeinden und in manchen Fällen sogar Hunderte.

Die Strategie rund um die Person des Friedens beruht auf einem Gesamtblick auf das, was Jesus lehrte, als er seine Jünger aussandte (Mt 10, Lk 9 und 10). Im Folgenden haben wir zusammengestellt, wozu Jesus seine Jünger aufforderte, als er sie aussandte.

MATTHÄUS 10

- „Geht und verkündet: ‚Das Himmelreich ist nahe'" (V. 7).
- „Heilt Kranke, weckt Tote auf, macht Aussätzige rein, treibt Dämonen aus" (V. 8).
- „Was ihr umsonst bekommen habt, das gebt umsonst weiter" (V. 8).
- „Steckt euch kein Gold, kein Silber und kein Kupfergeld in euren Gürtel; besorgt euch auch keine Vorratstasche für unterwegs, kein zweites Hemd, keine Sandalen und keinen Wanderstab. Denn wer arbeitet, hat Anrecht auf seinen Lebensunterhalt" (V. 9-10).
- „Wenn ihr in eine Stadt oder in ein Dorf kommt, dann sucht jemand, der es wert ist, euch aufzunehmen. Bleibt bei ihm, bis ihr jenen Ort wieder verlasst" (V. 11).
- „Wenn man euch nicht aufnimmt und sich eure Botschaft nicht anhören will, dann verlasst jenes Haus oder jene Stadt und schüttelt den Staub von euren Füßen" (V. 14).

- „Ich sende euch wie Schafe mitten unter die Wölfe. Seid darum klug wie die Schlangen und ohne Falsch wie die Tauben“ (V. 16, alle NGÜ).

LUKAS 9

(zusätzliche Hinweise, die nicht in Matthäus 10 vorkommen)

- „Wenn jemand euch in seinem Haus aufnimmt, dann bleibt bei ihm, bis ihr die Ortschaft wieder verlasst“ (V.4 NGÜ). (Das ist etwas anderes, als nur im Haus eines Menschen zu bleiben, der es wert ist.)

LUKAS 10

(zusätzliche Hinweise, die nicht in Matthäus 10 oder Lukas 9 vorkommen)

- Geht „zu zweit voraus in alle Städte und Ortschaften“, die ich „später selbst aufsuchen“ will (nach V. 1).
- „Bittet ... den Herrn der Ernte, dass er Arbeiter auf sein Erntefeld schickt“ (V. 2).
- „Geht nun! Seht, ich sende euch wie Schafe mitten unter die Wölfe“ (V. 3).
- „Haltet euch unterwegs nicht mit langen Begrüßungen auf“ (V. 4).
- „Wenn ihr ein Haus betretet, sagt als Erstes: ‚Friede sei mit diesem Haus!‘ Wenn dort jemand bereit ist, den Frieden zu empfangen, den ihr bringt, wird der Frieden auf ihm bleiben; wenn aber nicht, wird der Frieden zu euch zurückkehren. Bleibt in dem Haus, in dem man euch aufnimmt. Esst und trinkt, was man euch dort gibt; denn wer arbeitet, hat Anrecht auf seinen Lohn. Geht nicht von Haus zu Haus, um eine andere Unterkunft zu suchen“ (V. 5-7).
- „Heilt die Kranken, die dort sind, und verkündet den Bewohnern der Stadt: ‚Das Reich Gottes ist zu euch gekommen.‘“ (V.9 alle NGÜ)

In der Lektion zur Person des Friedens geht es um die Strategie, wie wir Zugang zu einer neuen Gemeinschaft finden. Im Missionsbefehl hat Jesus uns aufgetragen, „hinzugehen“. Was tun wir, wenn wir dort angekommen sind, wohin wir gehen sollten? Wir suchen die Person des Friedens.

Das unterscheidet sich radikal von den klassischen Jüngerschaftsmethoden. Mit der Strategie der Person des Friedens haben wir eine einzige Aufgabe: die Person des Friedens finden. Diese Person kann allen möglichen sozialen Schichten entstammen, immer aber wird er oder sie uns willkommen heißen, hören, was wir zu sagen haben, uns in unserem Lebensunterhalt unterstützen und uns erlauben, bei sich zu Hause zu sein und seine oder ihre Familie und Bekannten um des Evangeliums willen zu prägen.

Wer andere zu Jüngern machen will, muss nichts tun, was die klassische Jüngerschaft erfordert. Wir predigen oder unterrichten nicht. Wir verteilen keine Traktate, verkaufen keine Bücher und verschenken keine Bibeln. Wir veranstalten keine Massenveranstaltungen oder Heilungsgottesdienste.

Die Suche nach der Person des Friedens fängt damit an, dass wir Jesus gehorsam sind und danach fragen, wen Jesus besuchen möchte. Wenn es keine Person des Friedens gibt, ziehen wir weiter. Wir finden die Person des Friedens, indem wir beten und dienen. Unserer Erfahrung nach gehören zum Dienen manchmal Wunder, wie in Lukas 10 beschrieben. Oft heißt Dienen aber einfach, jemandem, der hungert, etwas zu essen zu geben, oder für jemanden einen Reifen zu wechseln. In beiden Fällen dienen wir dem anderen freimütig. Wir sollen für Arbeiter auf dem Erntefeld beten. Die Person des Friedens wird dieser Erntehelfer sein. Wir schulen diese Person darin, wie sie Menschen in ihrem Umfeld zu Jüngern machen kann. Wir sollen klug wie Schlangen sein. Das bedeutet, Angriffe des Bösen zu erwarten und ihnen aus dem Weg zu gehen. Wir sollen ohne Falsch sein wie die Tauben, freundlich und für niemanden eine Bedrohung. Wir sollen für unser Essen arbeiten, denn ein Arbeiter ist seines Lohnes wert. Dadurch vermeiden wir peinliche Fragen nach unserem Unterhalt. Und es erlaubt uns, zu arbeiten, wenn alle arbeiten, sodass wir Menschen kennenlernen und einen Grund haben, hier zu leben. Alles, wozu Jesus uns auffordert, trägt dazu bei, den echten und den empfundenen Bedürfnissen der Menschen zu begegnen. Wenn wir das tun, pflegen wir Beziehungen, die uns ermöglichen, über Gottes Reich und den Himmel zu sprechen. Wer positiv auf diese Botschaft reagiert, weckt unsere Aufmerksamkeit. Unser Blick ruht auf dem gesamten Haushalt und wir ziehen nicht weiter, wenn wir die Person des Friedens gefunden haben. Dann machen wir die Familie zu Jüngern, die dann die Verantwortung übernimmt, ihr Netzwerk für Jesus zu gewinnen.

Wir schulen Gemeindegründer darin, nach intensivem Gebet Kontakte zu neuen Gruppen zu knüpfen. Wenn sie in Gruppen hineinkommen, suchen sie nach Wegen, den Bedürfnissen durch Projekte, Bildung oder auch geschäftliche Angebote zu begegnen. Dabei lernen sie Menschen kennen und erzählen offen von Gottes Reich. Wenn sie die Person des Friedens finden, nehmen sie die Familie des Friedens in den Blick. Sie gründen eine Entdeckerbibelgruppe, um dieser Familie zu helfen, selbst zu entdecken, wer Gott ist und wie sie ihm begegnen können. Die Gemeindegründer erklären ihnen, wie sie die Bibel lesen sollen, leiten aber weder das Bibelstudium noch predigen oder unterrichten sie. Das Augenmerk liegt auf der Familie, die durch die Bibel direkt von Gott lernt. Die Gemeindegründer lenken die Richtung des Studiums, leiten es aber nicht – abgesehen davon, dass sie den Ablauf am Anfang ein paar Mal vormachen.

Wenn die Familie sich Jesus zuwendet, helfen die Gemeindegründer dabei, dass aus einer Bibelgruppe eine voll funktionsfähige Gemeinde wird. Ein Leiter wird gefunden und dafür geschult, die Gruppe zu leiten und in der Familie und im Bekanntenkreis weitere Gruppen zu gründen. Jünger machen weitere Menschen zu Jüngern. Leiter schulen weitere Leiter. Gruppen gründen weitere Gruppen. Gemeinden gründen weitere Gemeinden.

VON INNEN ODER AUSSEN LEITEN

In der klassischen Jüngerschaft wird derjenige, der von außen kommt und eine Kleingruppe anfängt und eine Gemeinde gründet, sehr oft auch zum Pastor der Gemeinde. In der Folge wird aus dem Leiter von außen auch der innere Leiter. Aus diesem Grund ist die klassische Jüngerschaft nicht rasch multiplizierbar. Denn der Leiter von außen behält die Zügel in der Hand. Damit eine Jüngerschaftsbewegung starten kann, muss der Leiter, der von außen kommt, auch außerhalb bleiben. Er oder sie schult und begleitet als Coach oder Mentor den inneren Leiter, der wiederum dasselbe mit seinen Leuten tut.

Die Rolle des Leiters von außen ist entscheidend. Er stößt den Jüngerschaftsprozess an, der mit Gebet, einer Vision und strategischen Überlegungen beginnt. Wenn er Kontakt herstellt zu einem Viertel, knüpft er Kontakte, damit Freundschaften entstehen, er anderen dienen und die Person des Friedens finden kann. Die Person des Friedens ist die Tür zu einer Familie, einer Interessengruppe oder einem Freundeskreis innerhalb eines Silos. Wenn sich die Beziehungen vertiefen, wirft die leitende Person geistliche Fragen auf, die schließlich zum Beginn eines Entdeckerbibelstudiums führen.

Schon im ersten Monat der Entdeckerbibelgruppe wird sich der natürliche geistliche Leiter (oder die Leiterin) der Gruppe herauskristallisieren. Der Leiter von außen richtet die Aufmerksamkeit auf diese innere Leitungsfigur. Sobald diese Leitungsperson feststeht, geht die Leitung der Treffen vom externen Leiter auf den inneren Leiter über. Der externe Leiter schult und begleitet den inneren Leiter etwa zwei Jahre lang.

Wenn der innere Leiter reifer wird, zieht sich der externe Leiter zurück. Er übernimmt dann nur noch die Rolle eines Mentors, der keine unmittelbare Leitungsbefugnis in der neuen, werdenden Gemeinde hat. Leitung geschieht nun durch Prägung über die Beziehung und durch Gespräche über Leiterschaft und Gruppenthemen. Zu dieser Beziehung gehört eine beiderseitige Rechenschaft in allen Lebensbereichen wie Glaubensleben, Familie, Freunde, Nachbarschaft, Gemeinde, Beruf und persönlichem Leben.

Die Verantwortung des Leiters von außen lässt sich in folgendem Vierklang zusammenfassen: Vorleben, ausrüsten, beobachten und weiterziehen. Jüngerschaft beginnt mit dem Leben und der Persönlichkeit des Leiters von außen. Öffentlich wie privat muss der Leiter von außen selbstbewusst über sich sagen können: „Beobachtet mich und tut, was ich tue." Dann rüstet er den inneren Leiter in allen Lebensbereichen aus. „Ausrüsten" bedeutet dabei, ihm zu helfen, zur vollen Reife zu gelangen - nicht nur, ihm Fähigkeiten oder Wissen beizubringen. Quelle für diese Ausrüstung ist allein die Bibel. Im Lernprozess leitet der externe Leiter den inneren Leiter an, umzusetzen, was er gelernt hat. An diesem Punkt nimmt die Leitungsperson von außen eine Beobachtungsrolle ein und achtet darauf, dass das Gelernte sorgfältig umgesetzt wird. Dann zieht er oder sie weiter. Nicht plötzlich, aber durch einen langsamen Rückzug aus einem Prozess, bei dem Inhalte gelernt und weitergegeben werden. Anfangs besteht ein reger Austausch zwischen externem und innerem Leiter. Wenn der innere Leiter eine gewisse Reife erreicht, nimmt die Häufigkeit ab.

Die Beziehung zwischen beiden Leitern durchläuft verschiedene Stationen: Lehrer/Schüler/Lernender - Trainer/Spieler - Coach/Auszubildender - Mentor/Mentee und Freunde fürs Leben. Die Grenzen sind fließend, halten sich angesichts von Aufgabe, Geschehen und Rollen aber an eine gewisse Abfolge. Manchmal wird auch der innere Leiter zum Lehrer, zum Wissenden, zum Trainer, Coach und Mentor, wenn der Leiter von außen etwas über Kultur, Bräuche, Familie, Arbeit des inneren Leiters lernt.

Der externe Leiter misst seinen Erfolg daran, wie schnell und wie oft der innere Leiter das Gelernte weitergibt. Der letztgültige Erfolg ist der, wenn der innere Leiter für andere zum externen Leiter wird und ihnen hilft, in ihrem Umfeld zum inneren Leiter zu werden.

SICH ÄRGERN, ABER FÜR DIE LIEBE ENTSCHEIDEN

Ich (Paul) habe ein interessantes Silo im Netz gefunden. Eine Frau aus diesem Silo folgte mir auf Twitter, weil ihr gefiel, wie ich über meine Familie schrieb. Als ich ihren Blog las, stellte ich fest, dass sie als Hexe auftrat und zu einer Gruppe von Pornodarstellern, Strippern und Leuten gehörte, die sich in unterschiedlichem Ausmaß auf das Okkulte einließen. Die Frau schrieb in ihrem Blog einiges Üble, das ich ziemlich abstoßend fand.

Manche sagen, wer aktiv den Kontakt zu verlorenen Menschen sucht, sollte sich bewusst dagegen entscheiden, Dinge abstoßend zu finden. Wir verstehen den Gedanken dahinter, aber manches ist einfach abstoßend. Gott findet es abstoßend und wir auch. An nichts Anstoß zu nehmen, ist einfach keine Option. Was aber machen wir mit unserer Ablehnung dessen, worüber wir uns ärgern? Welche Reaktion würde Jesus sich von uns wünschen?

Eines Tages zeigte Gott mir etwas im Gebet. Jesus nahm hin, im selben Zimmer zu sein mit Menschen, die ihrem Wesen nach sündhaft waren. Er aß mit ihnen, unterhielt sich mit ihnen und feierte mit ihnen Gottesdienst.

Wenn wir wirklich glauben, dass Jesus und Gott ein und derselbe sind, dann müssen wir glauben, dass Jesus über Sünde dasselbe empfindet wie Gott. Und Gottes Haltung Sünde gegenüber ist ziemlich eindeutig: Er hasst Sünde. Er kann sie in seiner Gegenwart nicht hinnehmen. Sünde führt zum Tod und sündhafte Menschen können nicht Gottes Gesicht anschauen und am Leben bleiben.

Jesus war die Summe all dessen, was heilig und unermesslich würdevoll ist. Und trotzdem aß er zusammen mit Prostituierten und Zolleintreibern (sprich: Verrätern). Er saß am Tisch mit Pharisäern, religiösen, selbstgerechten Schwätzern. Er liebte Judas, den Mann, der ihn verraten sollte. Er gab Petrus seine Würde zurück, dem Mann, der ihn verleugnet hatte. Er trank vom Wasser der samaritanischen Frau, was jüdischen Männern damals verboten war. Er ließ sich gefangen nehmen, schlagen und kreuzigen. Und Jesus – 100 Prozent Gott – verzehrte niemanden mit heiligem Feuer.

Obwohl er ihre Gegenwart abstoßend fand, entschied er sich, sein Recht aufzugeben, etwas abstoßend zu finden. Warum? Liebe. Liebe drängte ihn, dieses Recht aufzugeben. Er ließ sich nicht abstoßen, damit Sünder ihn erfahren konnten.

Liebe ist der Grund dafür, dass er immer noch nicht zulässt, sich abstoßen zu lassen. Er will auch heute noch, dass wir ihn erfahren können.

Wenn Sie sich dafür entscheiden, mit Menschen zu arbeiten, die Jesus nicht nachfolgen, werden Sie Dinge abstoßend finden. Wenn Sie sich entscheiden, unter verlorenen Menschen zu leben, werden Sie manches sehen, hören und lesen, was Sie auf die Palme bringt. Aber Ihre Liebe für Menschen muss größer sein als Ihr Ärger, wenn Sie ihnen die kleinste Chance ermöglichen wollen, Jesus und seine Liebe zu erfahren.

Wir verärgern Jesus jedes Mal, wenn wir uns für unseren statt für seinen Weg entscheiden. Also jeden Tag. Gottes Liebe ist das Einzige, das uns vor dem Untergang retten kann.

Deshalb gestehen wir auch uns selbst zu, uns über Dinge zu ärgern. Aber wir entscheiden uns dafür, Menschen so sehr zu lieben, dass unser Ärger verblasst angesichts der Liebe, die wir zu ihnen haben und dem Wunsch, sie mögen ihre Liebe zu Jesus entdecken.

IM RESTAURANT EINE PERSON DES FRIEDENS FINDEN

Ein Freund von mir ging zur Kasse, um das Essen zu bezahlen. Als der junge Angestellte der Burger-Kette das Geld entgegennahm, fragte er meinen Freund: „Glauben Sie, man kann so sehr beten, dass die eigene Familie in den Himmel kommt?“

Mein Freund stutzte verblüfft. In Ohio fängt man so keine Gespräche an, erst recht nicht mit Fremden. Er realisierte, dass der junge Mann möglicherweise eine Person des Friedens war. In den zwei Jahren, seit er mit unserem Jüngerschaftstraining begonnen hatte, bemühte er sich, ein Jünger zu sein, der andere zu Jüngern machte und ein Mann des Gebets zu werden.

„Haben Sie eine Bibel?", antwortete mein Freund.

Der junge Mann zögerte erst und sagte dann: „Ja ... ja, ich hab eine."

„Wenn Sie zu Hause sind, holen Sie die Bibel raus und schlagen Sie Lukas, Kapitel 18, die Verse 1-8 auf. Ich komme in ein paar Tagen wieder und dann können Sie mir erzählen, wie Gott Ihre Frage beantwortet hat."

Der junge Mann willigte ein. Mein Freund verstaute sein Geld, rief seine Familie zusammen und fuhr nach Hause.

Ein paar Tage später fuhr er erneut in das Burger-Restaurant. Und auch der junge Mann war da. „Hatten Sie Gelegenheit, die Geschichte nachzuschlagen?"

„Ja!"

„Was hat Gott Ihnen gesagt?"

„Es ist möglich, so sehr zu beten, dass die eigene Familie in den Himmel kommt." Dann machte er ein langes Gesicht. „Aber man weiß erst, ob es so ist, wenn man vor dem Richter steht."

Mein Freund beugte sich zu ihm vor. „Wären Sie interessiert zu erfahren, wie Sie und Ihre Familie sicher wissen können, dass Sie in Gottes Reich kommen?"

Die Miene des jungen Mannes hellte sich auf. „Das könnten Sie mir erklären?"

„Ja und Sie auch. Ich habe einen Vorschlag: Wenn Sie Pause machen, kommen Sie an meinen Tisch und ich zeige Ihnen, was Sie tun müssen."

Später erschien der junge Mann an seinem Tisch. Mein Freund führte ihn durch ein Entdeckerbibelstudium von 1. Mose 1,1 – 2,3 (um Entdeckergruppen und -bibelstudien geht es im nächsten Kapitel). Er schlug dem jungen Mann vor, zu Hause seine Familie zusammenzurufen und dasselbe Studium mit ihnen zu machen. Er erklärte, er werde in der folgenden Woche wiederkommen und hören, wie es gelaufen sei.

In der Woche darauf erschien mein Freund wieder. Er wartete, bis der junge Mann Pause machte und zu ihm an den Tisch kam. „Wie war's?"

„Alter ... das war die krasseste Geschichte, die ich je mit meiner Familie gemacht habe!" Der junge Mann beugte sich vor. „Glauben Sie, es wäre okay, wenn ich diese Entdeckersache auch mit meinen Freunden mache?"

Das Erlebnis meines Freundes illustriert mehrere wichtige Punkte.

JEMAND ZU WERDEN, DER PERSONEN DES FRIEDENS ANZIEHT, DAUERT SEINE ZEIT

Mein Freund nahm schon zwei Jahre am Jüngerschaftstraining teil, als er den jungen Mann im Burger-Restaurant kennenlernte. Allerdings war das für ihn keine passive Wartezeit. Er arbeitete daran, deutlich erkennbar ein geistlicher Mensch zu werden. Er war bereits Gemeindepastor und übertrug die Prinzipien unseres Jüngerschaftstrainings auf seine Gemeinde. Er sammelte ein paar Freunde um sich, die regelmäßig beteten und entwickelte einen Gebetskalender.

EINE PERSON DES FRIEDENS ZU FINDEN, ERFORDERT GOTTES EINGREIFEN

Als mein Freund reifer darin wurde, Jünger zu sein und andere zu Jüngern zu machen, nahm Gott ihn mit hinein in seine Pläne, wie er verlorene Menschen in seinem Umfeld erreichen wollte. Gott wirkte durch den Heiligen Geist und bereitete den jungen Mann darauf vor, sein Wort zu hören. Er führte meinen Freund zur richtigen Zeit in das Restaurant. Gott ließ den jungen Mann diese Frage stellen und bereitete meinen Freund darauf vor zu antworten. Gott steht im Zentrum, wenn es darum geht, die Welt zu erreichen. Wir müssen auf ihn hören und uns in sein Wirken einklinken.

WIR MÜSSEN MÖGLICHE PERSONEN DES FRIEDENS BEFÄHIGEN

Jim, ein Freund und langjähriger Missionar, nennt drei entscheidende Eigenschaften von Personen des Friedens: Sie sind offen, eine Beziehung mit uns anzufangen. Sie sehnen sich nach geistlichen Antworten auf ihre tiefgehendsten Fragen. Und sie erzählen das, was sie lernen, weiter. Jim benutzt gern das Akronym OSE, um an diese Eigenschaften zu erinnern: Offenheit, Sehnsucht, Erzählen.

Der junge Mann in der Burgerkette war erkennbar offen. Er ging auf meinen Freund zu. Seine Frage und die Tatsache, dass er die Geschichte nachschlug und las, deutet auf seine Sehnsucht nach geistlichen Antworten auf seine Fragen hin. Und schließlich erzählte er seiner Familie davon und der Gedanke, alles mit seinen Freunden zu teilen, begeisterte ihn.

Glauben Sie nicht, jeder freundliche Mensch sei eine Person des Friedens. Sondern versuchen Sie, diese Person zu befähigen, wie mein Freund es mit dem Mann im Restaurant tat.

WIR BRAUCHEN NICHT JEDE GRUPPE SELBST ZU LEITEN

Mein Freund leitete das erste Treffen mit dem jungen Mann. Daraufhin wiederholte der junge Mann das Treffen sofort mit seiner Familie. Mein Freund lernte sie gar nicht kennen. Aber durch viele Fragen wusste er, wie das Bibelstudium verlief und welche Fragen die Familie stellte. Vom ersten Treffen an setzte mein Freund den jungen Mann als Leiter dieser Gruppe ein.

IM POKÉMON-CLUB PERSONEN DES FRIEDENS FINDEN

Jede Menge Fragen wirbelten mir durch den Kopf, als ich zum Target-Kaufhaus bei uns in der Nähe fuhr. Wie kann ich mehr mit meinen Kindern unternehmen? Was kann ich tun, um Kontakt zu den Leuten in unserem Umfeld zu knüpfen und Personen des Friedens zu finden?

Meine Kinder übernachten bei ihren Freunden. Wie kann ich deren Eltern kennenlernen? Mein Sohn bearbeitet mich schon länger, dass wir zusammen mit seinen Pokémon-Sammelkarten spielen. Das muss ich unbedingt heute Abend tun.

Plötzlich kamen all diese Gedanken in einer Idee zusammen: Ich könnte einen Pokémon-Club gründen! Ich wäre sofort der Held meiner Kinder. Viele ihrer Freunde hatten diese Karten und ich hätte die Gelegenheit, sie und ihre Eltern kennenzulernen. Die Eltern könnten mitkommen und sich unterhalten, während ihre Kinder mit den Karten spielten. In den Gesprächen könnte ich nach Personen des Friedens Ausschau halten. Ein Pokémon-Club klang nach einer sehr coolen Idee.

Aber wo sollten wir uns treffen? Ich wollte das Ganze nicht bei uns zu Hause veranstalten. Meine Frau hätte mich umgebracht. Ich bin ziemlich viel unterwegs und ich wollte sie nicht für etwas einspannen, das sie am Laufen halten musste, wenn ich nicht im Lande war.

Als ich zu Target kam, fiel das letzte Puzzleteil an seinen Platz. In diesem Kaufhaus gab es einen großen Bereich mit etlichen Tischen. Man konnte sich bei Starbucks oder Pizza Hut etwas kaufen und sich damit hier hinsetzen. Es gab etwa 20 Tische und sie waren kaum besetzt. Um genau zu sein, waren jetzt, Samstagabend um 18 Uhr, alle Tische frei. Wir könnten uns hier treffen! So lange die Eltern Kaffee oder Pizza kauften, hätte Target wahrscheinlich kein Problem damit, wenn wir den Bereich nutzten. Außerdem verkaufte Target sogar selbst Pokémon-Karten! Die Kinder könnten gleich hier ihre Karten kaufen und tauschen! Bingo!

Als ich nach Hause kam, sprach ich mit meiner Frau über diese Idee. Sie fand sie großartig. Ich erzählte meinen Kindern davon und sie waren aus dem Häuschen. Wir planten unser erstes Treffen für das kommende Wochenende. Die Kinder sollten ihre Freunde einladen.

Unser erstes Treffen war ein Erfolg. Mehrere Kinder erschienen mit ihren Eltern. Wir hatten viel Spaß. Ich führte einige gute Gespräche mit den Eltern. Es war schön, jetzt die Gesichter zu den Geschichten zu kennen, die meine Kinder nach der Schule erzählt hatten.

In den nächsten Wochen wuchs unser Pokémon-Club. Einige ältere Kinder, die wir vom Taekwondo kannten, stießen hinzu und spielten ein anderes Sammelkartenspiel. Sie luden ihre Freunde ein und der Club wuchs weiter. Sie trafen sich sogar, wenn ich nicht da war!

Eines Tages hatte ich ein gutes Gespräch mit einem Vater. Sein Sohn war 13 und hatte eine schwierige Woche hinter sich. Sein Vater erzählte mir von seinem Frust.

„Erziehung ist nicht leicht heutzutage", erwiderte ich. „Ich wüsste nicht, wie ich es schaffen würde, wenn Gott mir nicht die Weisheit dafür gäbe."

Er hielt einen Augenblick inne und unterhielt sich dann weiter mit mir.

Der Pokémon-Club schuf eine gute Atmosphäre, in der ich mich gerne aufhielt und lockere Gespräche führen konnte, die das Potenzial hatten, in die Tiefe zu gehen und schließlich zu geistlichen Gesprächen werden konnten, wodurch ich die Gelegenheit hatte, Personen des Friedens zu finden und sie zu einem Entdeckerbibelstudium einzuladen. Ich verteilte keine Traktate oder geistliche Literatur. Ich trug keine T-Shirts mit christlichen Sprüchen. Sondern ich wartete auf gute Gelegenheiten, mich als geistliche Person zu erkennen zu geben, in einer Atmosphäre, die einen sicheren Raum für geistliche Gespräche schaffte. Im Fall des Vaters und seines Teenager-Sohnes führte das lockere Gespräch in die Tiefe. Als es sich stimmig anfühlte, flocht ich meine Aussage ein, dass Erziehung schwierig ist, aber Gott mir die Weisheit dafür gibt. Die Aussage war nicht anstößig. In diesem Kontext war sie auch nicht banal oder abgedroschen. Der Vater hörte sie und beschloss, das Gespräch weiterzuführen. Soweit ich das sehen konnte, fühlte er sich nicht vor den Kopf gestoßen. Das Gespräch lief ganz natürlich weiter. Wäre dieser Vater eine Person des Friedens gewesen, hätte er die Gelegenheit genutzt, geistliche Fragen anzusprechen. Und falls er es nicht tat, aber dennoch eine Person des Friedens war, hätte er seine Fragen bei anderer Gelegenheit gestellt. Auch das tat er nicht, also wusste ich, dass er keine Person des Friedens war und suchte woanders weiter.

Ich habe ihn danach noch ein paar Mal gesehen. Wir unterhielten uns gut, aber nie über geistliche Themen. Wie gesagt, er war keine Person des Friedens.

DEN STAUB VON DEN FÜSSEN SCHÜTTELN

Eine Person des Friedens zu finden, ist aufregend und anstrengend zugleich. Viele, die wir trainieren, sind voller Eifer, wenn sie erzählen, wie sie Personen des Friedens finden und Entdeckerbibelgruppen starten wollen. Weiterzuziehen, weil man keine Person des Friedens findet, das möchte niemand gerne erleben. Und doch lesen wir in Lukas 10,10-12: „Wenn ihr aber in eine Stadt kommt und man euch nicht aufnimmt, dann geht durch ihre Straßen und ruft: ‚Selbst den Staub, der sich in eurer Stadt an unsere Füße geheftet hat, wischen wir ab, damit ihr gewarnt seid. Aber das sollt ihr wissen: Das Reich Gottes ist gekommen.' Ich sage euch: Sodom wird es am Tag des Gerichts noch erträglich gehen im Vergleich zu solch einer Stadt." Denken Sie daran, der Böse will ihre gesamte Zeit für Menschen nutzen, die noch nicht bereit oder gewillt sind, Jesus zu entdecken. Wenn wir nicht weiterziehen, finden wir vielleicht die Person des Friedens nicht, die in der nächsten Familie, der nächsten Hobbygruppe, dem nächsten Freundeskreis oder Silo auf uns wartet.

Ein Freund von mir, der Menschen zu Jüngern macht, hat mir von einem jungen Angestellten erzählt, den er begleitet. Dieser junge Mann beendete das College und trat eine gut bezahlte Stelle an. In seiner Vorstellung würde er durch diese Stelle neue Menschen kennenlernen und Personen des Friedens finden.

Nachdem er eine Weile dort gearbeitet hatte, befand der junge Angestellte, dass es hier keine Personen des Friedens gab. Also trat er eine andere, schlechter bezahlte Stelle an. Als er seinen Schreibtisch ausräumte, sprachen ihn seine Kollegen an. Sie erkundigten sich, was nicht stimmte. In ihren Augen gab man eine Stelle nur dann auf, wenn man entweder die Aufgaben oder die Kollegen total verabscheute. Der junge Angestellte versicherte ihnen, dass sowohl die Aufgaben als auch sie klasse waren.

„Warum gehst du dann?“, wollten sie wissen.

„Ich bin hierhergekommen, um Leute mit geistlichen Fragen zu finden. Ich spüre die Berufung, Menschen zu helfen, Gott für sich zu entdecken.“

„Wie meinst du das?“, fragten sie.

Der junge Mann erklärte es ihnen genauer. Am Ende sagten mehrere Kollegen, dass sie gern Gott entdecken wollten. Der junge Angestellte trat seine neue Stelle an, kehrte aber regelmäßig in seine alte Firma zurück, um eine neue Entdeckerbibelgruppe zu leiten.

Wer andere zu Jüngern macht, klinkt sich in Gottes Wirken ein. Wenn es eine Person des Friedens gibt, wissen wir, dass Gott will, dass wir engeren Kontakt zu diesem Umfeld pflegen und die Ernte reif ist. Wir sind Gottes Partner darin, die Ernte einzufahren. Wenn die Ernte nicht reif ist, sollen wir sie auch nicht zu früh einholen! Stattdessen ziehen wir weiter zu einem anderen Acker, in ein anderes Umfeld und suchen dort nach Personen des Friedens.

Wir lassen Menschen zurück, aber wir vergessen sie nicht. Wir schicken Gebetsteams in die Gegend. Sie halten Gebetsspaziergänge und bitten Gott, in den Herzen der Menschen dort zu wirken. Sie bitten Gott, Personen des Friedens zu zeigen. Sie beten um Weisheit, zu wissen, wann sie in dieses Umfeld zurückkehren sollen. Sechs bis zwölf Monate später schicken wir Jüngerschaftsteams in die Gegend, um erneut Kontakte zu knüpfen und nach einer Person des Friedens Ausschau zu halten. Oft finden wir beim zweiten Mal und nach intensivem Gebet dann Personen des Friedens.

KAPITEL 15

Entdeckerbibelgruppen

Der Dozent projizierte ein Gemälde auf die Leinwand. „Bitte sehen Sie sich dieses Bild an“, sagte er. Nach ein paar Sekunden nahm er das Bild weg. „Und jetzt beschreiben Sie bitte das Bild.“

Die Teilnehmenden nannten verschiedene Details, an die sie sich erinnern konnten. Der Dozent ließ sie so lange fortfahren, bis nur noch wiederholt wurde, was andere bereits genannt hatten.

Schließlich zeigte er das Bild erneut auf der Leinwand. „Hätte sich einer von Ihnen an alle Einzelheiten erinnern können?“

Ein gerauntes „Nein“ erfüllte den Raum.

„Aber gemeinsam können Sie sich an die meisten Details in diesem Gemälde erinnern. Und ich wette, nachdem Sie jetzt alles gehört haben, woran andere sich erinnern, werden Sie mehr Einzelheiten dieses Bildes kennen als vorher.“

Der Dozent sah sich im Raum um und fuhr fort: „Das Gedächtnis einer Gruppe ist besser als das eines Einzelnen. Und wenn Gruppen erzählen, woran sie sich erinnern, wird aus der gemeinsamen Erinnerung auch die Erinnerung jedes Einzelnen. Das ist einer der Gründe, weshalb Gruppen und Gruppenprozesse so wichtig für den Start einer Bewegung sind.“

Es gibt verschiedene Gründe, warum Gruppen so eine große Bedeutung haben:

- Gruppen behalten mehr als der Einzelne.
  Wie wir in dem Beispiel mit dem Gemälde gesehen haben, erinnert sich eine Gruppe an mehr Details als die Einzelperson. Wenn Gruppen sich gemeinsam an etwas erinnern, übernimmt der Einzelne auch die Erinnerungen der Gruppe.

- Gruppen lernen schneller als Einzelne.
  Gruppen müssen Informationen und Prinzipien weniger häufig wiederholen, um sie parat zu haben. Wie bereits erwähnt, hilft das Zusammentragen in der Gruppe dem Einzelnen, sich an die Punkte zu erinnern. Demzufolge wird der Lernprozess in Gruppen erheblich beschleunigt, wenn der Gruppenprozess zugelassen wird.
- Gruppen geben Informationen häufiger weiter als Einzelne.
  Weil die Teilnehmenden einer gut angeleiteten Gruppe sehr schnell Inhalte weitergeben, geschieht das insgesamt häufiger. Sie wissen, wie sie das Gelernte innerhalb ihres Silos oder in benachbarte Silos aussäen können, deshalb teilen sich die einzelnen Teilnehmenden in anderen Gruppen mit. Das erlaubt ihnen, mit mehr Menschen zu sprechen, als wenn sie auf Einzelpersonen zielen würden.
- Gruppen sind ein guter Schutz gegen schlechte Leitung und Irrlehren.
  Wenn die Autorität der Bibel und der Heilige Geist Teil der Gruppen-DNA und der Gruppendynamik sind, sind Gruppen gegen schlechte Leitung gewappnet. Sie messen an der Bibel, was die Leiter sagen, und können Leiter abwehren, die außer- oder gar unbiblische Anweisungen und Grundsätze einführen wollen. In der Folge werden die Auswirkungen schlechter Leitung minimiert, schlechte Leiter ausgetauscht und Irrlehren vermieden.
- Gruppen üben Selbstkorrektur.
  Das ist der Grund, weshalb gut angeleitete Gruppen vor schlechter Leitung und Irrlehren gefeit sind. Die Teilnehmenden verstehen die Bibeltexte, die sie lesen, und korrigieren sich gegenseitig, wenn jemand eine Auslegung oder Umsetzung eines Textes einbringt, die nicht dort steht.
- Gruppen ziehen Einzelne zur Verantwortung.
  Wenn wir das Evangelium in bestehenden Silos und Gruppen aussäen, sehen sich die Mitglieder häufig genug, um sich gegen-

seitig zur Verantwortung zu ziehen. Wenn sich jemand entgegen den biblischen Prinzipien verhält, bekommt die Gruppe das relativ schnell mit. Gut geschulte Gruppen sprechen ein solches Verhalten an und helfen diesem Mitglied, umzukehren und sich wieder in guten Bahnen zu bewegen.

GRUPPEN BEGLEITEN

Wenn wir in einem Silo mit bestehenden Gruppen arbeiten, minimieren wir viele kulturelle Barrieren, die den Gruppenprozess verlangsamen (oder ganz aufhalten). Familien haben bereits Autoritätsstrukturen. Gesunde Interessengruppen haben Führungsfiguren und Menschen, die ihnen folgen. Trotzdem müssen Gruppen geschult werden. Mit anderen Worten: Sie müssen lernen, wie sie die Bibel gemeinsam lesen, wie sie entdecken können, was Gott durch sein Wort sagt, wie sie ihr Leben nach Gottes Prinzipien gestalten und wie sie Bibeltexte im Freundes- und Familienkreis weitergeben. All das geschieht in einer Gruppe nicht einfach automatisch; die Teilnehmenden müssen in all dem geschult werden, sodass es für sie so natürlich wird wie Atmen.

MIT BESTEHENDEN GRUPPEN ARBEITEN

Wir haben bereits ausführlich dargelegt, welche Vorteile es hat, mit bereits bestehenden Gruppen innerhalb ihres Silos zu arbeiten, statt Gruppen zu starten, die aus Menschen verschiedener Silos bestehen.

FRÜHZEITIG DIE RICHTIGE DNA EINFÜHREN

Gruppen gewöhnen sich sehr schnell an Abläufe und an die DNA für die Treffen – schon ab dem dritten oder vierten Mal. Gruppen scheuen Veränderung, wenn sich ein Muster in den Treffen einmal etabliert hat. Deshalb muss die Gruppen-DNA gleich beim ersten Gruppentreffen richtig gesetzt werden.

DIE DNA DURCH AKTIVES TUN ETABLIEREN

Man kann Menschen nicht erzählen, welche DNA sie haben sollen.

Man muss sie die Dinge so tun oder betrachten lassen, dass daraus Gewohnheiten werden und sich daraus schließlich die DNA entwickelt. Wenn man die DNA gut einführt – durch eigenes Tun, nicht durch Anweisungen – werden Gruppen diese DNA auch ganz natürlich in ihren und angrenzenden Silos weitergeben. Mehr dazu im Abschnitt „Gruppenprozess".

DIE DNA DURCH WIEDERHOLUNG ETABLIEREN

Die Gruppen-DNA ist das Resultat dessen, was man tut – und zwar häufig tut. Man kann nicht etwas ein- oder zweimal durchführen und erwarten, dass es zur DNA wird.

WELCHE DNA BRAUCHEN GRUPPEN, UM SICH ZU MULTIPLIZIEREN?

Ein Missionar nahm an mehreren unserer Seminare teil und bemühte sich sehr, sie in Honduras umzusetzen. Nach einem Jahr war der Missionar kurz davor zu erklären, dass die Prinzipien für Jüngerschaftsbewegungen dort nicht funktionieren. Nachdem wir eine Woche mit seinem Team – das fast nur aus Honduranern bestand – verbracht hatten, wurde uns klar, dass der Missionar das Entdeckerbibelstudium abgewandelt hatte. In den Gruppen, die sie gestartet hatten, kamen mehrere Elemente des Studiums nicht vor – Punkte, die aber für die Multiplikation entscheidend sind. Deshalb multiplizierten sie nicht die DNA der Entdeckerbibelgruppe.

Mehrere Teammitglieder sträubten sich gegen die notwendigen Veränderungen. Bis auf sechs sprangen dem Missionar alle Leute ab. Wir rieten dem Missionar außerdem, dass seine Teammitglieder zu zweit arbeiten müssten, statt allein in die Dörfer zu ziehen. Statt 14 Leuten, die 14 Orte aufsuchten, hatte dieser Missionar plötzlich nur noch drei Zweierteams. Er hielt uns für verrückt, aber er und das verbleibende Team setzten sich leidenschaftlich für den Prozess ein.

Im Jahr darauf gründeten sie 300 Entdeckerbibelgruppen. Viele davon waren bereits Gruppen der dritten Generation: Gruppen, die von einer Gruppe gegründet wurde, die von einer Gruppe gegründet worden war.

Es gibt ein Mindestmaß an DNA, das vorhanden sein muss, damit Gruppen sich über die erste Generation hinaus multiplizieren. Diese Punkte wollen wir nun erläutern.

GEBET

Gebet ist ein entscheidendes Element von Bewegungen, aber genauso auch von Gruppen. Vom ersten Treffen an betten wir das Gebet in den Ablauf mit ein. Kurzer Hinweis: Wir bitten verlorene Menschen nie, ihre Köpfe zu neigen und zu beten. Wir erklären nicht, was Gebet ist. Es gibt keine Lektion darüber, dass Gebet ein wichtiger Teil der Gruppen-DNA ist. Sondern wir stellen eine einfache Frage: „Wofür bist du heute dankbar?“ Jeder nennt etwas. Später, wenn sie sich entschieden haben, Jesus nachzufolgen, sagen wir: „Erinnert ihr euch, dass wir jedes Treffen mit der Frage begonnen haben ‚Wofür bist du heute dankbar?’ Als Jesusnachfolger reden wir genauso mit Gott. Lasst uns ihm sagen, wofür wir dankbar sind.“

FÜRBITTE

Jede Fürbitte ist Gebet, aber nicht jedes Gebet ist Fürbitte. Deshalb unterscheiden wir diese beiden. Zur Fürbitte gehören die persönlichen Belange und Schwierigkeiten ebenso wie die Belange und Schwierigkeiten anderer. Auch hier führt eine einfache Frage – „Was hat dir in dieser Woche Schwierigkeiten bereitet?“ – dieses DNA-Element in die Gruppe aus verlorenen Menschen ein. Wieder tragen alle etwas bei. Wenn die Gruppe aus getauften Gläubigen besteht, sagen wir: „Genauso wie ihr euch gegenseitig von euren Schwierigkeiten erzählt habt, könnt ihr jetzt Gott davon erzählen. Lasst uns das jetzt tun.“

DIENEN

Wir definieren Dienen so: „Gott benutzt seine Leute, um die Gebete der Verlorenen und der Geretteten zu beantworten.“ Wenn die Gruppenteilnehmer – egal, ob verloren oder gerettet – von ihren Schwierigkeiten erzählen, entsteht bei den anderen der Wunsch zu helfen. Die Gruppe braucht nur einen kleinen Schubs. Stellen Sie die Frage: „Gibt es etwas, das wir in der kommenden Woche gegen die Schwierigkeiten, von denen wir uns erzählt haben, tun können?“ Wenn Sie diese DNA von Anfang an in der Gruppe etablieren, werden Sie keine Schwierigkeit haben, die Gruppe später, wenn sie Christen werden, zu motivieren, ihr Umfeld zu verändern.

EVANGELISATION/WEITERERZÄHLEN

Wussten Sie schon, dass Verlorene evangelisieren können? Jedenfalls wenn Sie es einfach genug halten. Evangelisation ist im Kern die Weitergabe des Evangeliums an jemand anderen. Verlorene Menschen kennen zwar noch nicht das ganze Evangelium, aber das ist völlig in Ordnung. Wir wollen nur, dass sie die Geschichte, die sie gerade gehört haben, jemandem weitererzählen, der nicht in der Gruppe war. Wieder bringen wir sie mit einer einfachen Frage dazu, so zu denken: „Wen kennst du, der diese Geschichte in dieser Woche hören sollte?“

Wenn die Person interessiert ist, laden wir sie nicht in die bestehende Gruppe ein, sondern lassen die erste verlorene Person eine eigene Gruppe mit ihr, ihren Freunden, ihren Angehörigen beginnen. Auf diese Weise erlebt die erste verlorene Person das Studium in seiner ursprünglichen Gruppe und wiederholt dasselbe noch einmal in der Gruppe, die er angefangen hat.

Einer, der in Sachen Jüngerschaft unterwegs ist, erzählte einmal von einem jungen College-Studenten in seinem Team. Dieser Student hatte immer ein kleines Whiteboard im Rucksack. Wenn er sich irgendwo öffentlich hinsetzte, um zu studieren, betete er und schrieb das, wovon er den Eindruck hatte, dass er es aufschreiben sollte, auf das Board und stellte es für die Zeit, in der er studierte, neben seinem Rucksack auf.

Eines Tages schrieb der junge Mann: „Du bist kein Unfall.“ Mehrere sprachen ihn daraufhin an: „Was meinst du damit, dass ich kein Unfall bin? Meine Eltern haben mich nicht geplant.“ Oder: „Danke. Das musste ich heute hören.“ Der junge Mann hörte zu und unterhielt sich mit einigen. Schließlich sagte er so etwas wie: „Wisst ihr was, ihr stellt richtig gute Fragen. In der Bibel stehen Geschichten, die diese Fragen beantworten. Wollen wir uns nicht heute Abend bei euch im Studentenwohnheim treffen und die Geschichten zusammen lesen? Ladet doch noch andere Leute ein, die vielleicht ähnliche Fragen haben."

Abends leitete der junge Mann eine Entdeckerbibelgruppe mit den Studierenden und ihren Freunden. In der Woche darauf, beim zweiten Treffen, kam der Freund eines Studenten auf den jungen Mann zu und fragte: „Wäre es okay, wenn ich noch einen Freund in diese Gruppe einlade?"

„Mein Vorschlag wäre", erwiderte der junge Mann, „dass ich dir helfe, eine solche Gruppe mit deinen Freunden und deren Freunden zu starten."

Der junge Mann begleitete den Studenten darin, seine eigene Gruppe anzufangen. In den nächsten Wochen half der junge Mann, drei weitere Gruppen anzufangen – und da war noch kein einziges Mitglied der ersten Gruppe getauft!

Wir wissen, das klingt verrückt. Bleiben Sie dran. Auf einige Fragen, von denen wir wissen, dass Sie Ihnen gerade unter den Nägeln brennen, werden wir in Kürze eingehen.

GEHORSAM

Wie oben bereits gesagt, ist Gehorsam ein entscheidendes Element von Jüngerschaftsbewegungen. Er muss schon auf der Ebene der Kleingruppe vorhanden sein, selbst in den Gruppen aus verlorenen Menschen. Wir gucken natürlich nicht die verlorenen Menschen an und warnen sie mit erhobenem Zeigefinger: „Ihr müsst diesem Text gehorchen." Stattdessen fragen wir: „Wenn ihr glauben würdet, dass dieser Text von Gott stammt, was müsstet ihr dann in eurem Leben ändern?" Denken Sie daran, die Leute glauben bislang vielleicht noch nicht einmal an Gott, daher ist der Konjunktiv hier völlig angemessen.

Wenn sie sich dafür entscheiden, Jesus nachzufolgen, wandeln wir die Frage – ganz leicht – ab: „Da ihr glaubt, dass dieser Text von Gott stammt, was müsst ihr in eurem Leben ändern?" Da sie diese Frage schon die ganze Zeit gehört haben, haben die neuen Gläubigen kein Problem mit der Vorstellung, dass sie die Bibel befolgen sollen, dass ihnen etwas abverlangt wird und dass es Veränderung für sie bedeutet.

RECHENSCHAFT

Das DNA-Element der gegenseitigen Rechenschaft führen wir im zweiten Treffen ein. Sehen Sie in die Runde und fragen Sie: „Ihr habt beim letzten Mal gesagt, dass ihr Soundso in dieser Woche helfen wollt. Wie ist es gelaufen?" Wenn nichts passiert ist, ermutigen Sie dazu, es diese Woche erneut zu versuchen und beim nächsten Treffen davon zu erzählen. Betonen Sie, dass es wichtig ist, dass die Gruppe alle Erfolge feiert.

Am Anfang wird das für alle überraschend sein. So etwas erwartet man nicht. Aber beim zweiten Treffen werden einige bereit dafür sein. Nach dem dritten Treffen weiß jeder, was ihn erwartet, und ist bereit.

Wenn alle getauft sind, wird diese Übung natürlich beibehalten.

ANBETUNG

Man kann verlorene Menschen nicht bitten, einen Gott anzubeten, an den sie nicht glauben. Wir sollten sie auch nicht zwingen zu lügen, indem wir Lieder singen, hinter denen sie nicht stehen. Trotzdem ist es möglich, den Wert der Anbetung in die Gruppen-DNA einzuführen.

Wenn die Teilnehmenden erzählen, wofür sie dankbar sind, wird das zur Anbetung.

Wenn sie davon erzählen, was sie in ihrem Leben als Reaktion auf den Bibeltext verändert haben, wird das zur Anbetung.

Wenn sie feiern, was sie in ihrem Umfeld positiv bewegt haben, wird das zur Anbetung.

Anders als es heute in vielen Gemeinden verkündigt wird, sind Anbetungslieder nicht das Herz von Anbetung. Anbetung ist vielmehr die Auswirkung unserer Beziehung zu Gott. Lobpreislieder zu singen ist ein Ausdruck der Freude, die unsere Beziehung zu Gott mit sich bringt.

Ja, irgendwann wird die Gruppe auch Anbetungslieder singen. Die

DNA der Anbetung wurde aber schon lange vorher etabliert.

BIBELLESEN

Bibellesen ist das zentrale Element der Treffen. Die Gruppe liest einen Text, redet darüber, übt, ihn miteinander zu verinnerlichen und wird dazu ermutigt, ihn umzusetzen. Die Bibel steht in der Rangfolge nicht unter einem Lehrer. Die Bibel ist der Lehrer. Wir gehen im nächsten DNA-Element noch ausführlicher darauf ein.

ENTDECKEN

Wenn wir mit verlorenen Menschen arbeiten, müssen wir vermeiden, die Rolle dessen zu übernehmen, der die Bibel erklärt. Sonst werden wir zur Autorität und nicht die Bibel. Wenn wir die Autorität sind, beschränkt sich die Weitergabe auf unsere Leitungsfähigkeiten und auf die Zeit, die wir haben, jede Gruppe zu lehren. Wenn wir nicht mehr die Bibel die Autorität sein lassen, sondern der Lehrer zur Autorität wird, ist die Gruppe in der Multiplikation behindert.

Das ist ein schwieriger Prozess. Wir lehren so gern und wir fühlen uns so gut dabei. Wir kennen die Antworten und wollen dieses Wissen mit anderen teilen. Aber wenn wir Menschen beibringen wollen, in der Bibel und beim Heiligen Geist nach Antworten auf ihre Fragen zu suchen, können wir nicht die Antwortgeber sein. Wir müssen ihnen helfen zu entdecken, was Gott in der Bibel zu ihnen sagt.

Um diesen Gedanken zu unterstreichen, nennen wir die Außenstehenden, die Gruppen starten, „Moderatoren". Sie moderieren das Entdecken, statt zu lehren. Ihre Aufgabe ist es, Fragen zu stellen, die verlorenen Menschen hilft, in der Bibel nachzuforschen. Nach dem Lesen fragt ein Moderator: „Was sagt dieser Abschnitt über Gott?" und „Was sagt dieser Abschnitt über den Menschen?" und „Wenn du glauben würdest, dass dieser Text von Gott stammt, was müsstest du an deinem Lebensstil ändern?"

Der Entdeckungsprozess ist entscheidend für die Weitergabe. Wenn Gruppen nicht lernen, die Bibel aufzuschlagen und dem Heiligen Geist zu vertrauen, dass er ihre Fragen beantwortet, werden sie nicht in dem

Maße reifen, wie sie könnten und werden nicht viel, wenn überhaupt etwas, weitergeben.

GRUPPENKORREKTUR

Die große Mehrheit unserer Gruppen- und Gemeindeleiter hat keine offizielle theologische Ausbildung. Wenn Leute das hören, fragen sie meist: „Aber was ist mit Irrlehren? Wie vermeidet ihr, dass Gruppen eigenartige Theorien verfolgen?“ Das ist eine sehr gute Frage, die wir uns als Leiter unbedingt stellen sollten.

Erstens haben alle Gruppen am Anfang die Tendenz zu Irrlehren. Sie wissen noch nicht alles über die Bibel. Sie entdecken Gott gerade erst und fangen an, sich an die Bibel zu halten und sie nicht länger zu ignorieren. Es ist unmöglich, dass sie gleich am Anfang alles wissen. Je mehr die Gruppe zusammen liest, je mehr sie entdecken, welche Beziehung sich Gott zu ihnen wünscht, desto weniger anfällig für Irrlehren werden sie. Das ist ein Prinzip von Jüngerschaft.

Wenn wir sehen, dass sie sich zu weit von der Bibel entfernen, lassen wir sie sofort einen weiteren Text lesen und leiten sie durch ein Entdeckerbibelstudium dieses Textes. (Beachten Sie, dass ich nichts von „lehren“ oder „korrigieren“ gesagt habe. Der Heilige Geist wird ihr Verhalten anhand der Bibel richtigstellen. Sie müssen nur auf die richtigen Texte hingewiesen werden.) Nach diesem weiteren Studium werden sie wissen, was zu tun ist. Was noch wichtiger ist: Sie tun es wirklich.

Zweitens muss uns klar sein, dass Irrlehren meist durch einen hochgradig charismatischen (womit die persönliche Anziehungskraft, nicht die religiöse Bewegung gemeint ist!) Leiter anfangen, der eine gewisse Ausbildung hat und die Gruppe lehrt, was die Bibel sagt und was zu tun ist, um sie zu befolgen. In diesem Fall akzeptieren Gruppen, was der Leiter sagt und überprüfen es nicht anhand der Bibel.

Wir bringen den Gruppen bei, die Texte zu lesen und zu fragen, was jeder dazu denkt. Die Gruppen lernen, eine einfache Frage zu stellen: „Wo findest du das in diesem Abschnitt?“ Wenn jemand eine schräge Aussage zum Thema Gehorsam macht, stellt die Gruppe diese Frage. Wenn jemand beim Wiederholen des Textes ein Detail hinzufügt, stellt die Gruppe ebenfalls diese Frage. Sie zwingt alle Teilnehmenden, sich auf diesen konkreten Abschnitt zu konzentrieren und ihre Erkenntnisse und Gehorsamsschritte zu erläutern.

Die Moderatoren leben das gegenseitige Hinterfragen vor, ebenso wie die Konzentration auf den konkreten Text, um den es gerade geht.

PRIESTERSCHAFT ALLER GLÄUBIGEN

Neue Gläubige und Noch-nicht-Gläubige müssen wissen, dass kein Mittler zwischen ihnen und Jesus nötig ist. Wir müssen eine DNA etablieren, die alle Hürden und vermeintlichen Mittler ausräumt. Deshalb muss die Bibel im Zentrum stehen und deshalb moderieren Außenstehende nur und lehren nicht. Und deshalb lernt die Gruppe, sich gegenseitig auf der Grundlage der Bibel zu hinterfragen.

Ja, es werden sich Leiterfiguren herausbilden. Das müssen sie auch. Das ist ganz natürlich. Aber Leitung hängt an Aufgaben, die dann die Rolle definieren. Leitungspersonen gehören nicht zu einer anderen geistlichen Kategorie und haben keinen besonderen Status. Wenn überhaupt, müssen Leitungspersonen in höherem Maß Rechenschaft ablegen, aber das verleiht ihnen keinen besonderen Status.

Ohne die DNA der Priesterschaft aller Gläubigen gibt es keine Gemeinde. Der Jüngerschaftsprozess muss diese DNA etablieren.

WIE LÄUFT EIN GRUPPENTREFFEN AB?

Das waren jetzt ausführliche Erläuterungen für etwas, das eigentlich sehr schlicht ist, wenn auch sehr bewusst geplant. Die Frage ist: Wie sieht es aus, wenn man all das in ein Gruppentreffen packt? Hier ein einfacher Ablauf, in den Klammern die entsprechenden DNA-Elemente:

- Frage: „Wofür seid ihr dankbar diese Woche?“ (Gebet/Anbetung)
- Frage: „Was war schwierig in dieser Woche? Was würde dir helfen, um die Situation zu erleichtern?“ (Fürbitte)
- Frage: „Was brauchen die Menschen in deinem Umfeld?“ (Die-

nen)

- ▹ Frage: „Wie können wir uns gegenseitig in den genannten Situationen unterstützen?“ (Dienen)
- ▹ Frage: „Worüber haben wir letzte Woche geredet?“ (Rechenschaft)
- ▹ Frage: „Hast du als Reaktion auf den Text letzte Woche etwas in deinem Leben verändert?“ (Rechenschaft/Gehorsam)
- ▹ Frage: „Hattest du Gelegenheit, der Person, die du dir überlegt hattest, die Geschichte zu erzählen?“ (Rechenschaft/Anbetung)
- ▹ Frage: „Wir haben letzte Woche darüber gesprochen, wo wir Unterstützung leisten wollen. Was ist daraus geworden?“ (Rechenschaft/Anbetung)
- ▹ Hinweis: „Wir wollen sehen, was die Bibel uns in dieser Woche zu sagen hat. Lasst uns den Text für diese Woche lesen.“ (Bibel)
- ▹ Jemanden bitten, den Text so in eigenen Worten wiederzugeben, als würde er ihn einem Freund erzählen, der nicht hier ist. (Rechenschaft/Evangelisation)
- ▹ Frage an die Gruppe: „War die Nacherzählung eurer Ansicht nach zutreffend? Wurde etwas hinzugefügt oder weggelassen?“ Wenn die Gruppe keine entscheidende Aussage des Textes auslässt, wird fortgefahren. Wenn jemand etwas übersieht, wird der Abschnitt erneut gelesen. Wenn jemand etwas nennt, das nicht im Text steht, lautet die Frage: „Wo findest du das in diesem Abschnitt?“ Wenn nötig, den Text erneut lesen. (Priesterschaft aller Gläubigen/Hinterfragen in der Gruppen)
- ▹ Frage: „Was sagt dieser Text über Gott?“ (Entdecken/Bibel/Priesterschaft aller Gläubigen)
- ▹ Frage: „Was sagt dieser Text über den Menschen?“ (Entdecken/Bibel/Priesterschaft aller Gläubigen)
- ▹ Frage: „Wenn wir glauben, dass dieser Text von Gott ist, was müssen wir dann verändern?“ (Entdecken/Bibel/Gehorsam/Priesterschaft aller Gläubigen)

- Frage: „Wem erzählst du von diesem Text, bevor wir uns das nächste Mal treffen?“ (Evangelisation/Wiederholung)
- Frage: „Wann wollt ihr euch wieder treffen?“ Das ist eine praktische Frage. Man wird niemanden dazu bringen, an einer 26-wöchigen Gruppe teilzunehmen. Aber man kann der Gruppe die Möglichkeit geben, sich in der kommenden Woche erneut zu treffen. Wenn sie wirklich auf der Suche sind und die Zusammenkunft auf ein Bedürfnis trifft, werden die Teilnehmenden zustimmen, sich erneut zu treffen.

Die Liste mit den Bibeltexten, die wir benutzen, um verlorene Menschen in eine Beziehung zu Jesus zu führen, findet sich im Anhang.

JÜNGERSCHAFT IN GRUPPEN

Wir nutzen den Ablauf oben, um unsere Leiter und Leiterinnen zu schulen – und zwar in Gruppen. Wir suchen Texte aus der Bibel, die sich mit Verhaltensweisen beschäftigen, die unsere Leiter vorweisen (oder vermeiden) oder Dingen, die sie als Leiter tun (oder lassen) müssen. Wenn wir Leiter schulen, bitten wir sie zudem um eine Drei-Spalten-Betrachtung des Abschnitts – entweder in der Gruppe oder als Hausaufgabe vor dem nächsten Treffen.

DIE DREI-SPALTEN-BETRACHTUNG

Nehmen Sie ein Blatt Papier quer und unterteilen Sie es in drei Spalten. Über die erste Spalte schreiben Sie „Bibel“, über die zweite „In meinen Worten“ und über die dritte „Ich werde ...“.

BIBEL

Wie lange diese Drei-Spalten-Betrachtung dauert, hängt von der Länge des Bibeltextes ab. Längere Texte beanspruchen mehr Zeit. Das ist nicht schlimm, sollte aber beachtet werden. Generell sollten die Texte einen Umfang von zehn bis 15 Versen haben.

In der Spalte „Bibel“ wird der Text Wort für Wort abgeschrieben. Das dauert seine Zeit, deshalb sollten die Texte begrenzt sein. Längere Abschnitte können unterteilt und über mehrere Tage bearbeitet werden. Beim Abschreiben wird ein Text etwa fünf bis siebenmal gelesen. Das ist hier das Entscheidende. Eine Abschrift ist eine Art forcierter Meditation für diejenigen von uns, die sich nicht hinsetzen und über einen Text nachdenken können, ohne abzuschweifen. Der Prozess verhindert auch, dass wir vertraute Passagen einfach überspringen. Beim Abschreiben sind wir gezwungen, über jedes Wort nachzudenken.

IN MEINEN WORTEN

Nach vollständiger Abschrift wird in der zweiten Spalte der Text in eigenen Worten wiedergegeben. Schreiben Sie, als würden Sie einem Freund bei einer Tasse Kaffee davon erzählen. Fahren Sie nicht fort, bevor Sie nicht den Text in ihren eigenen Worten wiedergeben können. Denn man versteht einen Text erst dann, wenn man ihn jemanden mit eigenen Worten erzählen kann. Man kann sich aber nicht an die Bibel halten, wenn man sie nicht versteht. So einfach ist das. Manchmal werden Sie möglicherweise ein paar Tage bei einem Text bleiben und mit dem Heiligen Geist darüber reden müssen, bevor Sie ihn abschließend in eigenen Worten wiedergeben können. Wenn Sie einmal damit anfangen, werden Sie wahrscheinlich auf mehrere bekannte Texte stoßen, die Sie nicht in Ihren Worten formulieren können. Manchmal „wissen“ wir mehr als wir verstehen.

ICH WERDE …

In der dritten Spalte kommen wir vom Verstehen der Bibel zur Umsetzung. Sehen Sie sich den gesamten Text an. Bitten Sie Gott, Ihnen zu zeigen, was Sie in Ihrem Alltag tun oder lassen oder verändern sollen, um diesen Text umzusetzen. Seien Sie konkret. Vielleicht sagt der Text, dass Gott die Erde erschaffen hat, dann müssen Sie entscheiden, was das für Ihr Leben bedeutet. Wie verändert sich Ihr Leben, wenn Sie glauben, dass Gott die Erde erschaffen hat? Was müssen Sie in Ihrem Verhalten ändern? Was können Sie in den nächsten 24 Stunden tun, um diesem Text gemäß zu leben? Jedes Mal, wenn wir die Bibel aufschlagen, lädt Gott uns in eine Beziehung ein. Wir nennen diese Einladung „Gnade“, weil wir nichts tun können, um uns diese Beziehung zu verdienen. Gehorsam ist unsere Antwort auf seine Einladung. Gott lebt bei denen, die sich nach seinem Wort richten (Johannes 14,23-24). Wenn wir in der Bibel lesen, liegt die Entscheidung bei uns: Wir entscheiden uns, Gott zu gehorchen oder wir entscheiden uns, ihm nicht zu gehorchen. So einfach ist es wirklich. Diese dritte Spalte ist Ihre Antwort auf Gottes Einladung.

Leiter bitten wir zudem, zum Text die SALVE-Fragen zu beantworten:

S – Ist die Rede von einer SÜNDE, die vermieden werden soll?

A – Steckt im Text eine ANWEISUNG, die beherzigt werden soll?

L – Enthält der Text ein LEITBILD, dem wir folgen sollen?

V – Steckt im Text eine VERHEISSUNG oder Verehrung Gottes?

E – Enthält der Text eine ERKENNTNIS, die bewahrt werden soll?

Als unsere Leiter begonnen haben, Jesus nachzufolgen, hatten sie im Entdeckerbibelstudium schon ihre DNA mitbekommen. Deshalb übernehmen sie schnell dieses Muster, wenn sie als Leiter geschult werden und nutzen dieses Muster sogar automatisch, wenn sie andere schulen und geben daher eine gute DNA weiter.

Viele Menschen, Organisationen und Gemeinden glauben, allein der Start von Entdeckerbibelgruppen stoße schon eine Jüngerschaftsbewegung in ihrer Region an. Aber auch wenn Entdeckerbibelgruppen ein wichtiges Werkzeug sind und große Teile der DNA weitergeben, die für eine Bewegung wichtig sind, müssen Menschen, die andere zu Jüngern machen wollen, immer weiter dranbleiben, Jünger sein, ihr Gebetsleben pflegen, Kontakt zu verlorenen Menschen suchen und Personen des Friedens finden. All das hilft, neue Gruppen zu starten, aber die strategischen Elemente, um die es in den nächsten Kapiteln geht, helfen Ihnen zudem, nicht nur Gruppen zu gründen, sondern eine Bewegung anzustoßen.

KAPITEL 16

Gemeinden gründen

Ist eine Eichel eine Eiche? Eichen bringen Eicheln hervor, aber die meisten würden bestreiten, dass eine mächtige Eiche dasselbe ist wie die kleine Nussfrucht. Und doch enthält diese Frucht die gesamte DNA, um eine mächtige Eiche zu werden. Natürlich müssen die Bedingungen dafür stimmen, aber jede Eichel hat das Potenzial, eine Eiche zu werden. Aber eine Eichel ist keine Eiche.

Wie sieht es mit einem Setzling aus? Ein Setzling sieht schon eher wie ein Baum aus – ein wenig jedenfalls. Er besitzt Blätter und einen Stamm. Aber je nach Alter hat er noch keine Rinde. Man kann leicht mit einem Rasenmäher über einen Setzling fahren, nicht aber über eine Eiche. Ein Setzling besitzt mehr Eigenschaften einer Eiche als eine Eichel, aber auch er ist noch keine Eiche.

Eicheln, Setzlinge und Eichen besitzen alle dieselbe DNA. Sie alle benötigen dieselben Bedingungen, damit die DNA in Gang gesetzt wird und sie ihr Potenzial entfalten. Aber sie sehen nicht gleich aus.

Was tut man, wenn man gern eine 100-jährige Eiche hätte? Man pflanzt eine Eichel in den richtigen Boden und bei guten Bedingungen hat man 100 Jahre später eine 100-jährige Eiche. Ganz einfach. Eichhörnchen erledigen das Pflanzen, Gott das Wässern und Würmer kümmern sich um den Boden.

Wenn Sie gern eine 100 Jahre alte, gereifte Gemeinde in einer bestimmten Region sehen würden, was müssen Sie dann tun? Beten, Beziehungen zu Menschen in einem bestimmten Umfeld aufbauen, Personen des Friedens finden, das Evangelium durch Entdeckerbibelgruppen aussäen, Menschen in die Gemeinschaft von Gläubigen (nämlich Gemeinden) hineintaufen, Leiter schulen und 100 Jahre warten. Eine 100 Jahre alte Eiche umzupflanzen, ist wenig sinnvoll. Ein umgepflanzter Baum wird nie so widerstandsfähig sein wie ein einheimischer Baum. Statt am Ende müssen wir am Anfang beginnen.

Die eigentliche Frage lautet: An welchem Punkt wird aus einer Eichel eine Eiche oder aus einer Gruppe eine Gemeinde?

Wir beide haben in den letzten 40 Jahren hunderte Diskussionen über Gemeinde geführt, manche öffentlich, andere privat. In allen Diskussionen gibt es verschiedene Streitpunkte: Häufigkeit der Treffen, Größe, Leitung, Gemeindezucht, Multiplikation, Mission, Aufgaben und Merkmale, im Allgemeinen und Besonderen ... Sie wissen, wovon wir reden.

Wir alle neigen dazu, unsere Sicht von Kirche und Gemeinde von unseren bisherigen Erfahrungen prägen und begrenzen zu lassen und sie so anderen zu vermitteln. Wir definieren die Eichel und den Sprössling vor dem Hintergrund der 100-jährigen Eiche, die wir lieben. Wir wollen, dass richtig ist, was wir tun, und wenn wir richtig liegen, sollte dann nicht jeder so Gemeinde leben wie wir? Aber was das Richtige für eine neue Gemeinde ist, kann sich unterscheiden von dem, was für eine jahrhundertealte Gemeinde richtig ist. Das setzt natürlich voraus, dass wir wissen, was richtig ist. Sicherlich gibt es nicht verhandelbare Merkmale, aber genauso auch Situationen, in denen zeitliche begrenzte Antworten gelten.

Wir alle neigen dazu, einen Schnappschuss von Gemeinde zu machen und sie aufgrund dieses einen Schnappschusses zu definieren. Aber das Leben ist kein Schnappschuss. Es ist nicht einmal ein Film. Eine Gemeinde ist komplex und ständig im Fluss. Manches ist sichtbar, anderes unsichtbar. Beziehungen werden vertieft, verändern sich, geraten in Schwierigkeiten, stabilisieren sich (oder auch nicht), werden gelöst und so weiter. Es liegt in der Natur von Organismen, sich zu verändern. Je nach Alter sind Sie nicht mehr dieselbe Person wie vor 50, 40, 30, 20 oder sogar zehn Jahren und doch sind sie sehr wohl noch dieselbe Person. Das Leben verändert Sie, aber gleichzeitig bleiben Sie auch Sie selbst. Es entspräche nicht der Natur, immer gleich zu bleiben. Aber selbst wenn wir uns verändern, bleiben wir wieder erkennbar.

Häufig verwechseln wir „Wesen“ und „Aufgabe“ von Gemeinde oder Kirche. Das „Wesen“ ist nicht veränderbar. „Aufgaben“ verändern sich mit den Bedürfnissen der Gemeinde und der Menschen, innen wie außen, denen die Gemeinde dient. Dass die Gemeinde zu Jesus gehört, ist Teil ihres Wesens. Die Veranstaltungen gehören zu den Aufgaben. Das Wesen bleibt immer gleich. Aufgaben können nicht immer dieselben bleiben, aber sie gelten für den Moment. Es ist das alte Lied von „Wer sind wir?“ und „Was tun wir?“. Was von beidem definiert uns? Beides! Wenn wir etwas tun, das dem Wesen von Gemeinde widerspricht, stellt das infrage, wer wir sind. Ebenso, wenn wir etwas unterlassen, das unser Wesen verlangen würde. Wir können gelegentlich etwas tun, was nicht unserem Wesen entspricht oder etwas unterlassen, was unser Wesen verlangen würde. Aber wenn wir kontinuierlich über unser Wesen hinweggehen, verändert das nicht unser Wesen? Und wenn unser Wesen sich verändert, verändert sich dann nicht, wer wir sind? Eine Gemeinde, die soziale Ungerechtigkeit ignoriert, kann nicht Gemeinde sein, egal, wie sehr sie sich so nennt. Eine Gemeinde, die Ungehorsam gegenüber Gottes Anweisungen billigt, kann keine Gemeinde sein. Eine Gemeinde, die Gnade und Barmherzigkeit nicht praktiziert, kann nicht Gemeinde sein. Es ist nicht einfach, Gemeinde zu sein. Wir müssen aufstehen für das, was richtig ist, müssen uns an alle Gebote von Gott halten und angesichts des menschlichen Daseins Gnade und Barmherzigkeit üben. Wie kann irgendein Mensch all das leisten? Das ist genau der Punkt. Die Gemeinde ist nicht nur menschlich. Gott gehört zu ihr. Nur das ermöglicht es, alles zu sein und zu tun, was von einer Gemeinde verlangt wird.

Wir übersehen, dass Gemeinden Lebenszyklen durchlaufen. Ein Schnappschuss von einem einzelnen Zyklus gibt nicht erschöpfend Auskunft über das, was Gemeinde in ihrer Gesamtheit ist. Ist ein Same ein Baum? Ein Keimling? Ein Setzling? Ist ein Baum, der Samen produziert, ein Baum? Ist ein Holzstamm ein Baum? Wann ist ein Baum ein Baum? Wenn wir ihn an seinem Potenzial messen, ist ein Same oder Keimling ein Baum. Wenn wir ihn an seiner Frucht messen, ist nur ein erwachsener Baum ein Baum. Wenn wir ihn an seinem Wert messen, bestimmen wir ihn anhand seiner Früchte, seines Holzes und seines Nutzens für uns.

Wir beide werden häufig nach unserer Definition von Gemeinde gefragt. Sie lautet folgendermaßen: „Die Gemeinde ist eine Gruppe von getauften, an Jesus Christus, den Herrn, glaubenden Menschen, die sich regelmäßig treffen, um Gott anzubeten, einander zu fördern (zu unterstützen und zu formen) und Gemeinschaft zu leben (die „einander"-Aussagen der Bibel umzusetzen), und die von diesen Treffen in dem Bemühen auseinandergehen, alle Anweisungen von Jesus umzusetzen, um Menschen, Familien und ein ganzes Umfeld zu verändern."

Ein Freund von David sagte vor vielen Jahren einmal: „Ich habe keine Definition von Gemeinde, aber wenn ich eine sehe, erkenne ich sie." Eine gute Definition von Gemeinde zu haben, heißt noch lange nicht, dass man auch eine Gemeinde ist. Aber irgendwie erkennen wir echte Gemeinden, wenn wir sie sehen. Das bedeutet nicht, dass wir die Frage nach einer Definition von Gemeinde nicht stellen sollten. Es ist durchaus gesund, solche Fragen zu stellen. Aber wir müssen auch wissen, dass jede Antwort auf diese Fragen Antwort genug ist, um Gemeinde geschehen zu lassen oder zu entscheiden, ob hier Gemeinde geschieht. Diese Fragen zu stellen und die Diskussionen, die sich daraus ergeben, helfen uns, dafür zu sorgen, dass wir als Gemeinde anerkannt werden – und zwar für das, was wir tun, wer wir sind und zu wem wir gehören.

Paulus hat die Gemeinde „Gottes Hausgenossen" und „Gottes Haus" genannt (Eph 2,19; 1.Pet 4,17), heute würde man dazu auch „Gottes Familie" sagen. Die Gemeinde als Familie zu beschreiben, hat enorme Schlussfolgerungen für die Gemeinschaft der Gläubigen.

Die Familie ist das Fundament der Gesellschaft. Gott hat die Familie schon während der Schöpfung eingerichtet. Die Bibel bestimmt und veranschaulicht die Rollen innerhalb einer Familie, die Stellung der Familie innerhalb der Gesellschaft und die Beziehungen zwischen Familien. Die Beziehungen innerhalb einer Familie sind typischerweise eng und kompliziert. Selbst dysfunktionale Familien haben meist hohe Erwartungen an die Rollen, die Identität und die Akzeptanz innerhalb der Familie und wie die Familie sich ihrem Umfeld präsentiert.

Jedes Bild wankt, wenn man es überdehnt. Aber Metaphern sollen unser Verständnis klären und erweitern. In diesem Fall müssen wir die Idealvorstellung von Familie in den Blick nehmen und was sie für eine Gemeinschaft von Glaubenden bedeutet. Niemand von uns wird dieses Ideal erreichen, aber wir sollten uns danach ausstrecken.

Wir werden im Folgenden einige Schlagworte zum Thema Familie beleuchten. Sie stehen in keiner besonderen Reihenfolge und sollen etwas über biologische wie auch geistliche Familien aussagen.

- Generationenübergreifend.
  Eine Familie ist mehr als Vater, Mutter, Kinder. Es gibt Großeltern, Urgroßeltern, Tanten und Onkel, Cousins und Cousinen, Nichten und Neffen, Enkel, Urenkel und andere. Manche führen enge Beziehungen, andere kennen sich gar nicht. Aber alle gehören zur Familie. Eine Familie hat einen längeren Lebenszyklus als ihre einzelnen Mitglieder.
- Geführt.
  Meist tragen ein oder mehrere Ältere die Verantwortung für die Familie. Die Entscheidungsfindung kann unterschiedlich aussehen, meist gehört aber ein Gruppenprozess dazu, auf den Menschen unterschiedlicher Generationen und Verwandtschaftsgrade Einfluss haben. Es gibt nicht nur den einen Weg, wie Familien sich organisieren. Dass Familien sich durch die Heirat mischen, führt dazu, dass jede Familie anders agiert, selbst innerhalb derselben Kultur. Wie Familien strukturiert sind, kann sich auch verändern, besonders nach einem dramatischen Einschnitt in der Führung. Es ist auch interessant, dass manche Familien andere Familien anleiten, mit denen sie nicht verwandt sind.
- Offen.
  Einzelne können in eine Familie einheiraten, Kinder können adoptiert werden und manchmal werden Freunde zur Familie. In manchen Kulturen erlaubt diese Offenheit, dass einzelne Ge-

nerationen sich in neue, getrennte Familiengruppen aufteilen. In anderen Kulturen wachsen Familien zu eng verflochtenen Clans aus verschiedenen Generationen mit klaren Hierarchie- und Nachfolgeregelungen zusammen. Zwei Familien können zu einer werden, wenn jemand bereits Kinder hat und einen Partner mit Kindern heiratet. Manchmal zerstören Konflikte eine Familie. Neue, angehende Familienmitglieder werden einer Prüfung unterzogen, werden aber in der Regel voll angenommen und als Familienangehörige betrachtet, wenn sie einmal integriert sind.

- Beschützend.
  Familienmitglieder kümmern sich umeinander, geben aufeinander acht, sorgen für Kinder und Schwache, kämpfen für die, die ungerechtfertigt angegangen werden und stehen denen zur Seite, die gerechtfertigt in der Kritik stehen, sorgen für angemessene Pflege und Beistand. Wer ein Familienmitglied angreift, greift die gesamte Familie an. In gesunden Familien führt diese Fürsorge zu Wachstum. Fürsorge schafft eine Atmosphäre, in der die Jungen reifer und die Schwachen oder Kranken versorgt werden.
- Unterstützend.
  Es wird erwartet, dass Familienmitglieder sich gegenseitig emotional, geistlich, körperlich und finanziell unterstützen. Das Ausmaß der Unterstützung hängt ab vom Bedarf, der Verbundenheit und dem Alter. In Krisenzeiten können sich Rollen auch umkehren und einmal markierte Grenzen können enger oder weiter oder sogar aufgehoben werden.
- Ermutigend.
  Gesunde Familien feuern sich gegenseitig an und helfen einander, persönliche und familiäre Ziele zu erreichen. Sie wollen, dass jedes Mitglied sein oder ihr Potenzial ausschöpft. Liebe, die sich in Vergebung und Selbstlosigkeit ausdrückt, ist das Herzstück der Ermutigung. Die gesamte Familie nimmt Anteil am und feiert den Erfolg eines jeden Familienmitglieds. Ange-

messene Rivalität und/oder Konkurrenz regen die Weiterentwicklung des Einzelnen an und schaden weder dem Schwachen noch engen sie den Starken ein.

- Fruchtbar.
  Ein Ziel von Familie ist, sich fortzupflanzen, sich zu vermehren und zu wachsen. Erwartungsgemäß besteht eine Familie aus mehreren Generationen. Eine Familie überdauert ihre einzelnen Mitglieder. Natürlicherweise bringen Familien mehrere Zweige hervor, die Kontakt miteinander pflegen oder nicht.
- Fördernd.
  Familien helfen/ermutigen/schulen/erziehen/begleiten einander, damit die einzelnen Mitglieder ihr Potenzial im Hinblick auf Intellekt, Gesundheit, Emotionen, Spiritualität, Bildung, Karriere und Finanzen ausschöpfen können. Führungspersönlichkeiten werden gefördert. Alle lernen jemandem zu folgen, bevor sie selbst leiten und während sie leiten. Teamarbeit wird gefördert und die Fähigkeiten der Einzelnen werden zum Wohl der Mitglieder und der gesamten Familie eingesetzt.
- Fürsorglich.
  Familienmitglieder kümmern sich um einander und um die Bedürfnisse der Menschen um sie herum, die nicht zur Familie gehören. Gesunde Familien drehen sich nicht nur um sich selbst und ihre Angehörigen, sondern haben den Blick für ihr größeres Umfeld und möglicherweise sogar für Menschen, die sie noch nie gesehen haben. Fürsorge drückt sich in der Großzügigkeit gegenüber Bedürftigen aus, unabhängig von Hintergrund oder Familienzugehörigkeit. Die Fürsorge für Angehörige steht an erster Stelle, ist aber nicht ausschließlich. Wenn Nachbarn oder Fremde in Not sind, wenden Familien, die sich um einander kümmern, ihre Fürsorge auch anderen zu. Familien, die füreinander sorgen, zeigen sich auch anderen gegenüber fürsorglich.

- Mobil.
  Keine Familie ist an nur einem Ort zu finden. Manche Familien trennen sich und ziehen aufgrund der Umstände um. Andere Familien planen ihren Abschied und Umzug. Familien überleben, weil sie sich an verschiedenen Orten niederlassen.
- Vielseitig.
  Zwar rechnet man Familien häufig einem Clan oder einem Berufsstand zu, aber das ist normalerweise nicht die Realität. Die meisten Familien sind sehr vielseitig. Erfolgreiche Familien haben immer ganz unterschiedliche Bildungsstände, Berufe, politische Überzeugungen und manchmal sogar Nationalitäten. Vielseitigkeit hilft beim Überleben. Sich im Lauf der Zeit zu verändern, sichert die Zukunft der Familie, genauso verleihen die Familientraditionen Stabilität. Erneuerung und Tradition sind für Vielseitigkeit beide unerlässlich. Die Tradition sichert der Erneuerung die nötige Stabilität und das Sprungbrett. Die Erneuerung bewahrt die Tradition vor Versteinerung und Einschränkung. Gesunde Tradition beruht auf Prinzipien, die eine Familie in die Zukunft führen, die durch Erneuerung umso weiter wird. Gott ist kreativ. Diese Eigenschaft hat er auch dem Menschen verliehen. Wer Erneuerung aufhält, lehnt Gottes Wesen ab. Familien brauchen Traditionen, die kreative Initiative fördern. Familien brauchen Erneuerung, um überlebensfähig und gesund zu bleiben.
- Liebevoll.
  Familienangehörige stellen das Wohl des anderen über das eigene Wohl. Sie wünschen dem anderen das Beste. Wann und wo immer möglich, verhelfen sie dem anderen zum Guten. Sie akzeptieren das, was sich nicht ändern lässt und ändern, was verändert werden muss. Sie lassen Gnade walten, wenn jemand fällt und richten ihn wieder auf. Gesunde Familien verzeihen einander und Angehörige, die versagen, erfahren Vergebung. Familien hoffen auf Verbesserung und tun alles, damit sie eintritt. Sie stehen für das Gute ein, lernen aus Fehlern und ver-

> geben das Böse. Familienangehörige segnen einander und sind ein Segen füreinander. Sie sind das Sprungbrett für den Erfolg der anderen und applaudieren, wenn jemand erfolgreich ist. Familien helfen ihren schwächeren Mitgliedern und den Kranken. Sie leisten Opfer, damit die anderen sich weiterentwickeln, profitieren und Erfolg haben. Familien sind offen für Fremde und zugleich zutiefst wachsam, fürsorglich und unterstützend. Familienmitglieder geben ihr Leben hin, damit andere leben können. Familien geben alles Erdenkliche für den denkbar größten Erfolg. Sie sind großzügig und bejubeln Fortschritt, Erfolg, Charakter, Großzügigkeit, Gelingen und Opferbereitschaft. Familien streben nach Bescheidenheit und guten Leistungen. Sie lernen und lehren, dienen und lieben stetig weiter.

All diese Beschreibungen sind enorm aufschlussreich für eine Gemeinschaft aus Christen. Das ist die Art von Gemeinde, der Menschen, die andere zu Jüngern machen, angehören und die sie gründen wollen. Solche Gemeinden wollen sie wachsen sehen.

In den folgenden Bibeltexten geht es um den Kern dessen, was eine Gemeinschaft von Christen ausmacht.

ANWEISUNGEN FÜR EIN LEBEN IN GEMEINSCHAFT

(Die „einander"-Texte)

- Nehmt einander an. (Röm 15,7)
- Stimmt einander zu. (1.Kor 1,10; Phil 4,2)
- Ertragt einander. (Kol 3,13)
- Bedenkt, dass ihr zueinander gehört. (Röm 12,5)
- Denkt höher von einander. (Phil 2,3)
- Handelt nicht treulos aneinander. (Mal 2,10)
- Helft einander auf. (Eph 4,29; 1.Thess 5,11)
- Seid keine Last für einander (Gal 6,4-5)

- Helft einander, die Lasten zu tragen (Gal 6,2)
- Vergleicht euch nicht miteinander. (Gal 6,4-5)
- Kümmert euch um einander. (1.Kor 12,25-27)
- Bekennt einander eure Verfehlungen. (Jak 5,16)
- Versucht nicht, einander die Frauen abzujagen. (2.Mo 20,17; 5.Mose 5,21)
- Neidet einander nicht den Besitz. (2.Mo 20,17; 5.Mo 5,21)
- Bleibt einander nichts schuldig. (Röm 13,8)
- Bestehlt, belügt und betrügt einander nicht. (3.Mo 19,11)
- Vernichtet und verschlingt einander nicht. (Gal 5,15)
- Liebt einander von Herzen. (Röm 12,10)
- Stellt einander zur Rede. (Mt 18,15-17)
- Teilt miteinander und tut einander Gutes. (Heb 13,16)
- Stärkt einander im Glauben. (Röm 1,11-12)
- Ermutigt einander. (1.Thess 4,19; 5,11; Heb 3,13; 10,25)
- Spornt einander zur Liebe und guten Taten an. (Heb 10,24)
- Seid nicht neidisch aufeinander. (Gal 5,26)
- Im Rechtsfall richtet einander gerecht. (3.Mo 19,15)
- Tut nichts, um einander zu Fall zu bringen. (Röm 14,21)
- Habt Gemeinschaft miteinander. (1.Joh 1,7)
- Vergebt einander. (Mt 18,21-35; Lk 17,3-4; Eph 4,32; Kol 3,13)
- Dient einander mit euren Gaben. (1.Kor 12,7; 1.Pet 4,10)
- Helft einander. (Spr 3,28; Lk 6,30)
- Grüßt einander. (Röm 16,16; 1.Pet 5,14)
- Tragt einander nichts nach. (3.Mo 19,18)
- Klagt nicht übereinander. (Jak 5,9)
- Seid nicht hartherzig oder geizig einander gegenüber. (5.Mo 15,7)
- Schmiedet keine bösen Pläne gegeneinander. (Spr 3,29)
- Seit miteinander auf Einigkeit bedacht. (Röm 12,16; 1.Pet 3,8)

- ▷ Hegt keinen Hass gegeneinander. (3.Mo 19,17)
- ▷ Erweist einander Achtung. (Röm 12,10)
- ▷ Seid ohne zu murren gastfreundlich einander gegenüber. (1.Pet 4,9)
- ▷ Geht zuvorkommend miteinander um. (1.Pet 5,5)
- ▷ Bringt einander nicht in innere Not. (Röm 14,15)
- ▷ Ihr tut das Gute und habt Erkenntnis, deshalb seid fähig, einander zu ermahnen. (Röm 15,14)
- ▷ Verlangt keine Zinsen voneinander. (5.Mo 23,19)
- ▷ Verurteiltet und richtet einander nicht. (Röm 14,10.13; Jak 4,12)
- ▷ Seid freundlich zueinander und zu anderen (1.Thess 5,15; 2Tim 2,24; Eph 4,32)
- ▷ Sagt nichts Unwahres über- und zueinander. (2.Mo 20,16; 5.Mo 5,20; Kol 3,9-10)
- ▷ Achtet auf das Wohl der anderen. (Phil 2,4)
- ▷ Seid nicht schadenfroh übereinander und prahlt nicht über euer Glück, wenn die anderen leiden. (Obd 12)
- ▷ Schaut aufeinander nicht herab. (Röm 14,10)
- ▷ Liebt einander. (3.Mo 19,18; Mt 22,36-39; Mk 12,28-31; Lk 10,25-27; Joh 13,34-35; 15,12.17; Röm 13,9; Gal 5,14; 1.Thess 3,12; 4,9; 2.Thess 1,3; Heb 13,1; Jak 2,8; 1.Pet 1,22; 4,8; 1.Joh 3,11.23; 4,7.11-12; 2.Joh 1,5-6; vgl. auch 1.Kor 13,4-13)
- ▷ Begegnet einander mit Barmherzigkeit und Güte. (Sach 7,9)
- ▷ Seid freigiebig einander gegenüber. (5.Mo 15,11)
- ▷ Seid geduldig miteinander. (Eph 4,2)
- ▷ Lebt in Frieden miteinander. (Mk 9,50; 1.Thess 5,12-13)
- ▷ Betet füreinander. (Jak 5,16)
- ▷ Provoziert einander nicht. (Gal 5,26)
- ▷ Tragt Groll nicht mit euch herum, sondern redet offen miteinander, damit ihr euch nicht schuldig macht. (3.Mo 19,17)
- ▷ Söhnt euch miteinander aus. (Mt 5,23-24)

- Begegnet einander mit Achtung. (1.Pet 2,17)
- Bringt einander nach Fehltritten mit Nachsicht wieder auf den rechten Weg. (Gal 6,1)
- Tragt einander nichts nach. (3Mo 19,18)
- Sucht den Vorteil der anderen. (1.Kor 10,24)
- Dient einander. (Gal 5,13)
- Bringt einander nicht in falschen Verdacht. (Jak 4,11)
- Ermutigt einander mit Psalmen, Loblieder und anderen geistlichen Liedern. (Eph 5,19-20)
- Unterdrückt, erpresst und beraubt einander nicht. (3.Mo 19,13)
- Legt einander kein Hindernis in den Weg und bringt einander nicht zu Fall. (Röm 14,13)
- Ordnet euch einander unter. (Eph 5,21; vgl. 1.Kor 16,15-16)
- Übervorteilt einander nicht. (3.Mo 25,17)
- Lehrt und ermahnt einander. (Kol 3,16)
- Sagt nicht grundlos als Zeugen übereinander aus. (Spr 24,28)
- Plant nichts Böses gegeneinander. (Sach 7,10)
- Sagt untereinander die Wahrheit. (Sach 8,16)
- Seid nicht darauf aus, einander zu schaden. (Sach 8,17)
- Wartet aufeinander. (1.Kor 11,33)

EINER GRUPPE HELFEN, ZUR GEMEINDE ZU WERDEN

Einer Gruppe zu helfen, den Übergang zu schaffen und eine solche Familie, eine solche Gemeinde zu werden, erfordert Zeit und Mühe. Die Person des Friedens und/oder die geistlichen Leiter der Gruppe werden über Monate hinweg wöchentlich darin begleitet, wie sie eine Entdeckerbibelgruppe leiten können, in der es darum geht, Gott zu entdecken. Diese Serie von Bibelarbeiten spricht die Weltanschauung der Gruppe und mögliche Türen und kulturelle Barrieren an. Sie hilft ihnen, den heiligen und liebevollen Gott zu entdecken, ihre Sündhaftigkeit zu erkennen, herauszufinden, wie Gott durch Jesus mit ihrer Sünde umgeht, in eine Beziehung aus Gnade und Glaube mit Jesus zu finden und ein Leben aus Glauben zu beginnen, indem sie Jesus kompromisslos und unabhängig von den Konsequenzen nachfolgen. An einem Punkt kommt die Gruppe zu Jesus, oft alle Teilnehmenden gleichzeitig oder innerhalb einer kurzen Zeitspanne. Wenn sie entdeckt haben und annehmen, was die Bibel über Jesus und die Taufe lehrt, werden sie getauft und starten den Übergang von einer Bibelgruppe zu einer Gemeinde.

Der oder die Leitende des Jüngerschaftsprozesses coacht und begleitet die Person des Friedens und/oder die geistlich Leitenden der Gruppe über einen Zeitraum zwischen sechs Monaten bis zu zwei Jahren. Er oder sie hilft den Leitenden der neuen Gruppe weitere zwei Jahre, sich vollständig zur Gemeinde zu entwickeln. Möglicherweise ist das nicht die einzige Gruppe, die er oder sie begleitet und höchstwahrscheinlich ist jede Gruppe an einem anderen Punkt im Jüngerschaftsprozess.

Wenn die Gruppe sich von einer Entdeckergruppe zu einer Gemeinde entwickelt, wird der Ablauf der Treffen zur Routine und erfordert vom externen Leiter immer weniger Zeit und Aufmerksamkeit. Er oder sie bringt einfach immer neue Bibeltexte hinein, beantwortet Fragen und pflegt die Beziehung zu den Leitenden der Gruppe. Aber wenn die Gruppe kurz davor steht, ein Leben mit Jesus anzufangen, flammt der geistliche Kampf auf und die Gruppe erfordert wieder mehr Aufmerksamkeit. Häufig ist das ein Krisenpunkt in den Beziehungen und es ist viel Gebet und Zeit nötig, um die Leiter und die Gruppe durch diese kritische Phase zu begleiten. Jetzt besteht die Gefahr, dass der externe Leiter die Zügel in die Hand nimmt – dieser Versuchung sollte er aber widerstehen. Er oder sie muss weiterhin die Leitenden coachen und begleiten und zulassen, dass der Heilige Geist sie in die Gegenwart des Königs leitet. Dadurch wird er oder sie die Freude erleben, die die Geburt einer neuen Gemeinde mit sich bringt.

Nun verändert sich seine oder ihre Aufgabe: Jetzt ist er oder sie nicht mehr die Hebamme, die dem Heiligen Geist bei der Geburt assistiert, sondern der Erzieher. Er hilft der Gemeinde, erwachsen zu werden. Achtung: Erzieher sind nicht Vater oder Mutter, sondern sie unterstützen die Eltern dabei, das Kind in das verantwortungsvolle Erwachsenenalter zu begleiten. Eine Geburt mag nach harter Arbeit aussehen, aber wer Kinder großgezogen hat, weiß, dass die schwierigste Aufgabe in der Erziehung ist, die Kinder zu verantwortungsvollen Erwachsenen zu erziehen. Die Aufgabe des externen Leiters wird größer, wenn die neue Gemeinde ihren Weg ins Erwachsensein antritt.

Ein paar Monate lang wird die Begleitung des neuen Gemeindeleiters weitaus mehr Zeit in Anspruch nehmen. Die Leitenden müssen etliches aus der Bibel lernen, um ihre Verantwortung zu kennen und ihr gerecht zu werden. Möglicherweise sind sie auch bereits an der Gründung weiterer Gruppen beteiligt oder begleiten bereits eine andere Gruppe durch ihre eigene Entwicklungskrise auf dem Weg, Gemeinde zu werden. Es besteht die Gefahr, dass der Leiter von außen in dieser Zeit zum richtungsweisenden Leiter oder Lehrer wird. Es ist so viel zu tun, die Leiter müssen so viel lernen, so viele Themen müssen besprochen werden, dass der externe Leiter schnell in der Gefahr steht, sich mit den Leitenden hinzusetzen und sie mit Informationen zu überfluten. Dieser Versuchung müssen wir widerstehen!

In diesem Stadium sollten wir 50 bis 100 Prozent mehr Zeit mit denen verbringen, die die Entdeckergruppe leiten. Die Themen, die sie beschäftigen, bestimmen, welche Bibeltexte wir ihnen in der Entdeckergruppe an die Hand geben. Sie sollen anhand der Bibel lernen und diesen Prozess mit in ihre Gruppe nehmen. Behandeln Sie das Leben und die Anweisungen von Jesus. Helfen Sie diesen neuen Leitenden von Jesus und Paulus zu lernen – nicht nur, indem sie entdecken, was sie gelehrt haben, sondern auch indem sie danach fragen, wie sie mit ihren Jüngern umgegangen sind. Entdecken Sie gemeinsam die Bibel und konzentrieren Sie sich dabei auf die Aufgabe, das Wesen und die Führung der Gemeinde. Geben Sie der Bibel und dem Heiligen Geist Raum, die Gruppe dahin zu führen, ihre Erfüllung als Braut Christi, Leib Christi und als Stützpfeiler und Fundament der Wahrheit für ihre Gemeinden zu leben (Eph 5,27; Kol 1,18; 1.Tim 3,15). Helfen Sie ihnen, ihre Familie, ihre Freunde und Nachbarn mit ganz neuem Blick zu betrachten und sie stärker zu lieben und Wege zu suchen, wie sie ihnen in ihren Bedürfnissen helfen können. Denken Sie mit diesen neuen Leitern darüber nach, wie sie den Bedürfnissen der Menschen in ihrem Umfeld mit ihren Mitteln helfen können. Entwickeln Sie Ideen, wie Sie Unterstützung vor Ort finden. Aber vermeiden Sie alles, was abhängig macht von Hilfe von außen.

Wenn Sie diese Prinzipien voller Liebe und Hingabe anwenden, werden Sie beobachten, wie eine verantwortungsvolle Gemeinde entsteht, die ihr Umfeld prägt und den Kontakt zu allen Gesellschaftsschichten um sich herum sucht. Sie wird über ihren Tellerrand blicken und Menschen sehen, die brauchen, was sie bereits gefunden haben. Sie wird zu einer Gemeinde werden, die sich multipliziert und Verantwortung übernimmt und die geleitet wird von Menschen, die sich multiplizieren und Verantwortung übernehmen und die Jünger von Jesus schulen, die sich ebenfalls multiplizieren und Verantwortung übernehmen.

KAPITEL 17

Führende Leiterschaft

„Tschüss" heißt nicht, dass Beziehungen beendet sind. Es bedeutet, dass sie sich verändern. Wenn die Eltern sich am ersten Kindergartentag von ihrem Kind verabschieden, verändert sich die Eltern-Kind-Beziehung, aber sie hört nicht auf. Wenn Mutter und Vater ihrem Sohn oder ihrer Tochter nachwinken, wenn er oder sie zum ersten Mal zur Uni aufbricht, verändert sich die Beziehung, genauso wenn Eltern sich am Traualtar von ihrem Sohn oder ihrer Tochter verabschieden. Wenn die Eltern nicht tschüss sagen, entsteht ein großer Schaden – nicht nur in der Beziehung, sondern auch in der Entwicklung des Kindes zum verantwortungsvollen Erwachsenen.

Jesus hat in Johannes 16,7 gesagt: „Glaubt mir: Es ist gut für euch, dass ich weggehe. Denn wenn ich nicht von euch wegginge, käme der Helfer nicht zu euch; wenn ich aber gehe, werde ich ihn zu euch senden." Jesus lebte innerhalb von Raum und Zeit. Wäre er nicht in den Himmel zurückgegangen, hätten wir nur begrenzten Zugang zu Gottes Wissen und Kraft durch Jesus. Der Heilige Geist ist weder durch Raum und Zeit noch durch die Zahl der Menschen beschränkt, die ihn anrufen können. Als Jesusnachfolger können wir viel mehr bewirken, weil Jesus wegging, als es möglich gewesen wäre, wenn er auf der Erde geblieben wäre. Der Heilige Geist verschafft jedem Zugang zu Gottes Liebe, zu seiner Kraft, seiner Weisheit und zum Verstehen seines Wortes.

Von einem externen Leiter sind neue Gemeinden sehr abhängig. Wenn er oder sie zu lange bleiben, wird das Gemeindewachstum behindert. Statt zu lernen, sich bei Fragen an den Heiligen Geist und die Bibel zu wenden, wird sich die Gemeinde auf den externen Leiter verlassen. Das ist ungesund und beschränkt die Gemeinde in ihrem Potenzial. Im schlimmsten Fall ruiniert es die neue Gemeinde, noch bevor sie die Chance hatte, sich zu entfalten.

Die Leiter von außen müssen die Gemeinden, die sie gründen, auf den Abschied vorbereiten. Das geschieht, indem sie bei allen Fragen auf die Bibel verweisen und es geschieht durch Gebet und die Entdeckung, dass Gott die Gebete der jungen Gläubigen erhört. Es geschieht durch die Befähigung der Leitenden, die von Anfang an leiten – und zwar indem sie sich bei Fragen auf den Heiligen Geist und die Bibel verlassen.

Wenn der externe Leiter zu lange bleibt, besteht die Gefahr, dass er oder sie in der Gemeinde die Rolle des Heiligen Geistes übernimmt. Dann weisen er oder sie auf Sünde hin, statt dass der Heilige Geist der Sünde überführt, wie Gottes Wort es offenbart. Dann beantworten er oder sie die Gebete der Gemeinde, indem er oder sie Rat oder Unterstützung geben, statt dass der Heilige Geist sich um ihre Bedürfnisse kümmert. Bei Schwierigkeiten und Verfolgung wird die Gemeinde Lösungen und Hilfe beim Leiter von außen suchen statt bei Gott.

Wenn der externe Leiter seine Sache gut gemacht hat, hat die Gemeinde an ihm oder ihr den Lebensstil und die Leiterschaft eines erwachsenen Christen gesehen. Er oder sie hat der Gemeinde beigebracht, wie sie mit der Bibel richtig umgehen, wie sie beten und auf Gottes Geist hören und wie sie den Menschen um sie herum dienen. Wenn sich in der neuen Gemeinde Leiter herauskristallisieren, beobachtet der externe Leiter, wie sie leiten und immer reifer werden, wie sie Fehler machen und hilft ihnen, nach Fehlern wieder aufzustehen, indem sie auf Gottes Wort und seinen Geist hören. Und zum richtigen Zeitpunkt verabschiedet sich der Leiter, in dem Wissen, dass die Gemeinde in guten Händen ist: in den Händen des Heiligen Geistes.

Finden Sie den richtigen Zeitpunkt zu gehen. Das bedeutet nicht das Ende der Beziehung, sondern den Beginn einer neuen und besseren. In der Jüngerschaftsbeziehung geht es um Leiterschaftsentwicklung. Im verbleibenen Teil dieses Buches beschäftigen wir uns mit Leiterschaftsentwicklung und Mentoring im Kontext der Jüngerschaft und Jüngerschaftsbewegungen.

DER LANGE SCHWANZ

Der „lange Schwanz“ (geläufig auch unter dem englischen Begriff „Long Tail“) ist ein Begriff aus der Statistik. Er beschreibt ein Diagramm, bei dem die Zahlen so verteilt sind, dass die Kurve aussieht wie ein langer Schwanz. Chris Anderson hat ein Buch geschrieben, das in der deutschen Übersetzung den Titel trägt „The Long Tail: Nischenprodukte statt Massenmarkt - Das Geschäft der Zukunft“. Darin überträgt er das statistische Prinzip auf das Online-Geschäft: Die Summe der Verkäufe nahezu unbekannter Bücher oder CDs ist fast genauso hoch oder sogar höher als die Summe der Bestseller in ihrem jeweiligen Bereich. Händler wie Amazon oder iTunes sind unabhängig von ihrem Standort und der Größe ihrer Ladenfläche und können es sich daher leisten, Bücher, CDs oder Lieder im Sortiment zu haben, die sich nur wenige Male im Jahr verkaufen. Rechnet man die Verkäufe all jener CDs und Bücher zusammen, von denen sich nur bis zu 20 Exemplare pro Jahr verkaufen, übersteigt diese Zahl die Verkäufe der Bestseller.

DER LANGE SCHWANZ DER LEITERSCHAFT

Als wir uns über Chris Buch unterhielten und uns den Begriff des „Long Tail“ ansahen, stellten wir fest, dass er auch einen wichtigen Gedanken zum Thema Leiterschaft beschreibt. Im folgenden Diagramm beschreibt „Leitungsvermögen“ die Zahl der Menschen oder Gruppen, die jemand leiten kann. „Anzahl von Leitern“ beschreibt die Zahl der Menschen, die leiten können. Dieses Diagramm „Der lange Schwanz der Leiterschaft“ zeigt anschaulich, dass nur Wenige die Fähigkeit haben, große Menschengruppen zu leiten, aber Viele die Fähigkeit, kleine Gruppen aus drei bis fünf Menschen leiten können. Leute wie Rick Warren zum Beispiel können mehrere tausend Menschen leiten, während ein durchschnittlicher Mensch vielleicht zehn andere leiten kann.

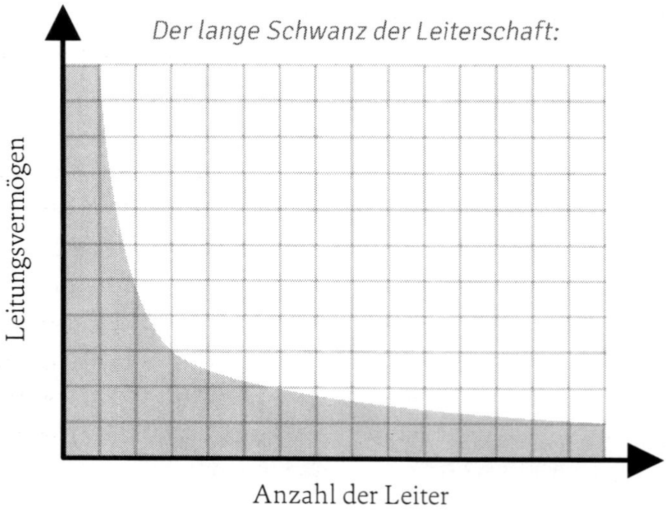

ZWEI MÖGLICHKEITEN DER LEITERSCHAFTS-ENTWICKLUNG

Wir können nach Leitern suchen, die das große Potenzial derer haben, die sich vorne im kurzen Kopf befinden - vor dem langen Schwanz. Wir können sie mit Ausbildung und Training vollpumpen und hoffen, dass sie einen Volltreffer landen, groß rauskommen, sodass unsere Organisation davon profitiert. Aber wenn wir alles auf diese eine Karte setzen, steht und fällt der Erfolg unserer Organisation mit diesen Superleitern. Die meisten BWL-Studiengänge in den USA wollen solche Superleiter hervorbringen, ebenso die theologischen Seminare.

Wir können aber auch Leiter aus dem mittleren bis hinteren Ende des Schwanzes suchen und ihnen helfen, ihre Familien, Gemeinden und Silos zu leiten. Wenn wir sie genug unterstützen, haben wir durch unsere Beziehung Einfluss auf sie. Einfluss ist die wertvollste Währung, die ein Leiter hat. Wer genügend Leiter aus dem langen Schwanz beeinflusst, wird am Ende sogar mehr Leute leiten als die meisten Superleiter. Auf diese Weise setzen wir nicht alles auf eine Karte – jedenfalls was die Leiterschaft angeht. Wenn ein Leiter sich selbst demontiert, wird ihn seine Gemeinde ersetzen.

Betrachten wir die Sache so: Es erfordert einen enorm fähigen Leiter, um aus mehreren Einzelpersonen, die nichts miteinander zu tun haben, ein Silo zu formen. Pastoren und traditionelle Gemeindegründer versuchen das ständig. Ihre Rolle erfordert ein hohes Maß an natürlicher Begabung plus Ausbildung. Die meisten Pastoren haben sechs bis acht Jahre Ausbildung und Erfahrung hinter sich. Die Leiterschaftsentwicklung innerhalb des Systems ist ziemlich umfangreich.

Setzt man Führung aber in bereits bestehenden Silos ein, lassen sich Zeit und Kosten der Leiterschaftsentwicklung um mehr als die Hälfte kürzen, denn man erwartet nicht, dass jemand fremde Menschen leitet, sondern hilft ihm oder ihr, ihre Familien, Bekanntenkreise und Silos effektiver zu führen.

Wenn Menschen ihr bestehendes Umfeld gut leiten, werden Menschen, die das Potenzial haben, größere Gruppen zu leiten, es auch tun. Wer die Fähigkeit besitzt, mehrere Gruppen innerhalb ihres Silos zu leiten, wird das ebenfalls tun. Wenn wir diese aufstrebenden Leiter beobachten und sie in ihrer Entwicklung begleiten, ist die Chance höher, dass wir Leiter schulen, die Großes bewirken, statt Menschen ohne Führungspotenzial oder Noch-nicht-Leiter, die sich nur für großartig halten.

In jeder Stadt gibt es zahlreiche Silos und in ihnen Gruppen, Familien und Freundeskreise, die schon Führungspersönlichkeiten haben. Helfen wir ihnen, ihre Leute zu leiten, erwerben wir uns den Einfluss, der notwendig ist, um viele Menschenleben zu verändern. Natürlich muss uns wirklich am Herzen liegen, Menschen zu helfen, andernfalls durchschauen sie uns sofort und wir haben keine Chance, etwas außerhalb unseres eigenen Umfelds und Silos zu bewegen.

FÜHREN DURCH EINFLUSS

So weit wir wissen, sind Jüngerschaftsbewegungen das einzige aktuelle Beispiel, wie sich das Evangelium schnell in dezentralisierten

Systemen ausbreitet. Alle Leiter in den weltweiten Jüngerschaftsbewegungen leiten durch Einfluss - nicht durch ihren Status. Das ist ein starker Indikator dafür, welcher Leitungsstil notwendig ist, um Jüngerschaftsbewegungen in den USA, in Deutschland und weltweit in Gang zu setzen. Wer Jüngerschaftsbewegungen initiieren will, muss ein Meister darin werden, mehrere Systeme zu beeinflussen, um das Ziel zu erreichen, die eigene Familie, das Umfeld, die Stadt und das Land zu erreichen. Menschen, die durch Einfluss leiten, weisen fünf Merkmale auf:

1. Leiter mit Einfluss sind auf unterschiedlichen Ebenen für verschiedene Netzwerke von Bedeutung.

   Ich (Paul) habe schon von klein auf Leiter und angehende Leiter in Jüngerschaftsbewegungen beobachtet. Ich habe gesehen, wie sie hochrangige Veranstaltungen geleitet, aber auch sich zum Mittagessen mit frischen Gemeindegründern getroffen haben. Ich habe beobachtet, wie sie Entscheidungen getroffen haben, an denen mehrere Mitarbeiter für ein gemeinsames Ziel beteiligt waren und ich habe sie in einem Zimmer sitzen und fünf Männern zuhören sehen, die sich wünschten, dass ihre Leute durch das Evangelium gerettet würden. In allen Fällen setzten die Leiter sich dafür ein, dass die – großen und kleinen – Netzwerke sich gut überlegen, was notwendig ist, damit ihre Leute mit dem Evangelium erreicht werden. Ihr offizieller Status spielte in den Gesprächen keine Rolle; immer leiteten diese Leiter aus der Position heraus, die ihnen in diesem Augenblick eingeräumt wurde. In der Folge erlangten diese Leiter Bedeutung für viele Netzwerke, auf verschiedenen Ebenen, und sie halfen ihnen, im Lauf der Zeit Großes zu bewirken.

2. Leiter mit Einfluss werden erfolgreich, wenn sie anderen helfen, Erfolg zu haben.

   Leiter mit Einfluss fühlen sich erst dann erfolgreich, wenn die Menschen, die sie leiten und begleiten, Erfolg haben. Im Hinblick auf Multiplikation gelten Leiter in Jüngerschaftsbewegungen erst dann als erfolgreich, wenn diejenigen, die sie zu

Jüngern machen, ebenfalls andere zu Jüngern machen. Leiter mit Einfluss müssen nicht auf der Bühne stehen und Medaillen sammeln, sondern empfinden tiefe Freude, wenn sie sehen, dass jemand, den sie begleitet haben, für seine Anstrengungen und Leistungen geehrt wird.

3. Leiter mit Einfluss haben die Fähigkeit, die Situation richtig zu erfassen und zu improvisieren.

   Viele Gruppentreffen beginnen mit einem Thema und enden irgendwo ganz anders! Gute Leiter mit Einfluss können Situationen hervorragend erfassen und ihr Vorgehen spontan anpassen. Sie lassen sich von plötzlichen, unvorhergesehenen Änderungen nicht beirren. Ich habe schon mehrere Leiter erlebt, als so etwas passierte. Ich beobachtete, wie sie innerlich einen Schritt zurücktraten, die Situation neu bewerteten und Fragen stellten, die ihnen halfen, sich einen Überblick zu verschaffen, was gerade vor sich ging. Als sie die Stimmung im Raum erfasst hatten, führten sie das Gespräch weiter und machten alternative Vorschläge oder stellten Gedanken in der Gruppe zur Diskussion.

4. Leiter mit Einfluss erwarten eine hohe Verbindlichkeit.

   Dieses Merkmal kann man sich vielleicht gar nicht so leicht vorstellen, vor allem wenn man schon Opfer von dominanten und unguten, kontrollierenden Formen von Leiterschaft war. Solche Beziehungen können ganz unterschiedlich aussehen, je nach Art des Netzwerks und der Rolle, die der Leiter darin spielt. Kluge Leiter erwarten Verbindlichkeit im Hinblick auf die biblischen Anweisungen und ermutigen zur Multiplikation in allen Bereichen.

   Diese Form von Verbindlichkeit lässt sich am besten durch die folgenden Fragen erreichen:

- Was lernst du von der Bibel?
- Wie setzt du das in deinem Netzwerk um?
- Wen machst du zu Jüngern?
- Wen machen diese Personen wiederum zu Jüngern?
- Wie kann ich dir helfen?

5. Leiter mit Einfluss können in ihre jeweiligen Rollen springen.

   Da Leiter mit Einfluss in verschiedenen Netzwerken unterwegs sind und in ihnen verschiedene Funktionen haben, müssen sie sich jederzeit auf ihre Rolle im jeweiligen Netzwerk einlassen können. Beziehungen zu anderen Menschen und Netzwerken dürfen ihre Rolle im jeweiligen Netzwerk nicht unangemessen beeinflussen. Sie müssen Geheimnisse vor einem anderen Netzwerk wahren können und eine kleinere Rolle in einem Netzwerk spielen können, auch wenn sie in einem anderen eine größere innehaben. Sie müssen ihre jeweilige Rolle kennen und darin agieren. Darüber hinaus müssen sie ihr oberstes Ziel in den verschiedenen Netzwerken im Blick behalten: Jüngerschaftsbewegungen zu initiieren, durch die Millionen von Menschen (keine Übertreibung!) Jesus als ihren Herrn und Retter kennenlernen.

DER UNTERSCHIED ZWISCHEN FÜHRUNG UND ORGANISATORISCHER LEITUNG

Die meisten von uns haben sich schon ihr Leben lang mit Leiterschaft beschäftigt. Wir haben sämtliche säkulare und christliche Bücher über Führung und Leiterschaft gelesen, die wir in die Finger bekamen. Wir haben Konferenzen und Seminare besucht und einige von uns haben selbst Konferenzen und Seminare zum Thema Leiterschaft gehalten. Viele haben in ihrer Ausbildung Kurse über Leiterschaft belegt. Zu unserer Aufgabe gehört die Leiterentwicklung und wir bemühen uns, gute Coaches und Mentoren zu werden.

Warum fehlen angesichts dieser Tatsachen dann aber gute – gar nicht zu reden von herausragenden – Führungspersönlichkeiten, ganz gleich, ob in der Regierung, in der Wirtschaft, in Hilfswerken oder in Gemeinden? Ich rede hier nicht über organisatorische Leitung, sondern über Führung. Viele sehen darin gar keinen großen Unterschied. Beide haben mit Menschen zu tun und mit Zielen, die erreicht werden sollen. Aber das Vorgehen ist jeweils sehr unterschiedlich. Um zu leiten, zu verwalten und zu organisieren, braucht man ein paar Führungsqualitäten und um gut zu führen, braucht man definitiv organisatorische Fähigkeiten.

In der organisatorischen Leitung geht es um die Sache, um die Ergebnisse, es geht darum, die Ziele zu erreichen, die Aufgabe zu erledigen, es geht um die nötigen Mittel, um die Vision umzusetzen. Führung dreht sich dagegen um Menschen. Eine gute Menschenkenntnis und Organisationstalent helfen, etwas gut zu verwalten und die Ziele zu erreichen. Aber der Fokus liegt dabei auf der Aufgabe, auf den Ergebnissen und dem Auftrag. Menschen dienen dabei als Mittel – und gelten manchen gar als notwendiges Übel. Viele organisatorischen Leiter überlegen, wie sie die menschliche Variable in der Gleichung minimieren können. Wir wissen alle, dass das schwächste Glied in allen Organisationsstrukturen die Menschen sind. Sie unterscheiden sich in ihrem Leistungsvermögen, ihren Fähigkeiten, in ihrem Temperament und ihrer Persönlichkeit. Manche verbreiten gute Laune, andere nicht. Manche strengen sich an, andere nicht. Wir suchen Wege, um das Beste aus den Menschen herauszuholen und fragen uns, warum es immer Menschen gibt, die wir nicht dafür einbinden oder motivieren können, unsere Ziele zu erreichen und erfolgreich zu sein.

Führung heißt, Menschen dabei zu helfen, persönlich und in ihren Teams das volle Potenzial auszuschöpfen und es durch großes Engagement, Wollen und Teamarbeit sogar auszuweiten. Führung braucht mehr als gute Menschenkenntnis und Organisationstalent. Es geht darum, Menschen dabei zu helfen herauszufinden, worin sie gut sind, und die Besten ihres Fachs zu werden. Führung heißt, Menschen mit dem richtigen Wissen, den richtigen Fähigkeiten und der richtigen Einstellung zum richtigen Zeitpunkt an die richtige Stelle zu setzen, sodass sie Erfolg haben. Das Nebenprodukt ihres Erfolgs ist dann das Erreichen des Ziels – und die Beteiligten werden sich zudem in andere investieren, sodass am Ende mehr Menschen den Auftrag umsetzen.

Eine organisatorische Leitung kümmert sich um Mittel und Wege zur Erfüllung der Vision. Verstehen Sie mich nicht falsch: Wir brauchen gute Organisatoren. Aber ohne eine gute Führung werden sie nur selten wirklich Erfolg haben, weil sie keine Leute anziehen. Führungspersönlichkeiten ziehen dagegen immer Menschen in ihren Einflussbereich und ihre Organisation. Organisatorische Leiter müssen sich häufig ihre Leute suchen. Führungspersönlichkeiten wählen dagegen unter denen aus, die sich bereits aufgrund ihres Führungsverhaltens um sie herum sammeln.

Führung heißt, Dinge zu durchschauen, eine Vision zu haben und die Fähigkeit zu besitzen, Menschen, die anfangs keine Ahnung von der Vision haben, so zu führen, dass sie diese schließlich umsetzen. Führungspersönlichkeiten sind Missionare für ihre Vision. Sie zeigen ahnungslosen Menschen, wie sie die notwendigen Schritte unternehmen können, um die Vision zu erfüllen. Führungspersönlichkeiten helfen Menschen mit Selbstzweifeln, genug Selbstvertrauen aufzubauen, um andere anleiten zu können.

Organisatorische Leiter messen Erfolg an Aufgaben und notwendigen Mitteln. Sie sind gut darin, Mittel und damit auch Menschen so einzusetzen, dass eine Aufgabe oder ein Problem gelöst und ein positives Ergebnis erzielt wird – wie auch immer die Organisation „positiv" definiert. Um etwas erfolgreich zu organisieren, sollten so wenig Mittel wie möglich eingesetzt werden; die Spanne zwischen Aufwand und Ergebnis ist häufig der Maßstab für gelungene Organisation. Mit anderen Worten: organisatorische Leitung bringt ein Produkt hervor, das als positives Resultat für die Organisation gilt. Für die Wirtschaft ist das der Gewinn. Für eine Schule sind es erfolgreiche Schulabgänger. Für ein Hilfsprojekt sind es Menschen, die unterstützt wurden. Für einen Politiker oder eine Partei sind es errungene Ämter. Für einen Verein sind es Mitglieder, die die Werte des Vereins übernehmen und dafür werben.

Führung misst Erfolg dagegen an der Weiterentwicklung der Menschen. Führungspersönlichkeiten erkennen Menschen mit Potenzial und helfen ihnen, es auszuschöpfen oder sogar zu erweitern. Häufig bringen gute Führungspersönlichkeiten weitere Führungspersonen hervor, die noch besser sind als sie selbst. Herausragende Führungspersönlichkeiten stellen Teams aus möglichen Führungsfiguren zusammen, die sich ergänzen und weiterbringen. Gute Führungspersonen haben die Fähigkeit, Teams zusammenzustellen, die gemeinsam mehr erreichen als jeder Einzelne allein. Mit der Zeit entwickeln sich die Mitglieder durch den Umgang miteinander weiter, weil sie eine Atmosphäre vorfinden, in der aus Lernenden Führende werden können.

Gute Organisatoren zu finden, ist leicht. Sie organisieren und am Ende steht ein Ergebnis. Das können fertige Produkte, unterstützte Menschen, erzielter Gewinn oder höhere Zahlen sein.

Gute Führungspersönlichkeiten zu finden, ist schwieriger. Halten Sie Ausschau nach Personen, die wiederum Menschen finden, die Rohdiamanten sind und diese durch liebevolle Strenge, viel Arbeit und Ermutigung polieren und zu Führungspersonen machen, die wegen ihrer Führungsqualitäten und ihres Organisationstalents angesehen sind. Führungspersonen finden Ruhm im Erfolg anderer, nicht in der Anerkennung ihrer eigenen Person. Herausragende Führungspersönlichkeiten müssen nicht der Boss sein, um den Auftrag zu erfüllen. Sie wirken durch den Einfluss, den sie haben, und führen meist auch nach „oben" (diejenigen, die organisatorische Verantwortung über sie ausüben).

Organisatorische Leiter bestehen häufig darauf, dass die Dinge auf eine bestimmte Art und Weise laufen. Ihnen sind immer die Abläufe wichtig. Sie kümmern sich darum, dass es effiziente Strukturen und Prozesse gibt, die Fehler minimieren und das Ergebnis erhöhen.

Aber herausragende Führungspersönlichkeiten entwickeln sich durch einen Lernprozess. Fehler machen sie möglichst kein zweites Mal. Sie konzentrieren sich aber nicht auf die Fehler, sondern auf die Frage, was sich aus den Fehlern lernen lässt, damit sie nicht wieder auftreten. Herausragende Führungspersönlichkeiten sind Lernende und können auch andere zum Lernen motivieren. Sie gehen das Lernen aktiv an, suchen nach Informationen, entwickeln Fähigkeiten, um ihr Potenzial zu erweitern und warten nicht passiv auf Situationen oder andere Menschen, die sie zum Lernen zwingen. Wer passiv lernt, erreicht nur selten sein Potenzial, wer aktiv lernt, erweitert es dagegen häufig.

WORAUS SIND FÜHRUNGSPERSÖNLICHKEITEN GEMACHT?

Ich (David) finde und schule schon seit über 30 Jahren Führungspersonen. Meist fühlte ich mich nicht wirklich in der Lage zu entscheiden, ob jemand Führungsqualitäten hatte oder nicht. Aus Erfahrung weiß ich, dass manche nach guten Führungspersonen aussehen, sich aber nie dahin entwickeln. Genauso habe ich Menschen gesehen, die immer wieder für Führungspositionen übergangen wurden, aber wahnsinnig aufgeblüht sind, als sie dann aber die Gelegenheit hatten zu führen. Der erste Eindruck macht keine Führungsperson aus.

Viele behaupten heutzutage kategorisch, bei Führung zähle allein die Persönlichkeit. Sie ist sicherlich ein zentrales Merkmal christlicher Führungspersonen. Aber wir alle kennen sowohl Menschen, die führen, aber keine integren Persönlichkeiten sind, als auch Menschen mit einer überzeugenden Persönlichkeit, die nicht führen können. Verstehen Sie mich nicht falsch: Führungspersönlichkeiten müssen einen vorbildlichen Charakter haben. Aber Charakter allein macht noch keine Führungsperson aus.

Manche glauben, Schulung und Ausbildung könnten Führungspersonen hervorbringen, aber das stimmt leider nicht. Sie verschaffen einer Führungsperson die nötigen Hilfsmittel, um noch besser führen zu können. Aber wir kennen auch extrem kompetente Führungspersonen, die weder lesen noch schreiben können, aber in der Lage sind, Tausende von Menschen zu führen. Schulung und Ausbildung machen noch keine Führungsperson aus.

Andere sind davon überzeugt, dass man zur Führungsperson geboren sein muss. Das legt nahe, dass Führungsbegabung in den Genen liegt und nur ein paar Auserwählte je erfolgreich führen können. Wenn das stimmen würde, hätte die Welt ein Problem. Wir brauchen Millionen von Führungspersonen in allen Bereichen des Lebens. Wenn man zum Führen geboren sein muss, können wir nicht für die Zukunft planen und haben keine Möglichkeit, potenzielle Führungspersonen zu finden. Die Gene machen niemanden zur Führungspersönlichkeit.

Was aber macht dann eine Führungsperson aus? Gibt es eine Formel, die immer gute Führungsleute hervorbringt? Nein. Eine Formel gibt es nicht, wohl aber eine Anweisung. Paulus schreibt davon in 2. Timotheus 2,2: „Was du von mir gehört hast, das sollst du auch weitergeben an Menschen, die vertrauenswürdig und fähig sind, andere zu lehren" (NLB).

Wahre Führungsfiguren bringen weitere Führungsleute hervor. Sie finden vertrauenswürdige Menschen, denen sie weitergeben, was sie gehört haben. Diese vertrauenswürdigen Menschen sind fähig, andere zu lehren. Und diese vertrauenswürdigen Menschen finden wiederum weitere vertrauenswürdige Menschen, die sie zur nächsten Führungsgeneration ausrüsten können.

Folgende Merkmale kennzeichnen potenzielle Führungspersönlichkeiten:

- Sie sind Lernende. Lernende sind Menschen, die sich immer holen, was sie brauchen, um zu tun, was getan werden muss.
- Sie können delegieren. Wer delegiert, weiß, dass für jede Aufgabe, die es wert ist, erledigt zu werden, ein Team nötig ist, und dass man andere am besten für eine Aufgabe ausrüstet, indem man ihnen zeigt, wie sie diese erledigen können, man es sie anschließend tun lässt und darauf besteht, dass sie anderen beibringen, die Aufgabe zu erledigen. Wer besonders gut delegieren kann, weiß, wie er sich aus der Sache heraushält, damit ein Führungsvakuum entsteht, in das potenzielle Führungsleute einspringen, wenn sie die Gelegenheit dazu haben.
- Sie können einen Charakter gut beurteilen. Der Charakter misst sich an den Taten, nicht an den Worten einer Person. Vertrauenswürdige Menschen tun immer, was sie sagen, und was sie sagen, ist gut und richtig. Ein guter Charakter ist die Folge von praktischem Gehorsam gegenüber der Bibel.
- Sie suchen und rüsten die richtigen Leute aus (die auch fähig sein werden, andere zu lehren). Wer andere ausrüstet, investiert

Zeit und Kraft in Menschen, die in der Lage sein werden, auch andere auszurüsten.

Wenn wir eine Person führen lassen, möchten wir ein paar Dinge über sie wissen.

- ▷ Was lernt sie aktuell, um eine Aufgabe zu erledigen?
- ▷ Ist ihre Aufgabe so groß, dass sie ein Team braucht, und wenn ja, wie hat sie es zusammengestellt und wie rüstet sie es aus?
- ▷ Zeigen sich die Überzeugungen und Werte, die sie vertritt, auch in ihrem Verhalten? Tut sie, was sie sagt?
- ▷ Engagieren sich diejenigen, die sie auswählt, auch darin, andere auszurüsten?

Wahre Führungsleute sind zuverlässige Menschen mit einem guten Charakter, die lernen, was sie wissen müssen, um eine Aufgabe zu erledigen und um andere für ein lohnenswertes Ziel einzuspannen, sodass neue, sich multiplizierende Führungsleute daraus hervorgehen.

IN ALLER SCHWÄCHE VOLLKOMMEN

In Führungsseminaren lautet eins der häufigsten Zitate zum Thema Teams: „Sie sind nur so stark wie ihr schwächstes Glied." Diese Aussage hört man selbst auf christlichen Leiterschaftskonferenzen. Es mag richtig klingen im Kontext von Wirtschaft und Sport, aber aus biblischer und gemeindlicher Sicht widerspricht diese Aussage der Realität. Jedes Team ist nur so stark wie seine Fähigkeit, mit dem schwächsten Glied zu arbeiten und Erfolg zu haben. Das gilt sogar dann, wenn alle Teammitglieder fähig, gut vorbereitet und hochmotiviert sind.

In militärischen Konflikten und Operationen kann jemand verletzt werden und einsatzunfähig sein. Also ist er ein schwaches Glied. Die wahre Bewährungsprobe eines Teams besteht nicht darin, keine schwachen Glieder zu haben, sondern auch mit schwachen Gliedern seine Aufgabe erfolgreich zu bewältigen. „Niemand wird zurückgelassen!" ist nicht nur ein Statement, sondern das Versprechen an diejenigen, die schwach geworden sind, die Aufgabe zu Ende zu führen und sie trotz aller Umstände nach Hause zu bringen. Das macht den Kameradschaftsgeist aus und lässt Männer und Frauen angesichts von Tod und Verfolgung Heldentaten vollbringen.

Manche sagen, das Militär sortiere die Schwachen aus. Das ist nicht der Fall. Das Militär erlaubt jedem, nach Stärke zu streben, und wer es schafft, schützt unsere Grenzen und dient unserer Nation. Wir sollten sie nicht vergessen oder übersehen, wenn sie bei der Ausübung ihrer Pflichten versagen oder schwach werden. Die Schwachen zu vergessen, ist der Weg zur Schwäche.

Es gibt sicher Situationen, in denen Einzelne keine Möglichkeit haben, stark zu werden. In solchen Fällen müssen sie einen anderen Lebensweg einschlagen, bei denen sie in einem Team mit anderen Anforderungen erfolgreich sein können.

Wenn wir Teams führen, stellen wir diese Teams aufgrund unserer Schwächen, nicht unserer Stärken zusammen. Wenn wir Menschen suchen, die so sind wie wir, haben wir alle auf demselben Gebiet Schwächen und werden versagen. Wenn wir unsere Schwächen kennen und uns ein Team suchen, das dort seine Stärken hat, wo unsere Schwächen liegen, stellen wir die Weiche für den Erfolg.

Erfolgreiche Teams in Unternehmen brauchen Menschen mit unterschiedlichen Stärken. Es können nicht alle Buchhalter oder Marketingexperten oder Ingenieure oder Grafiker sein. Der Definition nach müsste man sagen, dass sie Schwächen haben auf anderen Gebieten. Selbst wenn man mit den zehn Besten aus jedem Bereich arbeitet, wird es unsichtbare und unentdeckte Schwächen geben, mit denen das Team umgehen muss, um Erfolg zu haben.

Jede erfolgreiche Sportmannschaft hat Leute, die in bestimmten Bereichen der Sportart besonders stark sind. Das heißt aber, dass sie mit hoher Wahrscheinlichkeit in anderen schwach sind. Beim Baseball sind die meisten Werfer keine guten Schläger. Die meisten Quarterbacks sind keine starken Blocker. Die meisten Centerspieler schaffen keine guten Drei-Punkte-Würfe. Und selbst Auswahlmannschaften verlieren Spiele. Die Olympiamannschaft der USA von 2004 im Basketball verlor beispielsweise mehr Spiele in einem Jahr als alle anderen US-amerikanischen Basketball-Olympiamannschaften zusammengenommen.

Ein Team besteht aus mehr als den Stärken seiner Mitglieder. Wichtig ist auch, wie sich die Mitglieder gegenseitig in ihren Schwächen unterstützen, damit das Team stark ist.

Im Vergleich zu modernen Theorien über Teamaufbau widerspricht die biblische Sicht gleich an mehreren Punkten dem, was wir intuitiv denken würden:

Wir brauchen die Schwachen (vgl. 1.Kor 12,12-30). Ich habe in Krankenhäusern, Pflegeheimen, Einrichtungen für Menschen mit Behinderungen und bei der Arbeit mit sogenannten benachteiligten Menschen mehr fürs Leben gelernt als in effizienten Businessmeetings, Fitnessclubs oder Sportveranstaltungen. Wir werden kreativer, wenn wir unsere eigenen Schwächen oder die von Teammitgliedern integrieren müssen. Sie geben uns die Chance, das Leben aus einer anderen Perspektive zu betrachten und Lösungen zu finden, wenn wir auf Schwächen eingehen.

Gottes Kraft kommt in Schwachheit zur Vollendung (vgl. 2.Kor 12,9-10). Ohne die Schwachen oder unsere eigene Schwäche können wir Gottes Kraft nicht sehen. Sie liegt in den Schwachen und in unseren eigenen Schwächen, damit wir sehen können, wie Jesus eingreift und etwas bewirkt, was wir nicht könnten. Erfolg angesichts von Schwäche stellt klar, dass wir letzten Endes für das Ergebnis nicht verantwortlich sind.

Gott hat sich entschieden, sich in den schwachen Dingen der Erde zu offenbaren (vgl. 1.Kor 1,27-29). Damit wir uns nicht selbst rühmen können, hat Gott beschlossen, durch die schwachen Dinge der Welt zu handeln. Das demütigt die Starken in dem Sinne, dass niemand so stark ist, dass er ohne Gott leben könnte. Wenn wir die Schwachen aus unseren Teams ausschließen, schließen wir Gott und seine Art zu handeln aus. Manche werden sagen: „Aber wir sind doch alle schwach.“ Das ist wahr, aber wie oft handeln wir auch so und gestehen ein, dass Gott durch unsere Schwäche handelt?

Wir sind dafür verantwortlich, den Schwachen zu helfen (vg. 1.Thess 5,14). Wir sollen die Schwachen weder ausstoßen noch ignorieren, sondern ihnen helfen. Wie können wir erwarten, dass andere sich weiterentwickeln, wenn wir sie ausschließen, weil sie unserem Maßstab für Stärke nicht entsprechen? Wie oft haben wir gesehen, dass Menschen, die in ihrer Kindheit Ablehnung erfahren haben, als Erwachsene zu überragenden Führungspersonen wurden? Wie oft machen wir im Alltag einen Bogen um die gefallenen, schwachen Brüder und Schwestern? Wir haben die Verantwortung, diejenigen, die schwächer sind, in unsere Teams zu integrieren, damit sie sich weiterentwickeln können. Das ist nicht einfach, kann aber für alle erfüllend sein, wenn wir den schwächeren Mitgliedern Aufgaben übertragen, die sie leisten können und wir ihre Sicht der Dinge hören, die vielleicht näher an der Sicht derer ist, denen wir dienen wollen. Teams existieren nicht um ihrer selbst willen. Sie existieren, damit Gottes Wille getan, sein Reich verkündigt und eine Zahl von Aufgaben erledigt wird.

Wir sollen das Unvermögen der Schwachen mittragen (vgl. Röm 15,1).

Das Unvermögen der Schwachen können wir nur mittragen, wenn wir sie in unsere Teams holen. Sobald wir sie ausschließen, wegstoßen oder schlichtweg ignorieren, können wir ihr Unvermögen nicht mehr mittragen. Es ist interessant, dass wir der Liebe und dem Gehorsam nicht gerecht werden, wenn wir so handeln.

Teams, die Menschen zu Jüngern machen wollen, dürfen nicht auf der Grundlage von Wirtschaftsprinzipien arbeiten. Unsere Teams müssen auf biblischen Grundlagen beruhen, die den Leib Christi, das Team und jedes Mitglied auferbauen. Wie wir etwas tun, ist mindestens so wichtig wie das, was wir tun. Unbiblisches, unmoralisches und unethisches Verhalten ist Versagen, unabhängig davon, ob wir nach gesellschaftlichen Maßstäben Erfolg haben.

Wir dürfen nicht vergessen, wer wir sind und zu wem wir gehören.

DAS RICHTIGE MESSEN

Viele Führungspersonen messen nur das, was nach innen und außen nach Erfolg aussieht. Nach innen Erfolg zu kommunizieren, stärkt die Moral, weil die Leute wissen, dass sie erreicht haben, was der Organisation wichtig ist. Erfolg nach außen zu kommunizieren, stärkt das Zutrauen der Auftraggeber und Spender und sichert der Organisation somit das Überleben. Interne und externe Erfolge sind strategisch wichtig. Ohne sie würde die gesamte Strategie wanken oder zusammenbrechen. Sowohl interne wie externe Erfolge sind entscheidend, aber noch Weiteres ist entscheidend. Man kann die besten und glücklichsten Mitarbeiter und alles Geld der Welt haben, aber ohne die richtigen Führungsleute mit den richtigen Ideen und der richtigen Umsetzung zur richtigen Zeit und aus den richtigen Gründen wird die Strategie nicht aufgehen – es sei denn, die Strategie besteht darin, Mitarbeiter und Spender glücklich zu machen, egal, ob die Ziele des Reiches Gottes erreicht werden oder nicht.

Die meisten umfangreichen Strategien beinhalten Elemente, die ausschlaggebend sind. In dem Jüngerschaftsprozess, der Jünger, Führungspersonen, Gruppen und Gemeinden hervorbringt, die sich selbst multiplizieren, die Zehn Gebote und den Missionsbefehl ernst nehmen, lassen sich diese entscheidenden strategischen Elemente in drei Kategorien fassen: Reich-Gottes-Prinzipien, Methoden und Führungsprinzipien. In diesem Buch geht es um die sieben entscheidenden Elemente und die daraus resultierenden Methoden, die für eine Jüngerschaftsbewegung notwendig sind. Im Folgenden finden Sie eine vollständigere Liste der Punkte, die zwingend notwendig sind, um eine Jüngerschaftsbewegung in Gang zu setzen und am Leben zu halten. Wenn einer fehlt, wird es äußerst schwierig, die Reich-Gottes-Ziele zu erreichen.

ZU DEN REICH-GOTTES-PRINZIPIEN GEHÖREN:

- Gebet: Unablässiges Gebet ist der Startpunkt für jedes Wirken. Wir müssen Gottes Herz kennen und uns seinem Handeln anschließen.

- Bibel: Die Bibel ist Grundlage und Quelle aller Lehre und Predigt. In der Bibel finden wir Prinzipien, die wiederum ins Handeln führen.
- Jünger: Wir machen Menschen zu Jüngern, nicht zu Bekehrten. Bekehrung zielt auf Religion. Jüngern geht es um Jesus und darum zu tun, was er lehrt.
- Gehorsam: Wir lehren Gehorsam gegenüber der Bibel, kein Dogma. Ein Dogma umfasst die biblische Lehre der Gemeinde und ihre kirchengeschichtlichen Traditionen. Sie kann stark der Interpretation unterliegen und nicht die gesamte Aussage der Bibel umfassen.
- Gemeinschaften aus Gläubigen (Gemeinde): Wir sammeln neue Gläubige in Entdeckergruppen. Wir bemühen uns, so wenige Abläufe und Überzeugungen wie möglich einzuführen, die nicht klar in der Bibel genannt werden, damit sie zu Glaubensgemeinschaften (Gemeinden) werden, die ihre Familien und ihr Umfeld verändern.
- Autorität der Bibel und des Heiligen Geistes: Die Autorität der Bibel und des Heiligen Geistes genügen, um Jünger, Führungspersonen und Gemeinden hervorzubringen, die sich selbst multiplizieren. Gott bewirkt die Gemeindegründung durch seinen Geist und durch seine Leute, die sich treu an Bibel und Geist halten.
- Geistlicher Kampf: In Regionen, in denen nie zuvor das Evangelium gepredigt wurde oder in denen seit geraumer Zeit traditionelle Religionen das Sagen haben, ist es nicht ungewöhnlich, dass Menschen, die sich für Jüngerschaftsbewegungen einsetzen, geistliche Konflikte erleben, die von störenden bis lebensbedrohlichen Angriffen reichen können.
- Opfer: Wer andere zu Jüngern macht, muss damit rechnen, Sicherheit und Komfort aufzugeben, um die Zehn Gebote und den Missionsbefehl zu erfüllen.

ZU DEN METHODEN ZÄHLEN FOLGENDE:

- Gruppen: Gruppen oder Gemeinschaften lernen schneller, können sich mehr Inhalte schneller merken, multiplizieren sich schneller und schützen bei richtiger Prägung vor Irrlehre und schlechter Führung.
- Bewusste Planung: Wir planen die Arbeit und arbeiten nach Plan. Dienen, Gebet, Bibellesen und Jüngerschaft gehen wir überlegt und bewusst an.
- Einsatz: Menschen zu dienen, öffnet die Tür für Jüngerschaft und führt zur Veränderung einer Region, wenn die Gemeinde die biblischen Anweisungen zu dienen umsetzt. Vor der Evangelisation steht der Dienst an den Menschen und Evangelisation ist immer das erwünschte Ziel allen Dienens. Der richtige Zeitpunkt ist wichtig, vor allem in einem Umfeld mit ablehnender Haltung.
- Personen des Friedens: Wir beginnen mit einer Person des Friedens oder mit jemandem, den wir bereits kennen und der offen ist für eine Entdeckergruppe oder das Evangelium.
- Wohngemeinschaften, Familien, Bekanntenkreise: Wir konzentrieren uns auf WGs, Familien und Bekanntenkreise statt auf Einzelpersonen. Zu den WGs zählen Menschen, die wie eine Familie zusammenleben.
- Evangelisation: Evangelisation heißt, eine Person des Friedens und ihre Familie/WG/Bekannten einzuladen, in der Bibel zu lesen, mit dem Ziel, dass Menschen, die Gott noch nicht kennen, durch Jesus ihre Liebe zu ihm entdecken. Wer andere zu Jüngern macht, verkündet das Reich Gottes durch Evangelisation. Die wichtigste Methode ist die Entdeckerbibelgruppe in Verbindung mit reifen Christen. Auf diese Weise entwickeln sich Jünger statt Bekehrte.
- Multiplizieren: Jünger, Führungsleute, Gruppen und Gemeinden zu multiplizieren, wird Teil der Gruppen-DNA.
- Ausstrecken (Mission): Sich in alle Gesellschaftsschichten aus-

zustrecken, weil es den Zehn Geboten und dem Missionsbefehl entspricht, gehört zur Gruppen-DNA.

- Die jeweilige Kultur annehmen (und befreien): Wir bringen keine neue Kultur von außen mit, sondern befreien die Kultur vor Ort, indem wir alles, was der Bibel nicht widerspricht, begrüßen und darauf warten, dass alles andere durch den Gehorsam der Bibel gegenüber erlöst und befreit wird.

ZU DEN FÜHRUNGSPRINZIPIEN ZÄHLEN:

- Innere Leiter: Durch innere Leiter bleibt alles reproduzierbar.
- Externe Leiter: Die Leiter von außen leben vor, rüsten aus, beobachten und ziehen weiter. Sie bringen Konzepte ein, die von den inneren Leitern in die jeweilige Kultur übertragen werden. Die Leiter von außen entkulturisieren, innere Leiter contextualisieren.
- Leiter finanzieren sich selbst: Die Leiter vor Ort finanzieren sich selbst und gründen und führen die gesamte Arbeit – sowohl Gruppen, als auch die Treffen und Gemeinden. Das Einkommen kann sowohl aus einer Anstellung als auch aus einer Selbstständigkeit stammen. Dadurch liegt die Hürde niedriger und die unbiblische Grenze zwischen Klerus und Laien verschwindet.
- Schulung: Schulung vermehrt das Wissen durch Lehre. Der Fokus liegt auf dem Wissen.
- Coaching: Begabungen werden vor allem durch Coaching ausgebaut. Der Fokus liegt dabei auf den Aufgaben, dem Verhalten oder dem Charakter des Mitarbeiters.
- Mentoring: In Mentoringbeziehungen werden die Fähigkeiten ausgebaut. Der Fokus liegt dabei auf der Person, die darin begleitet wird, das zu leben, wozu Gott sie berufen hat.

Wir müssen darauf achten, das positiv zu bewerten, was dem Reich Gottes dient. Um unsere Ziele zu erreichen, müssen wir immer wieder hinterfragen und überprüfen, was wir als Erfolg bezeichnen. Denn das werden unsere Teams tun. Wenn wir Erfolg in Aufgaben suchen, die nicht dem Reich Gottes dienen, werden wir die Ziele des Reiches Gottes nicht erreichen.

Die meisten Organisationen messen nur quantitative Ziele. Sie lassen sich einfach erfassen: die Zahl der verteilten Bibeln, gestarteten Bibelgruppen, evangelisierten Menschen, Bekehrungen, Taufen, neuen Gemeinden, der neu erschlossenen Orte, geschulten Leiter und so weiter. Wenn sich etwas zählen lässt, ist es höchstwahrscheinlich ein quantitatives Ziel.

Aber nicht alle Ziele im Reich Gott lassen sich zählen. Es gibt auch qualitative Ziele. Jüngerschaft ist ein qualitatives Ziel – schwer zählbar, aber absolut entscheidend für die Ziele im Reich Gottes. Gehorsam ist ein qualitatives Ziel. Diese und weitere Merkmale sind wichtig und zentral für die Ziele im Reich Gottes.

REICH-GOTTES-MASSSTÄBE

Wir orientieren uns an den Reich-Gottes-Maßstäben, um unsere Arbeit an Gottes Erwartungen zu messen, die er in der Bibel offenbart hat. Reich-Gottes-Maßstäbe helfen uns zu verstehen, wie Gott das bewertet, was wir tun. So können wir Strategien und Vorgehensweisen entwickeln, die sich an dem orientieren, welche Dinge auf welche Art und Weise Gott erwartet. Als Jünger leben wir nach dem, was Gott von uns erwartet, so, wie es in der Bibel steht. Als Leiter achten wir darauf, dass sich unsere Organisationen und Projekte an die gesamte Lehre der Bibel halten, wohlwissend, dass der Heilige Geist ebenfalls an diesem Prozess beteiligt ist. Jedes Projekt ist Teil eines Ganzen, das wir bislang nur unscharf erkennen, Gott dafür umso klarer. Jedes Projekt kann eine andere Ausrichtung haben, die einen biblischen Aspekt vorrangig im Blick hat. Das können Projekte sein, die sich um die Versorgung von Armen kümmern oder um Heilung oder Bildung oder Evangelisation oder oder oder. Aber auch wenn wir einen Aspekt der Bibel umsetzen, müssen wir die gesamte Aussage der Bibel im Blick behalten und uns darum bemühen, unseren Platz im großen Ganzen zu finden. Wir dürfen uns nicht nur auf unser Puzzleteil konzentrieren und das Gesamtbild aus dem Blick verlieren.

Wenn wir nach Reich-Gottes-Maßstäben messen, denken wir daran, dass ...

- ▷ es immer um Ziele im Reich Gottes geht (also darum, Gottes Willen zu tun),
- ▷ wir unsere Arbeit danach beurteilen, wie Gott sie sieht,
- ▷ es darum geht, die Bibel im eigenen Leben umzusetzen und auch andere dazu anzuhalten, unabhängig von theologischen, dogmatischen, konfessionellen, gemeindlichen oder kulturellen Vorlieben,
- ▷ wir die Zehn Gebote und den Missionsbefehl vor persönliche, konfessionelle oder gemeindliche Ziele stellen,
- ▷ es um Veränderung geht, die wir nur erreichen, wenn Gott durch alle seine Leute handelt.

Wenn wir die Reich-Gottes-Maßstäbe in unseren Planungen außer acht lassen, werden wir die Ziele im Reich Gottes nicht erreichen.

Im Folgenden finden Sie Fragen, anhand derer sich überprüfen lässt, ob wir für das Reich Gottes oder für unsere Organisation arbeiten:

- ▷ Beruht die Arbeit allein auf der Bibel oder auf Lehrmeinungen?
- ▷ Liegt der Fokus der Arbeit auf Gehorsam oder auf Wissen oder Erkenntnis? (Wenn er auf Erkenntnis liegt, geht es darum, sämtliche biblischen Details zu erfassen, nicht aber zwingend im eigenen Leben umzusetzen. Den meisten Exegeten und Kommentatoren geht es um Erkenntnis.)
- ▷ Steht die Arbeit in Beziehung zum gesamten Leib Christi?
- ▷ Stellt die Arbeit den gesamten Leib Christi vor die eigenen persönlichen und organisatorischen Interessen?
- ▷ Profitieren Menschen ohne Bezug zu unserer Organisation von unserer Arbeit?
- ▷ Unterstützt unsere Arbeit Menschen, ohne im Gegenzug etwas zu erwarten?
- ▷ Bringt unsere Arbeit das Evangelium zu allen Schichten?

- Führt unsere Arbeit durch Jüngerschaft zu Evangelisation und Gemeindegründung und liegt das Hauptaugenmerk auf der Jüngerschaft?
- Können andere die Arbeit von Anfang an multiplizieren?
- Ruht die Arbeit auf natürlichen Führungspersönlichkeiten?
- Zielen die Methoden darauf, Jünger, Entdeckerbibelgruppen und Gemeinden zu reproduzieren?
- Zielen die Methoden auf Ausbreitung in neue Viertel, Städte, Länder und Volksgruppen?
- Ist unser Plan, unsere Stadt/Nation/Volksgruppe für Christus zu erreichen (liegt der Fokus auf den Verlorenen), oder wollen wir, dass unsere Gemeinde oder Denomination wächst (liegt der Fokus auf uns selbst)?
- Wird in der Arbeit die Priorität darauf gelegt, die Verlorenen zu erreichen, unabhängig von anderen Projekten?
- Bemüht sich die Arbeit darum, Regionen zu verändern?

Aus den Gleichnissen erfahren wir einiges über die Reich-Gottes-Maßstäbe (wie Gott bewertet, was wir tun):

- Sämänner und Boden (Mt 13,1-23): Das Evangelium soll auf jeden Untergrund gesät werden, aber nur einer von vieren bringt Frucht hervor. Nicht jeder geht in gleicher Weise auf das Evangelium ein, aber alle sollen es hören.
- Weizen und Unkraut (Mt 13,24-30.36-43): Satan tut alles, um Gottes Wirken zu untergraben. Erst am Ende der Zeiten kümmert Gott sich abschließend darum.
- Senfkorn und Sauerteig (Mt 13,31-33): Im Reich Gottes gibt es unfassbares Wachstum und Entwicklungspotenzial.
- Verborgener Schatz und kostbare Perle (Mt 13,44-46): Gottes Reich ist unseren gesamten Besitz wert. Manche entdecken es zufällig, andere suchen danach.
- Fischernetz (Mt 13,47-50): Böse wie gerechte Menschen werden gerichtet werden. Sowohl die guten wie die schwierigen Aus-

sagen müssen Teil unserer Botschaft sein. Unsere Arbeit muss beides umfassen. Wir müssen verstehen, dass das Böse unser Tun unterwandert.

- Hausherr (Mt 13,51-52): Reich-Gottes-Arbeiter schätzen sowohl das Alte wie das Neue Testament und sind verantwortlich, beide zu bewahren und zu lehren (die Pflicht der Schriftgelehrten).
- Hartherziger Schuldner (Mt 18,21-35): Ein Herz, das nicht vergebungsbereit ist, hat keinen Platz in Gottes Reich.
- Arbeiter im Weinberg (Mt 18,1-16): Alle, die das Evangelium dankbar annehmen und sich in ihrer Zeit in Gottes Reich als zuverlässig erweisen, erhalten dieselbe Belohnung – unabhängig davon, wann sie es angenommen haben.
- Zwei Söhne (Mt 21,28-32): In Gottes Reich leben „Anpacker", keine „Schwätzer". Gehorsam ist unsere Liebesantwort auf Gottes Gnade. (Vgl. Mt 7,21-23; 28,20; Joh 14,15.21.23; 15,10.14; 1.Kor 7,19; 1.Joh 2,3-4).
- Böse Weinbergspächter (Mt 21,33-46): Das Reich Gottes wird den bösen, religiösen Anführern, die Gottes Propheten und seinen Sohn ablehnen und keine Frucht bringen, entrissen und denen gegeben werden, die den Sohn annehmen und Frucht bringen (vgl. in Lk 12,48 die Verantwortung derer, die das Privileg hatten, im Reich Gottes zu sein).
- Hochzeitsfest (Mt 22,1-14): Das Reich Gottes ist für diejenigen, die Gottes Einladung (seine Gnade) mit Dank annehmen und am Fest teilnehmen.
- Zehn Jungfrauen (Mt 25,1-13): Das Reich Gottes ist für diejenigen, die sich auf das Kommen des Herrn vorbereitet haben und es wachsam erwarten.
- Drei Verwalter (das Gleichnis vom anvertrauten Geld, Mt 25,14-30): Das Reich Gottes ist für diejenigen, die bei der Rückkehr des Herrn getan haben, was in ihren Möglichkeiten liegt.
- Schafe und Ziegen (Mt 25,13-46): Das Reich Gottes ist für diejenigen, die selbstlos für die Armen und Bedürftigen in der Ge-

sellschaft sorgen.

- Selbstwachsende Saat (Mk 4,26-29): Das Reich Gottes besteht aus Gott und seinen Mitarbeitern; die Vermehrung bewirkt Gott, aber wir arbeiten mit.

Auch aus den anderen Gleichnissen, die Jesus erzählte, können wir etwas über die Reich-Gottes-Maßstäbe lernen. In Lukas 15 finden wir drei Gleichnisse zum Thema Verlorenheit: das verlorene Schaf, die verlorene Münze und der verlorene Sohn. In diesen Gleichnissen erfahren wir, dass Gott alle seine Schafe liebt, aber seine Liebe ist nicht nur eine kollektive Liebe für seine Schöpfung; er liebt persönlich, sucht die Verlorenen und feiert, wenn sie gefunden sind. Jesus ist für die Verlorenen gestorben und seine Liebe zu den Verlorenen ist ein Beispiel für uns.

Die Reich-Gottes-Maßstäbe beruhen auf dem Verständnis, dass Gott Ziele und Absichten hat für das, was wir aufgrund seines Wortes tun, sagen, denken – oder nicht. Wenn wir in unserem persönlichen oder gemeindlichen Alltag Gottes Reich nicht im Blick haben, halten wir nicht mehr Schritt mit Gott und unser Gehorsam ihm gegenüber wird zur Glückssache. Die Reich-Gottes-Maßstäbe sorgen dafür, dass wir versuchen zu verstehen, wie unsere Zusammenarbeit mit Gott aussieht. Wir stellen seinen Willen an den ersten Platz und überlegen uns dann, was wir persönlich oder in unserer Organisation auf der Grundlage von Gottes Willen tun.

Wenn wir nicht bei den Reich-Gottes-Maßstäben anfangen, riskieren wir zu verpassen, was Gott mit uns vorhat. Wir lassen uns nicht einbinden in das, was Gott mit seiner Schöpfung vorhat. Wir müssen uns die folgenden Fragen stellen:

- Was erwartet Gott von uns?
- Fällt alles, was wir tun oder vorhaben, unter Gottes Plan?
- Was müssen wir verändern, um mehr nach Prinzipien des Reiches Gottes zu handeln?

DER UMGANG MIT ZWEIFELN

Unser größter Zweifel als Führungsleute lautet: Bin ich auf dem richtigen Weg? Wir haben alle schon gebetet und geplant, nur um am Ende festzustellen, dass unsere Entscheidung und/oder die Richtung, in die wir unsere Leute geführt haben, falsch oder knapp neben dem war, wo wir eigentlich sein wollten oder sollten. Wenn wir einen Weg einschlagen, erwischen wir manchmal die falsche Richtung, machen Fehler und sündigen mitunter sogar.

Zwei unserer Mitarbeiter haben im Sommer vor einigen Jahren etwas Großartiges gewagt. Sie und zwei weitere Familienmitglieder sind mit einem Schiff die 13.000 Kilometer lange Strecke von Maine bis Alaska durch die Nordwestpassage gefahren. Sie waren das erste Team, das je mit einem Schiff von weniger als 18 Meter Länge ohne Eisbrecher diese Passage durchfahren ist. Im Vergleich: Es haben schon mehr Menschen den Mount Everest bestiegen, als in irgendeiner Art von Schiff die Nordwestpassage zu durchqueren.

Eine Geschichte, die diese unerschrockenen Seefahrer erzählen, ist ihre Tortur durchs Packeis. Der Ausgucker dirigierte den Schiffsführer, aber manchmal kamen sie an eine Sackgasse. Sie versuchten dann, den Weg zurückzufinden, aber die Strömungen und Winde hatten die Anordnung des Packeises verändert und sie mussten sich ihren Weg durch neue Kanäle suchen, bis sie die offene See erreichten und ihre geplante Route fortsetzen konnten. Die Frage, die sie ständig im Kopf hatten, war: „Fahren wir den richtigen Weg?" Gelegentlich funktionierte ihre Navigationsausrüstung nicht mehr richtig, weil sie so nah am magnetischen Pol waren. Aber sie hatten keine andere Wahl, als weiterhin den richtigen Weg zu finden, um ihre Reise fortsetzen zu können. Aufzugeben hätte den Tod bedeutet.

Als Leiter können wir nicht einfach aufhören zu leiten, nur weil wir den falschen Weg eingeschlagen oder uns verlaufen haben. Wir bekennen unsere Sünden und Fehler, stellen das Team wieder auf, sammeln Hinweise und Informationen, legen anhand der vorhandenen Informationen eine neue Richtung und ein Vorgehen fest, geben dem Team die nötigen Informationen und Mittel an die Hand und machen uns auf in die richtige Richtung. Wir bleiben im Gebet und durch die Führung des Heiligen Geistes von Gott abhängig, aber wir hören weder auf zu führen noch hinzuhören noch vorwärtszugehen.

Zur Führungsverantwortung gehört, persönliche Fehler, Verletzungen, Vorurteile, Vorlieben und die Fehler unserer Leute hinter uns zu lassen. Leiter mit Einfluss müssen genug Geduld mitbringen, damit Situationen deutlicher werden, Ratschläge zu geben, wenn die Ziele aus dem Gleichgewicht geraten, und notfalls nebenher zu laufen. Es geht um das Reich Gottes - nicht um unser eigenes kleines Königreich. Die Folgen sind ewig, nicht endlich. Gott beurteilt uns, nicht Menschen.

Wenn Sie führen wollen, gehören Gehorsam, Liebe, Dienst, ein vorbildliches Leben, Mut und Anpassungsfähigkeit zum Gesamtpaket. Wir müssen schwierige Entscheidungen treffen und wissen, dass wir Fehler machen werden. Der Unterschied zwischen guten und herausragenden Leitern besteht in

- ihrem Gehorsam Gott gegenüber,
- ihrem Streben nach bestmöglichen Ergebnissen,
- der Bereitschaft, bescheiden zu dienen,
- ihrer Hingabe an eine Vision,
- dem unbedingten Willen zum Erfolg,
- einer Bereitschaft zum Risiko,
- ihrer Vergebungsbereitschaft,
- ihrem Mut zur Veränderung,
- ihrem Willen zu lernen,
- der Fähigkeit, Mitarbeiter zu suchen, die ihre Schwächen ausgleichen,
- die Fähigkeit, strategisch zu denken und zu planen,
- die Fähigkeit, Menschen zu Leitern zu machen,
- der Entschlossenheit, niemals aufzugeben.

KAPITEL 18

Mentoring

Vor ein paar Jahren haben wir als Cityteam in einem Land mit beschränktem Zutritt mit einer anderen Organisation zusammengearbeitet. Diese Organisation wollte eine Jüngerschaftsbewegung durch ihr Land fegen sehen, wusste aber nicht, wie sie anfangen sollte.

Sie schickte mehrere Leiter zu unseren Schulungen. Vor allem ein Leiter stürzte sich in die Konzepte und setzte sie in seinen bestehenden Netzwerken um. Er erlebte, wie in den Dörfern in seiner Region Entdeckerbibelgruppen starteten, die sich mehrfach multiplizierten. Alle waren begeistert und dieser Leiter wurde ein Star in Sachen Jüngerschaft und Gemeindegründung in dieser Region.

Dann hörten wir Dinge, die uns aufhorchen ließen. Eine junge Frau meldete sich und sagte, dieser junge Mann habe sich ihr unangemessen genähert. Wir hörten sofort genauer hin und fragten nach. Leider brachte die Ermittlung ans Licht, dass dieser Leiter seine Position ausgenutzt hatte, um sich in mehreren Gruppen jungen Frauen zu nähern. Wir maßregelten den jungen Leiter, aber seine Gruppen erholten sich nie mehr von seinem Vergehen. Die Gemeindegründung erlebte in dieser Region einen herben Rückschlag, der eine Weile andauerte.

Wir haben lange darüber nachgedacht, was hier schiefgelaufen war. Wir haben dem jungen Mann alles notwendige Wissen an die Hand gegeben, um Menschen zu Jüngern zu machen. Und eine Weile war er sehr erfolgreich darin. Wissensvermittlung ist aber nicht Jüngerschaft. Wir haben den Fehler gemacht, ihn nicht in allen Lebensbereichen als Jünger zu schulen. Deshalb fielen uns die anfänglich kleinen Charakterfehler nicht auf, die sich schlussendlich zu Problemen auswuchsen, die seinen Dienst beendeten und sein Leben erschütterten. Wir hatten als Mentoren versagt und die Folgen waren desaströs.

MENSCHEN ZU JÜNGERN MACHEN, DIE ZU JÜNGERN MACHEN

In den meisten Gemeinden ist Jüngerschaft heutzutage ein Schulungsprozess, bei dem neue Gläubige eine Orientierung erhalten sollen über die biblischen Ansichten und Traditionen der Gemeinde. Selbst in extrem bibelorientiertem Material liegt der Schwerpunkt darauf, Gottes Wort zu kennen. Man wird mitunter zum Gehorsam angehalten, aber es fehlt die persönliche Begleitung. Man hat die falsche Vorstellung, dass Menschen nur wissen müssen, was richtig ist, um es auch zu tun. Aus Erfahrung wissen wir eigentlich, dass das nicht stimmt, aber wir handeln trotzdem danach.

Die Wurzel der Jüngerschaft ist die Beziehung zu Jesus, der unser Herz, unsere Gedanken und unser Tun in seinem Sinne verändert. Durch die Beziehungen der Jünger untereinander – vor allem zwischen reifen und jungen Christen – wird die persönliche und gemeinsame Weiterentwicklung gefördert. Jüngerschaftsbeziehungen haben einen positiven Einfluss auf alle Lebensbereiche und alle Beziehungen in der Familie, in der Region, in Wirtschaft und Regierung.

Natürlich wird im Jüngerschaftsprozess auch Wissen vermittelt, aber das ist nicht der entscheidende Aspekt. Jünger wissen nicht nur, was ihr Meister von ihnen verlangt, sondern sie tun auch in jeder Situation und unabhängig von den Folgen das, was der Meister von ihnen verlangt. Nicht jede Art von Situation wird in der Bibel beschrieben, aber es finden sich alle Prinzipien, die Jünger in ihrem Alltag umsetzen können. Die biblischen Prinzipien zu kennen und Gottes Willen zu verstehen, sind im Jüngerschaftsprozess unerlässlich.

Junge Christen und Noch-nicht-Christen haben Mühe, die Prinzipien für die vielfältigen Situationen zu erkennen, in denen sie sich befinden. Sie brauchen den Einfluss von reifen Christen in ihrem Leben und sie brauchen eine Beziehung zu diesen reifen Christen, um alle Lebensbereiche durchsprechen, sich mit Problemen und sündhaftem Verhalten auseinandersetzen zu können und an der Lebenserfahrung der anderen zu reifen, wenn Weisheit das Wissen ersetzt. (Weisheit führt dazu, das zu tun, was richtig ist. Weisheit setzt Wissen voraus, aber Wissen ist nicht immer auch Weisheit.)

Mentoring meint die bewusste Beziehung zu anderen, durch die alle in ihrer Jüngerschaft wachsen – dem Prozess, bei dem Wissen in Weisheit verwandelt wird. Mentoren helfen neuen Gläubigen, die Bibel kennenzulernen und den schmalen Pfad zu gehen, den die Bibel vorgibt. Mündige Christen müssen Mentoren werden, um weiterhin in ihrer eigenen Jüngerschaft zu wachsen.

Eine Gemeinde ohne Jüngerschaft ist verloren. Menschen, die noch nicht glauben, und neue Gläubige haben keine Vorbilder, denen sie folgen können, und keine mündigen Christen, die sie in ihrer Jüngerschaft unterstützen. Reife Christen haben niemanden, in den sie sich investieren können, und hören in der Folge auf, weiter zu wachsen.

Das Mentoring in einer Jüngerschaftsbeziehung ist eine Win-win-Situation für alle Beteiligten. Wer den Schritt des Glaubens erst noch gehen muss oder erst seit kurzem glaubt, hat ein mündiges Vorbild, das sich in ihn investiert und zur Verantwortung zieht. Mündige Gläubige haben jemanden, der ihnen die schwierigen Fragen stellt und den Status Quo hinterfragt und sie so herausfordert, weiterhin zu lernen und sich weiterzuentwickeln.

Wenn es solche Beziehungen in unseren Gemeinden nicht gibt, haben wir Verlierer auf allen Seiten. Wer noch nicht glaubt oder gerade erst damit begonnen hat, findet keine Vorbilder, niemand gibt ihm weise Ratschläge, niemand hält ihn an, dranzubleiben. Mündige Gläubige haben niemanden, der sie herausfordert, neues Wissen zu erlangen und in der Weisheit zu wachsen, wenn Wissen umgesetzt wird in Einstellungen und Tun. Sie haben auch niemanden, der sie beobachtet und dadurch herausfordert, noch mehr nach Gottes Maßstäben zu leben, oder der sie in die Pflicht nimmt, da zu sein, hinzugucken und Fragen zu stellen.

Jeder Christ sollte sowohl andere begleiten, als auch begleitet werden. Wenn Jünger mündig werden, merken sie, dass ihre Mentorenbeziehungen sich immer stärker auf der gleichen Augenhöhe abspielen, sodass sie voneinander lernen und sich in Gehorsam und Zielen zu neuen Höhenflügen anspornen.

In der Mentoring-/Jüngerschaftsbeziehung ist kein Bereich tabu: Es geht um die Beziehung zu Gott, zur Familie, zum Umfeld und zur Gemeinde, zur eigenen Berufung und zur Arbeit und auch zu uns selbst, die wir uns geistig, geistlich, emotional und körperlich weiterentwickeln. Wir müssen Fragen stellen und Antworten geben, sodass Denken und Tun deutlich werden. Beide sollten einen so engen Kontakt pflegen, dass sie ihren jeweiligen Lebensstil überprüfen können. Worte sind gut, aber zu sehen, wie aus Worten Taten werden, ist die Grundlage für den Mentoring-/Jüngerschaftsprozess. Wenn derjenige, der zu Jüngern macht, nie bei dem Jünger zu Hause ist oder ihn nie außerhalb eines Schulungskontextes erlebt, besteht keine Mentoring-/Jüngerschaftsbeziehung. Dann besteht nur eine Beziehung zwischen Lehrer und Schüler, die den Wissensfluss ermöglicht, aber keine Jüngerschaft.

Mentoring und Jüngerschaft sind dasselbe. Zusätzlich zur Wissensvermittlung erfordern sie eine Beziehung und Verbindlichkeit. Sie führen dazu, dass aus Wissen Weisheit wird – was bedeutet, aufgrund des eigenen Wissens und der Erfahrung die richtigen Entscheidungen zu treffen und das Richtige zu tun. Die Bibel formuliert es folgendermaßen:

> *„Es genügt aber nicht, dieses Wort nur anzuhören. Ihr müsst es in die Tat umsetzen, sonst betrügt ihr euch selbst! Wer die Botschaft Gottes nur hört, aber nicht danach handelt, ist wie ein Mensch, der in einen Spiegel blickt: Er sieht sich, wie er ist, und betrachtet sich kurz. Aber dann geht er weg – und schon hat er vergessen, wie er aussah. Anders der Mensch, der tief und anhaltend in das vollkommene Gesetz Gottes blickt, das uns frei macht. Er hört nicht nur hin, um es gleich wieder zu vergessen, sondern handelt danach. Freuen darf sich, wer das wirklich tut.“*
>
> *Jak 1,22-25 GNB*

Ich schreibe diese Dinge nicht, um euch in Verlegenheit zu bringen. Ich möchte euch nur wieder auf den richtigen Weg führen. Schließlich seid ihr doch meine geliebten Kinder! Denn selbst wenn ihr Tausende von Erziehern hättet, die euch in eurem Christsein voranbringen, hättet ihr deswegen noch lange nicht tausend Väter. Dadurch, dass ich euch das Evangelium verkündet und euch zum Glauben an Jesus Christus geführt habe, bin ich euer Vater geworden. Daher bitte ich euch eindringlich: Folgt meinem Beispiel! Um euch dabei zu helfen, habe ich Timotheus zu euch geschickt, den ich liebe, als wäre er mein eigener Sohn, und der mir ein zuverlässiger Mitarbeiter in meinem Dienst für den Herrn ist. Er wird euch die Grundsätze in Erinnerung rufen, nach denen ich meinen Weg mit Jesus Christus gehe und die ich überall, in jeder Gemeinde, lehre.
1. Thess 1,4-10 NGÜ

„Erinnert euch an eure Lehrer, die euch zuerst das Wort Gottes verkündeten. Denkt an all das Gute, das aus ihrem Leben hervorgegangen ist, und vertraut auf den Herrn, wie sie es taten! Jesus Christus ist gestern, heute und in Ewigkeit derselbe."
Heb 13,7-8 NLB

Wir wünschen uns, dass durch Mentoring und Jüngerschaft Männer und Frauen Gottes geprägt werden, die Menschen zu Jüngern machen und andere darin schulen, Menschen zu Jüngern zu machen, Gemeinden zu gründen und wiederum andere zu schulen, Gemeinden zu gründen, Jüngerschaftsbewegungen anleiten und auch andere darin schulen, Jüngerschaftsbewegungen anzuleiten. Aber wie bereits gesagt: Jüngerschaft ist mehr als eine Aufgabe – Jüngerschaft ist ein Lebensstil. Man „erledigt" Jüngerschaft nicht, sondern lebt ein Leben als Mann oder Frau, der oder die andere zu Jüngern macht – was bedeutet, dass wir Mentoren sind und Mentoring beginnt bei uns selbst.

Die größte Anklage religiöser Anführer finden wir in Matthäus 23:

> *„Die Schriftgelehrten und Pharisäer sitzen als Ausleger der Schrift auf dem Stuhl von Mose. Deshalb haltet euch an das, was sie euch sagen, aber folgt nicht ihrem Beispiel. Denn sie handeln nicht nach dem, was sie euch lehren. Sie knebeln euch mit unerfüllbaren religiösen Forderungen und tun nicht das Geringste, um euch die Last zu erleichtern. Alles, was sie tun, tun sie nur nach außen hin. Am Arm tragen sie besonders große Gebetsriemen, und sie haben extra lange Fransen an ihren Gewändern. Und wie sie es lieben, bei Festessen am Kopfende des Tisches auf dem Ehrenplatz zu sitzen und in der Synagoge auf den besten Plätzen! Sie genießen die Beachtung, die ihnen auf der Straße zuteil wird. Besonders gern mögen sie es, wenn man sie mit ‚Rabbi' anredet. Lasst euch niemals ‚Rabbi' nennen. Ihr habt nur einen Meister, und ihr alle seid gleich, wie Brüder und Schwestern. Und bezeichnet niemanden hier auf der Erde als ‚Vater', denn nur Gott im Himmel ist euer geistlicher Vater. Lasst euch auch nicht ‚Lehrer' nennen, denn es gibt nur einen Lehrer, und das ist der Christus. Der Größte unter euch muss den anderen dienen. Diejenigen jedoch, die sich über die anderen stellen, werden gedemütigt werden, und die, die demütig sind, werden erhöht. Euch Schriftgelehrten und Pharisäern wird es schlimm ergehen. Ihr Heuchler! Denn wenn ihr andere nicht ins Himmelreich hineinlasst, werdet auch ihr nicht hineingelassen. Ja, euch Schriftgelehrten und Pharisäern wird es schlimm ergehen. Ihr reist über Land und Meer, um einen Menschen zu bekehren, und dann macht ihr aus ihm einen Sohn der Hölle, der doppelt so schlimm ist wie ihr selbst. Ihr blinden Anführer! Schlimm wird es euch ergehen! Ihr behauptet, es habe keine Bedeutung, ‚beim Tempel Gottes' zu schwören - einen solchen Eid könne man ruhig brechen. Und im selben Atemzug behauptet ihr, wenn man aber `beim Gold im Tempel´ schwört, müsse man sich daran halten. Ihr verbohrten Dummköpfe! Was*

ist wichtiger, das Gold oder der Tempel, durch den das Gold erst heilig wird? Ihr sagt, ein Schwur ‚beim Altar' dürfte ruhig gebrochen werden, ein Eid ‚bei den Opfergaben auf dem Altar' aber sei bindend! Ihr seid blind! Was ist wichtiger, die Opfergabe auf dem Altar oder der Altar, durch den die Opfergabe erst heilig wird? Wenn ihr ‚beim Altar' schwört, dann schwört ihr bei dem Altar und allem, was darauf ist. Und wenn ihr ‚beim Tempel' schwört, schwört ihr beim Tempel und bei Gott, der im Tempel wohnt. Und wenn ihr ‚beim Himmel' schwört, schwört ihr bei dem Thron Gottes und bei Gott selbst, der auf diesem Thron sitzt. Euch Schriftgelehrten und Pharisäern wird es schlimm ergehen. Ihr Heuchler! Sorgfältig achtet ihr darauf, auch noch vom geringsten Teil eures Einkommens den zehnten Teil abzugeben, doch um die wahrhaft wichtigen Dinge des Gesetzes wie Gerechtigkeit, Barmherzigkeit und Glauben kümmert ihr euch nicht. Ihr sollt den Zehnten geben, gewiss, aber ihr dürft die viel wichtigeren Dinge darüber nicht vernachlässigen. Ihr blinden Anführer! Ihr siebt euer Wasser durch, damit ihr nicht aus Versehen eine Mücke verschluckt, und dann verschluckt ihr ein Kamel! Euch Schriftgelehrten und Pharisäern wird es schlimm ergehen. Ihr Heuchler! Sorgfältig achtet ihr darauf, dass eure Tassen und Teller nach außen sauber sind, doch innerlich seid ihr durch und durch verdorben - voller Missgunst und Maßlosigkeit! Ihr blinden Pharisäer! Wascht erst einmal die Tasse von innen aus; das Äußere wird dann von selbst sauber. Euch Schriftgelehrten und Pharisäern wird es schlimm ergehen. Ihr Heuchler! Ihr seid wie weiß getünchte Gräber - mit einer sauberen, ordentlichen Außenseite, doch innen voller Gebeine und Schmutz. Ihr gebt euch den Anschein rechtschaffener Leute, doch euer Herz ist voller Heuchelei und Gesetzesverachtung. Euch Schriftgelehrten und Pharisäern wird es schlimm ergehen. Ihr Heuchler! Ihr baut Grabmäler für die Propheten, die von euren Vorfahren ermordet wurden, und schmückt die Gräber der gottesfürchtigen und gerechten Menschen, die von euren

Vorfahren umgebracht wurden. Und dann behauptet ihr dreist: ‚Wir hätten niemals mitgemacht, als sie die Propheten ermordeten.' Damit bestätigt ihr selbst, dass ihr die Nachkommen der Prophetenmörder seid. Macht weiter so! Bringt zu Ende, was sie angefangen haben. Ihr Schlangen! Ihr Söhne von Vipern! Wie wollt ihr der Verurteilung zur ewigen Verdammnis entgehen? Ich werde euch Propheten und weise Männer und Schriftgelehrte schicken. Einige von ihnen werdet ihr kreuzigen, andere werdet ihr in euren Synagogen auspeitschen und sie von Stadt zu Stadt hetzen. Und deshalb werdet ihr schuldig gesprochen werden für die Ermordung aller gottesfürchtigen Menschen, angefangen mit dem gerechten Abel, bis zu Secharja, dem Sohn des Berechja, den ihr im Tempel zwischen Altar und Heiligtum ermordet habt. Ich versichere euch: Die Strafe für all das wird über diese Generation hereinbrechen. O Jerusalem, Jerusalem, du Stadt, die Propheten ermordet und Gottes Boten steinigt! Wie oft wollte ich deine Kinder zusammenrufen, wie eine Henne, die ihre Küken unter ihren Flügeln birgt, doch ihr habt es nicht zugelassen. Und nun seht, euer Haus ist euch überlassen, leer und verödet. Denn ich sage euch, ihr werdet mich nicht wieder sehen, ehe ihr nicht sagt: ‚Gelobt sei, der da kommt im Namen des Herrn.'" (NLB)

Dieser Text beinhaltet viel, aber der Hauptpunkt ist der, dass die religiösen Anführer nicht taten, was sie lehrten. Ihr öffentliches und privates Leben stimmte nicht mit den Anforderungen der Bibel überein.

- ▹ Sie taten nicht, was sie lehrten.
- ▹ Sie legten den Menschen Lasten auf, statt ihnen bei ihren Lasten zu helfen.
- ▹ Sie lebten für sich selbst, nicht für Gott.
- ▹ Sie schlossen das Reich Gottes ab, statt die Türen zu öffnen.
- ▹ Sie brachten Bekehrte hervor, die noch schlimmer waren als sie selbst.
- ▹ Sie vergaßen die Quelle ihres Eides.

- Sie waren Gesetzesmacher und Regelpolizisten, aber ließen die Gesetze über Gerechtigkeit, Barmherzigkeit und Glauben unter den Tisch fallen.
- Nach außen sahen sie gut aus, waren innen aber dreckig und korrupt. (Die weißgewaschenen Gräber sahen schön aus, sollten Pilger aber davor warnen, sie versehentlich anzufassen und dadurch beim Passafest aus dem Tempel ausgeschlossen zu werden. Wer ein Grab berührte, schloss sich selbst aus dem Gottesdienst aus.)
- Für die Menschen um sie herum waren sie so gefährlich wie ein Vipern-Gelege – auf die Berührung folgt der sichere Tod.

Diese Warnungen gelten auch uns, die wir leiten. In die Sünden der Pharisäer zu tappen, ist sehr leicht. Unsere Position, unser Führen, unsere Regeln, aber auch wie wir den Verlorenen Gott vorleben und die Geretteten anleiten, kann dazu führen, dass wir aus den Augen verlieren, dass wir Gottes Diener sind – die sich ihm unterordnen und die Gott verherrlicht, wenn wir seiner Schöpfung dienen.

Wahre Mentorenschaft beginnt im Herzen des Mentors oder der Mentorin. Es geht dabei nicht nur um das, was wir wissen, sondern zu Mentoren machen uns unsere Geschichte und Erfahrung. Zum Mentoring gehört auch das, was wir nicht tun, was wir vermeiden und wie wir im öffentlichen wie privaten Leben unsere Beziehung zu Gott und zu anderen Menschen leben.

Mentoren bemühen sich um Zuverlässigkeit in ihrem Leben. Ihr tiefster Wunsch ist es, Gott zu kennen und Menschen zu dienen. Sie sind stimmig. Was man öffentlich sieht, erlebt man auch im Privaten. Und die Beschreibung vom „Sünder, der durch das Blut Christi zu einem neuen Leben erlöst wurde“ ist nicht nur eine hohle Phrase, sondern in- und auswendig gelebte Realität, die alles durchdringt, was ein Mentor denkt, tut und sagt.

Mentoren sind erlöste Sünder, denen diese Tatsache jeden Tag bewusst ist, und sie leben die Heiligkeit, die Jesus ihnen verliehen hat zum Wohl des Reiches Gottes und der Menschen, denen sie dienen.

Wenn Gott nicht an uns arbeitet, die wir uns Mentoren nennen, haben wir keine Grundlage, auf der wir als Mentoren agieren können. Mentoring bedeutet nicht, vollkommen zu sein, sondern durch Gottes Gnade und Barmherzigkeit nach Vollkommenheit zu streben. Mentoring bedeutet nicht, alles zu wissen, sondern ein Lernender zu sein, der sein mühsam erarbeitetes Wissen mit anderen teilt, in der Hoffnung, dass sie es leichter lernen. Mentoring bedeutet auch nicht, schon lange in einem Bereich unterwegs zu sein, sondern weise zu sein und das angesammelte Wissen im Alltag anwenden zu können mehr zum Wohle anderer als für sich selbst.

Wenn Sie ein Mentor sein wollen, müssen Sie bei sich selbst anfangen. Beim Lernen, Fehlermachen, Bekennen – und dann von vorn. Nehmen Sie andere darin mit. Ihr Leben ist verwoben mit dem Leben anderer – Familie, alte Freunde, neue Freunde und sogar Feinde. Jede Beziehung kann Glück und Bitterkeit in sich vereinen. Jeder Augenblick ist eine Chance, das Richtige, das Falsche oder nichts zu tun (was sowohl die beste als auch die schlechteste Entscheidung sein kann). Jede Aufgabe kann gelingen oder misslingen, manchmal unabhängig von dem, was wir tun.

Mentoring heißt, das Leben mit anderen zu teilen, sodass sie und wir besser im Reich Gottes dienen können. Die Berufung zum Mentor verlangt uns das Beste in allen Situationen ab und umfasst Beziehungen zum Wohle anderer, die im Reich Gottes arbeiten.

WERTE FÜR DAS MENTORING

Unsere Kernwerte sind das, was wir automatisch denken und tun. Wir finden sie am ehesten in extremen Stresssituationen. Dann wünschen wir uns alle ein wenig Nachsicht. Wir müssen in solchen Zeiten geduldig miteinander umgehen. Aber in extremen Stresssituationen denken und reagieren wir mithilfe unserer Kernwerte. Sie sind also keine Sammlung aus netten Ideen und erwünschtem Verhalten, die wir uns irgendwo aufschreiben. Sie sind unsere Grundeinstellung, aus der heraus wir Entscheidungen treffen und Schritte unternehmen, ohne groß darüber nachzudenken. Wenn wir Stress oder kaum Zeit oder Energie zum Nachdenken haben, zeigen sich unsere Kernwerte in dem, was wir denken, sagen und tun und genauso in dem, was wir nicht denken, sagen oder tun.

Ich (David) erinnere mich noch an die Anfangszeit als Christ. Mein Jugendpastor war mein Mentor und er arbeitete mit mir an meiner Sprache (genauer: am Fluchen). Ich fand mich gut, als ich aufhörte zu fluchen, aber mein Mentor fragte mich auch, was ich dachte, nicht nur, was ich sagte. Ich musste weiter an meinen Gedanken arbeiten. Ich erinnere mich an eine Situation, die früher in einer langen Litanei von Flüchen geendet hätte, in der ich jetzt aber nicht einmal ans Fluchen dachte. Wow! Da wusste ich, dass ich mich verändert hatte. Meine Kernwerte hatten sich verändert. Ich arbeitete weiter an mir. Dann erinnere ich mich an ein sehr stressiges Ereignis, bei dem ich mich fragte, was das Beste für die andere Person war - nicht für mich. Da hatte ich das Gefühl, Jesus ähnlicher geworden zu sein.

Bitte nicht missverstehen, ich sage nicht, dass ich vollkommen wäre. Ich habe immer noch zu kämpfen. Aber ich bemühe mich bewusst darum, jeden Tag ein wenig mehr wie Jesus zu sein in dem, was ich denke, sage und tue. Das sind die Kernwerte eines Christen. Paulus hat es folgendermaßen formuliert:

> *„Früher hielt ich all diese Dinge für außerordentlich wichtig, aber jetzt betrachte ich sie als wertlos angesichts dessen, was Christus getan hat. Ja, alles andere erscheint mir wertlos, verglichen mit dem unschätzbaren Gewinn, Jesus Christus, meinen Herrn, zu kennen. Ich habe alles andere verloren und betrachte es als Dreck, damit ich Christus habe und mit ihm eins werde. Ich verlasse mich nicht mehr auf mich selbst oder auf meine Fähigkeit, Gottes Gesetz zu befolgen, sondern ich vertraue auf Christus, der mich rettet. Denn nur durch den Glauben werden wir vor Gott gerecht gesprochen. Mein Wunsch ist es, Christus zu erkennen und die mächtige Kraft, die ihn von den Toten auferweckte, am eigenen Leib zu erfahren. Ich möchte lernen, was es heißt,*

mit ihm zu leiden, indem ich an seinem Tod teilhabe, damit auch ich eines Tages von den Toten auferweckt werde! Ich will nicht behaupten, ich hätte dies alles schon erreicht oder wäre schon vollkommen! Aber ich arbeite auf den Tag hin, an dem ich endlich alles sein werde, wozu Christus Jesus mich errettet und wofür er mich bestimmt hat. Nein, liebe Freunde, ich bin noch nicht alles, was ich sein sollte, aber ich setze meine ganze Kraft für dieses Ziel ein. Indem ich die Vergangenheit vergesse und auf das schaue, was vor mir liegt, versuche ich, das Rennen bis zum Ende durchzuhalten und den Preis zu gewinnen, für den Gott uns durch Christus Jesus bestimmt hat. Ich hoffe, ihr, die ihr glaubt, stimmt darin mit mir überein. Wenn ihr in irgendeinem Punkt anderer Meinung seid, so glaube ich, dass Gott euch Klarheit schenken wird. Wir müssen jedoch darauf achten, dass wir der Wahrheit, die uns vermittelt wurde, auch gehorchen.“ Phil 3,7-16 (NLB)

Mentoren helfen ihren Mentees, ihre Kernwerte dahingehend zu verändern, dass sie Jesus in jedem Lebensbereich ähnlicher werden. Das Augenmerk liegt nicht auf der Aufgabe, sondern auf der Person.

Wenn wir uns auf die Aufgabe konzentrieren, sind wir Coach, nicht Mentor. Es gibt Zeiten, in denen ein Mentor auch coachen muss, aber wir konzentrieren uns nicht auf die Aufgabe, sondern auf die Person.

Wenn wir das Augenmerk wiederum auf Wissen legen, sind wir Lehrer, kein Mentor. Es gibt auch Zeiten, in denen ein Mentor lehren muss, aber auch hier konzentrieren wir uns nicht darauf, sondern immer noch auf den Menschen.

Mentoren haben sämtliche Lebensbereiche der Person im Blick. Um alle Aspekte zu erfassen, müssen wir der Person helfen, ihre Kernwerte in die biblische Perspektive zu rücken.

Sehen wir uns an, was Paulus an die Epheser schrieb:

„Ich will vor Gott bezeugen, dass ihr nicht mehr leben sollt wie Menschen, die Gott nicht kennen und deren Denken ohne Sinn und Ziel ist. Ihr Verstand ist verfinstert und sie

sind von dem Leben, das Gott für sie hat, weit entfernt, weil sie von ihm nichts wissen wollen und ihre Herzen hart geworden sind. Gleichgültig überlassen sie sich ganz ihren ausschweifenden Leidenschaften und suchen gierig nach jeder Art von Verlockung. Durch Christus habt ihr jedoch etwas anderes kennen gelernt, wenn ihr ihm zugehört habt und die Wahrheit kennt, die in ihm ist. Deshalb sollt ihr euer altes Wesen und eure frühere Lebensweise ablegen, die durch und durch verdorben war und euch durch trügerische Leidenschaften zu Grunde richtete. Lasst euch stattdessen einen neuen Geist und ein verändertes Denken geben. Als neue Menschen, geschaffen nach dem Ebenbild Gottes und zur Gerechtigkeit, Heiligkeit und Wahrheit berufen, sollt ihr auch ein neues Wesen annehmen. Hört auf zu lügen und sagt einander die Wahrheit, weil wir alle zusammengehören. Sündigt nicht, wenn ihr zornig seid, und lasst die Sonne nicht über eurem Zorn untergehen. Gebt dem Teufel keine Möglichkeit, durch den Zorn Macht über euch zu gewinnen! Wer ein Dieb ist, soll aufhören zu stehlen. Er soll seine Hände zu ehrlicher Arbeit gebrauchen und dann anderen, die in Not sind, großzügig geben. Verzichtet auf schlechtes Gerede, sondern was ihr redet, soll für andere gut und aufbauend sein, damit sie im Glauben ermutigt werden. Achtet darauf, den Heiligen Geist nicht durch euer Verhalten zu betrüben. Denkt vielmehr daran, dass ihr sein Siegel tragt und dadurch die Gewissheit habt, dass der Tag der Erlösung kommen wird. Befreit euch von Bitterkeit und Wut, von Ärger, harten Worten und übler Nachrede sowie jeder Art von Bosheit. Seid stattdessen freundlich und mitfühlend zueinander und vergebt euch gegenseitig, wie auch Gott euch durch Christus vergeben hat. Folgt in allem Gottes Beispiel, denn ihr seid seine geliebten Kinder. Euer Leben soll von Liebe geprägt sein, wie auch Christus uns geliebt hat, denn er hat sich selbst als Gabe und Opfer für unsere Sünden gegeben. Und Gott hatte Gefallen an diesem Opfer, das wie ein wohlriechender Duft zu ihm aufstieg. Weil ihr Gott gehört, soll es keine Unzucht, Unreinheit oder

Habgier unter euch geben. Genauso unpassend für euch ist schmutziges, dummes und anzügliches Gerede; vielmehr sollt ihr Gott danken. Ihr könnt sicher sein, dass kein unzüchtiger, unreiner oder habgieriger Mensch je das Reich Christi und Gottes miterben wird. Denn ein Habgieriger ist nur ein Götzendiener, der weltliche Dinge anbetet. Lasst euch nicht von leeren Worten verführen! Der Zorn Gottes wird alle treffen, die ihm ungehorsam sind. Gebt euch also nicht mit ihnen ab. Auch wenn es früher in euch finster war, seid ihr jetzt vom Licht des Herrn erfüllt; deshalb lebt nun auch als Kinder des Lichts! Denn dieses Licht in euch bringt lauter Güte, Gerechtigkeit und Wahrheit hervor. Findet heraus, was dem Herrn Freude macht. Beteiligt euch nicht an den nutzlosen Taten der Finsternis, sondern deckt sie vielmehr auf. Es ist beschämend, auch nur davon zu reden, was gottlose Menschen im Verborgenen treiben. Doch wenn das Licht darauf fällt, wird alles sichtbar werden. Was aber sichtbar wird, wird nun auch Licht. Deshalb heißt es: „Wach auf, du Schläfer, steh von den Toten auf, dann wird Christus dir aufleuchten. Achtet sorgfältig darauf, wie ihr lebt; handelt nicht unklug, sondern bemüht euch, weise zu sein. Nutzt jede Gelegenheit, in diesen üblen Zeiten Gutes zu tun. Handelt nicht gedankenlos, sondern versucht zu begreifen, was der Herr von euch will. Betrinkt euch nicht mit Wein; sonst ruiniert ihr damit euer Leben. Lasst euch stattdessen vom Heiligen Geist erfüllen. Singt miteinander Psalmen und Lobgesänge und geistliche Lieder, und in euren Herzen wird Musik sein zum Lob Gottes. Und dankt Gott, dem Vater, zu jeder Zeit für alles im Namen unseres Herrn Jesus Christus.“ Eph 4,17 - 5,20 (NLB)

Mentoren helfen ihren Mentees in allem, was sie tun, mehr wie Jesus zu handeln. Dazu gehört Folgendes:

- Ihre Beziehung zu Gott.
- Ihre Beziehung zu Familie und Freunden.
- Ihre Beziehung zu ihrem größeren Umfeld und zur Gemeinde.

- Das Leben nach Gottes Berufung für sie.
- Ihr Beruf (wie sie ihre Brötchen verdienen).
- Ihre Beziehung zu sich selbst (Bildung, berufliche Fähigkeiten, psychische Gesundheit, emotionale Stabilität, geistliche Reife und körperliche Gesundheit).

Eine solche Begleitung kann man nicht über Veranstaltungen oder Seminare leisten. Mentoring erfordert, dass wir gegenseitig so in den anderen investieren, dass wir vom Heiligen Geist aus allen Richtungen erinnert werden, Jesus ähnlicher zu werden – und damit unsere Kernwerte denen angleichen, die wir in der Bibel finden.

MENTEES ZU PARTNERN AUF AUGENHÖHE MACHEN

Mentoring ist eine beiderseitige Beziehung, in der beide lernen und sich weiterentwickeln. Gute Mentoren sind Lernende und es gibt keine bessere Art zu lernen, als jemanden bei seinen Entdeckungen zu begleiten und Dinge, die wir einmal gewusst, aber wieder vergessen haben, ganz neu zu sehen, und mit großer Freude durch und mit unseren Mentees Neues herauszufinden.

Veränderung gehört unabänderlich zu einer Mentoringbeziehung dazu. Das Ziel ist, jemanden so zu begleiten, dass er andere zu Jüngern und zu Leitern macht. Um dieses Ziel zu erreichen, müssen wir ständig weiterlernen, uns weiterentwickeln und verändern. Allein das Mentoring an sich verändert und hilft sowohl dem Mentor wie dem Mentee. Das ist der Grund, weshalb es so wichtig ist, auch den Mentee zu ermutigen, andere als Mentor zu begleiten. Bevor er oder sie das nicht tut, hat der Mentoringprozess nur einen begrenzten Wert.

Wir haben sehr strikte Regeln für diejenigen, die wir als Mentoren begleiten: Sie müssen selbst aktiv jemanden begleiten, sonst investieren wir keine Zeit in ihr Mentoring. Ein entscheidender Angriff des Bösen auf die Christenheit besteht darin, dass er Leiter dazu bringt, Menschen zu begleiten, die ihnen nur Zeit und Energie rauben, aber selbst nichts bewirken. Sie geben das Gelernte nicht weiter und entwickeln sich demnach auch nicht. Mentoren müssen klug wie Schlangen sein. Mit anderen Worten: Sie müssen sehen, wo Satan angreifen wird und solche Situationen meiden. Dass christliche Leiter so viel Zeit in Menschen stecken, die sich nicht multiplizieren, ist ein ungeheurer Verlust für das Reich Gottes.

Mentoringbeziehungen entwickeln sich mit der Zeit weiter. Anfangs besteht die Begleitung zu großen Teilen aus Lehre und Schulung. Und während ein Mentee lernt und Fähigkeiten trainiert, unterrichtet und trainiert er oder sie bereits andere. (Wissen und Fähigkeiten werden erst dann wirklich verinnerlicht, wenn man andere unterrichtet und trainiert.) Andere anzuleiten, erhöht die eigene Leitungskapazität. Leiter können nicht reifen, wenn sie nicht andere zu Leitern machen. Neue Leiter auszubilden, hilft den Mentoren, mehr über sich selbst zu erfahren. Als Mentoren lernen wir Neues über Führung, wenn wir unsere Mentees in ihrer Leiterschaftsentwicklung beobachten und unterstützen.

Eine funktionierende Mentoringbeziehung verändert sich relativ schnell von einer Beziehung zwischen Mentor und Mentee hin zu einer Beziehung zwischen Gleichgesinnten. Wir haben schon erlebt, dass es nur ein Jahr dauerte, aber meist sind es zwischen drei und fünf Jahren. Wenn ein Mentor länger als fünf Jahre in einer Mentoringbeziehung steckt, besteht ein ernsthaftes Problem. Meist ist das der Fall, weil der Mentee sich nicht multipliziert. Und das geschieht, wenn der Mentor einen Schüler heranzieht und keinen Leiter.

Leiter bringen weitere Leiter hervor. Und wenn das geschieht, entwickeln sie sich weiter. Andere in ihrer Entwicklung zu begleiten, ist eine hervorragende Möglichkeit, sich selbst weiterzuentwickeln. Je mehr Menschen wir begleiten desto mehr sind wir neuen Gedanken und neuen Leuten ausgesetzt, desto mehr Probleme müssen wir lösen, desto mehr Gelegenheiten begegnen wir, uns weiterzuentwickeln, und desto mehr Erfolge und Fehler erleben wir, aus denen wir lernen können.

Wenn die Mentoringbeziehung gut läuft, wird sie schnell zu einer

Beziehung auf Augenhöhe. Wenn ein Mentor diese Weiterentwicklung zu selten erlebt, sollte er seine Mentoringbeziehungen hinterfragen. Mentoren sollten sich dabei folgende Fragen stellen:

- ▹ Besteht eine Vereinbarung, die die Mentoringbeziehung beschreibt? (Das muss kein geschriebenes Dokument sein, beide Seiten sollten sie aber kennen.)
- ▹ Beschäftigen meine Mentees und ich uns mit allen Lebensbereichen, die gute Leiter ausmachen? (Beziehung zu Gott, zur Familie, zum Umfeld und zur Gemeinde – inklusive der Freunde und anderer Menschen, Gottes persönlicher Berufung und der Aufgaben; die finanzielle Versorgung der Familie und die geistige, emotionale, geistliche und körperliche Gesundheit.)
- ▹ Begleitet mein Mentee andere? (Ein Mentor sollte die Mentees, die sein Mentee begleitet, kennenlernen.)
- ▹ Was lerne ich von meinem Mentee – inklusive der Fehler und Erfolge? (Wenn ein Mentor nichts von seinen Mentees lernt, läuft etwas falsch.)
- ▹ Sehen wir beide positive Entwicklungen in unserem Leben aufgrund der Mentoringbeziehung? (Werden die beiden durch ihre Beziehung zu besseren Menschen?)
- ▹ Entwickelt und verändert sich die Beziehung?
- ▹ Was können oder sollten wir an der Beziehung und ihren Ergebnissen verbessern?
- ▹ Mache ich meine Mentees zu Schülern oder zu Leitern? (Schulen und coachen sind sehr viel leichter als Mentoring. Sich auf Wissen oder Fähigkeiten zu konzentrieren, ohne im Blick zu haben, wie beide sich in den Führungsqualitäten niederschlagen, ist eine Falle. Gute Mentoren müssen wissen, wie Wissen und Fähigkeiten weitergegeben werden, wenn die Mentees weitere Leiter ausbilden. Eine Mentoringbeziehung erfordert Verbindlichkeit.)

Zu sehen, wie ein Mentee immer gleichberechtigter wird, ist eine sehr erfüllende Erfahrung, die nicht automatisch passiert. Mentoren müssen die Begleitung bewusst planen und sich darin knallhart hinterfragen.

MENTORING IN KONFLIKTEN

In westlichen Medien beruht Humor häufig auf Konflikten und einem falschen Umgang damit. Eine ganze Generation von Leitern ist mit Sendungen und Kinofilmen groß geworden, in denen Sarkasmus, markige Retourkutschen, persönliche (emotionale und/oder körperliche) Angriffe und heimliche Racheakte der normale Umgang mit Konflikten in Familien, zwischen Freunden, Kollegen und Fremden waren. Das mag auf der Leinwand lustig sein, aber im wahren Leben sind die Folgen verheerend: angespannte Beziehungen werden immer schwieriger und zerbrechen schließlich ganz, was in Rache endet (der mutwilligen Schädigung eines anderen aufgrund einer empfundenen oder tatsächlicher Schädigung seinerseits.)

Konflikte gehören zur menschlichen Kommunikation hinzu. Immer! Jeder macht Fehler, die andere berühren. Menschen treffen falsche Entscheidungen oder sündigen und andere werden emotional oder körperlich verletzt. Wie Mentoren auf Konflikte oder Ereignisse reagieren, die zu Konflikten führen können, sagt viel über sie aus. Wie Mentoren mit Konflikten umgehen, entscheidet, ob wir uns als Leiter weiterentwickeln oder nicht. Ein guter Umgang mit Konflikten ist sogar eine Voraussetzung dafür, dass Beziehungen tiefer und enger werden und man sich als Leiter weiterentwickelt. Ein schlechter Umgang mit Konflikten führt dagegen zu Vertrauensverlust und Distanz in der Beziehung. Konflikte gut zu lösen, schafft Vertrauen und führt dazu, dass Beziehungen enger und wichtiger werden.

Zu einem schlechten Umgang mit Konflikten oder Schwierigkeiten gehören die folgenden Verhaltensweisen:

- Das Problem ignorieren. Probleme verschwinden nicht einfach. Sie zu ignorieren macht die Sache nur noch schlimmer.
- Die andere Person respektlos behandeln. Respektlosigkeit erzeugt Respektlosigkeit, verhindert Kommunikation, zerstört

Vertrauen und fördert Misstrauen.

- Jammern. Allerdings ist Jammern nicht dasselbe wie Luft ablassen. Seinen Gefühlen bei jemandem freien Lauf zu lassen, hilft, die Dinge in die richtige Perspektive zu rücken. Das geschieht vertraulich und bei einer Vertrauensperson, die die Angelegenheit für sich behält und dafür sorgt, dass aus dem hilfreichen Nachdenken kein negatives Jammern wird. Normalerweise bespreche ich so etwas nicht mit meiner Frau, weil es zu Ablehnung oder Reserviertheit gegenüber der anderen Konfliktpartei führen kann. Wenn es sich um Freunde oder Kollegen handelt, kann das ein Problem sein. Ich wecke negative Gefühle gegenüber der Person, weil ich Luft ablasse und den Konflikt nicht rational und im Zusammenhang der gesamten Beziehung beurteile.
- Das Problem vertagen. Probleme werden dadurch nur noch größer.
- Nicht klar und direkt reagieren, agieren und kommunizieren. Das führt zu Missverständnissen, zieht andere in das Problem mit hinein und verzögert die Lösung der Probleme – wenn sie denn überhaupt gelöst werden.
- Vergeltung! So entstehen Fehden.
- So laut herumbrüllen, dass schüchterne Menschen sich abwenden und der Konfrontation aus dem Weg gehen.
- Sich in persönliche Angriffe flüchten, statt die Themen anzugehen, die auf dem Tisch liegen.
- Jede körperliche Reaktion, inklusive böswilliger Gesten.
- Überkritisch sein.
- Argumente so eindringlich wie möglich hervorbringen.
- Sich Retourkutschen für die letzten Aussagen überlegen.
- Ignorieren, was einem nicht gefällt.
- Reden, um nicht zuhören zu müssen.
- Unter Freunden und Gleichgesinnten um Unterstützung für die eigene Seite werben.

- ▹ Andere in die Auseinandersetzung mit hineinziehen.
- ▹ Den anderen nicht zu Wort kommen oder seine Sicht der Dinge darlegen lassen.
- ▹ Dem anderen Motive für sein Verhalten unterstellen. Niemand kennt die Motive eines anderen, bis er diese nicht selbst erklärt hat. Selbst wenn jemand schon mehrfach durch negatives Verhalten oder schlechte Entscheidungen aufgefallen ist, dürfen Mentoren niemals davon ausgehen, dass sie die Motive hinter einem Verhalten oder einer Entscheidung kennen.
- ▹ Sarkasmus jeder Art.
- ▹ Das Problem in der Hitze des Gefechts lösen wollen. Hochkochende Emotionen wecken wiederum Emotionen, wodurch Zuhören unmöglich wird und zu schlechten Entscheidungen und negativen Reaktionen führt.
- ▹ Die Vergangenheit wieder aufwärmen, statt sich mit dem aktuellen Thema zu beschäftigen. Das wird seltener passieren, wenn der Mentor vorherige Konflikte gut gelöst hat.
- ▹ Superlative wie „immer" oder „niemals" benutzen.
- ▹ Eine bedrohliche oder abwehrende Körpersprache.
- ▹ Ausfallend werden, beleidigen oder unter die Gürtellinie zielen.
- ▹ Den Streit öffentlich austragen. In ernsthaften Auseinandersetzungen eine dritte Partei hinzuzubitten, ist allerdings etwas anderes, als einen Streit öffentlich auszutragen.
- ▹ Ein Problem über E-Mail, SMS, WhatsApp oder ähnliche Nachrichten klären wollen. Ein persönliches Gespräch ist am besten, notfalls gehen auch Video- oder Telefonkonferenzen, wenn eine persönliche Begegnung nicht möglich ist.

Manchmal reagieren Menschen konfrontativ und aggressiv, etwa indem sie andere beleidigen, bloßstellen, offen streiten, herumbrüllen, mit finsteren Blicken anstarren, sich Verbündete suchen oder sogar körperlich angreifen. Manchmal agieren Menschen auch passiv, etwa indem sie in Abwehrhaltung gehen, den Kontakt meiden, sich abfällig oder boshaft äußern, sarkastisch reagieren, Gerüchte oder Verleumdungen verbreiten, tratschen, hinterrücks Dinge erzählen, die die Integrität beschmutzen, Projekte sabotieren oder indirekt körperlichen, wirtschaftlichen oder emotionalen Schaden anrichten, der sich nicht zurückverfolgen lässt.

Wut, Scham und Frust sind aufrichtige Gefühle. Aber uns muss klar sein, dass Menschen falsch verstehen können, was die Gefühle ausgelöst hat. Und selbst wenn wir einen guten Grund für unsere Gefühle haben, können wir entscheiden, wie wir mit ihnen umgehen wollen. Angemessen mit Emotionen umzugehen, ist der erste Schritt zu einer fairen Auseinandersetzung. Wenn wir auf ungute Weise mit diesen Gefühlen umgehen, weil wir sie nicht gut kommunizieren (wozu auch gehört, sie zu ignorieren), überhöhen wir sie bis zu einem Punkt, der uns bereit macht zu kämpfen oder jemandem direkt oder indirekt zu schaden. Unsere emotionale Energie muss irgendwohin. Je unangemessener wir mit unseren Gefühlen und der Situation, die sie hervorruft, umgehen, desto eher wird sich diese emotionale Energie Bahn brechen – zum falschen Zeitpunkt oder auf unangemessene Art und Weise. Dadurch werden Beziehungen belastet und es entstehen Konflikte, die sich nur schwer oder gar nicht lösen lassen.

Ein paar Vorschläge, angemessen auf unsere Gefühle zu reagieren:

Nehmen Sie das Gefühl an. Nehmen Sie wahr und akzeptieren Sie, dass Sie wütend, beschämt, frustriert oder enttäuscht sind. Ich (David) bin ein denkender, kein fühlender Mensch. Wenn etwas so schlecht oder gut läuft, dass es Emotionen in mir weckt, brauche ich sehr lange, um sie zu sortieren und angemessen kommunizieren zu können. Das dauert seine Zeit. Ich (Paul) gehöre zu den fühlenden Menschen, die dazu neigen, ihre Emotionen schnell bei anderen abzuladen – ohne zu analysieren, was das Gefühl hervorgerufen hat und warum sie fühlen, was sie fühlen, oder was das Abladen bewirkt. Sie müssen ihre Gefühle sortieren, bevor sie ihr Herz ausschütten, sonst verschärfen sie die Probleme. Fühlende wie denkende Menschen brauchen Disziplin beim Umgang mit Emotionen und schwierigen Situationen.

Sagen Sie zum anderen: „Hilf mir zu verstehen“ und unterstellen Sie niemandem irgendwelche Motive. Ich (David) fuhr eines Nachts auf der Autobahn und das Auto hinter mir fuhr mit Fernlicht. Als ich abbremste, um das Auto überholen zu lassen, fuhr es ebenfalls langsamer und blieb hinter mir. Bald tauchte eine Tankstelle auf und ich fuhr ab, um den Typen abzuschütteln, aber er folgte mir zur Tankstelle. Mit etwas Angst und viel Wut sprang ich aus meinem Auto, bereit, einen Streit anzuzetteln, beschloss dann aber, erst so höflich, wie ich konnte, zu fragen, ob etwas nicht in Ordnung sei. Eine kleine, alte Dame stieg aus und rief: „Es tut mir so leid wegen des Fernlichts! Es klemmt und ich kann es nicht ausschalten, deshalb habe ich auf die nächste Gelegenheit gewartet, wo mir jemand helfen kann." Wir dürfen nicht voraussetzen, wir wüssten, weshalb andere sich so verhalten, dass es uns irritiert, frustriert oder verärgert.

Besprechen Sie das Problem mit einer Vertrauensperson, die Sie in der Angelegenheit begleitet und sie für sich behält. Bei ernsten Problemen kann das auch ein professioneller Berater sein, der unparteiisch ist und Ihnen hilft, sich um Ihre Belange zu kümmern, bevor Sie das Problem angehen.

Erläutern Sie Ihr Problem und lassen Sie der anderen Person anschließend Zeit, Ihre Gefühle zu sortieren, bevor Sie fortfahren. Vielleicht müssen Sie die Frage stellen: „Brauchst du Zeit, um darüber nachzudenken?" Wenn die Person sehr emotional reagiert oder versucht, ihre Gefühle zu unterdrücken, müssen Sie vielleicht hinzufügen: „Wollen wir uns in einer Stunde wieder treffen?" Starke Gefühle verschlimmern die Lage und erschweren es, der anderen Person zuzuhören. Wir denken und sagen schnell etwas, das uns anschließend leidtut. Gefühlswallungen führen zu Streit und behindern die Lösung des Problems. Ruhige Köpfe lösen das Problem. Erhitzte Gemüter verursachen Probleme.

Fassen Sie Gefühle in Worte. Gehen Sie nicht einfach davon aus, dass Sie alles verstehen oder verstanden werden. Benutzen Sie Sätze wie: „Ich bin frustriert, weil ..." oder „Ich bin ärgerlich, weil ..." Spiegeln Sie die Emotionen des Gegenübers. Sagen Sie beispielsweise: „Verstehe ich richtig, dass du ärgerlich bist, weil ..." oder „Kannst du mir verstehen helfen, warum du frustriert bist, dass ...?"

Eine andere Schwierigkeit bei vielen Unstimmigkeiten (Streit) ist eine wohlmeinende dritte Partei, die einen der Beteiligten verteidigen will oder sich einschaltet, um einen Freund oder Teamkollegen zu unterstützen. Für jemanden zu kämpfen oder ihn zu verteidigen, behindert aber seine Weiterentwicklung als Leiter. Vermeiden Sie es selbst und lassen Sie es auch bei anderen nicht zu. Bei Unstimmigkeiten sollten nur die Beteiligten über die Situation reden, es sei denn sie sind an einem Punkt angelangt, an dem keiner mehr dem anderen zuhört und ein unparteiischer Mediator nötig ist. Unbeteiligte, die sich einmischen, um jemanden zu verteidigen oder für ihn das Problem lösen wollen, verschlimmern die Sache nur. Nun sind drei statt zwei an dem Problem beteiligt. Die Person, die niemanden hinter sich hat, wird noch frustrierter und die Person, die verteidigt wird, nimmt eine passive Rolle ein, die ihn in seiner Weiterentwicklung hindert. Leiter müssen lernen, allein mit Problemen fertig zu werden. Sie dürfen um Rat fragen, aber sie müssen die Schwierigkeit allein klären. Jemanden in einem Streit zu verteidigen, nimmt ihm die Chance zu wachsen, selbst wenn der Streit nicht fair verläuft. Außenstehende können anschließend den Streit nachbesprechen, sollten sich aber nicht daran beteiligen. Eine Auswertung gehört zum Lernprozess. Eine direkte Beteiligung führt zu neuen Schwierigkeiten.

Leiter müssen verstehen, dass Fehler immer in der Vergangenheit liegen. Lösungen liegen immer in der Zukunft. Wir können die Vergangenheit nicht verändern, aber wir können die Zukunft durch unsere Entscheidungen beeinflussen. Verbindlichkeit und Problemlösung zielen auf die Zukunft, nicht auf die Vergangenheit. Wenn es ein Problem gibt, müssen wir eine Lösung finden, selbst wenn das Problem ein abermaliges falsches Verhalten oder wiederholte Fehlentscheidungen sind. Versuchen Sie, das Problem so einfach und direkt wie möglich zu formulieren. Je weniger Worte nötig sind, um das Problem zu umreißen, desto eher werden wir es schnell und effizient lösen können.

Finden Sie Wege, dass beide Parteien sich wertgeschätzt fühlen und im Problemlösungsgespräch ihre Meinung vertreten. Wir müssen uns kritisch hinterfragen, ob wir möglicherweise unempfänglich sind für die Perspektive des anderen oder ob sie uns nicht interessiert. Das kann sich daran zeigen, dass wir mehr reden als zuhören. Auch unehrlich, feindselig oder überkritisch zu sein, erschwert die Kommunikation. Vermeiden Sie es, den anderen zu manipulieren, wenn er redet. Das Ziel aller Kommunikation ist, unsere Gedanken und Gefühle auszudrücken, damit der andere sie verstehen kann. Wir können Tun und Reaktionen des anderen nicht bestimmen. Es ist nicht hilfreich, wenn wir versuchen, Recht zu behalten oder die Debatte zu gewinnen. Es mag verlockend sein, „gewinnen" zu wollen, aber die Beziehung wird dabei auf der Strecke bleiben.

Eine ehrliche, offene und direkte Kommunikation ist gut. Sie lässt keinen Zweifel am Ziel und an der Bedeutung unserer Worte. Wir müssen unsere kulturell bedingte Angst ablegen, unsere wahren Gedanken und Gefühle auszusprechen. Das sollte auf freundliche und respektvolle Weise geschehen. Wir geben dem anderen Raum zu sprechen und zu reagieren, während wir zuhören. Wir hören hin, was der andere sagt, und versuchen, es richtig zu verstehen und zu interpretieren. Fragen Sie nach, wenn Sie etwas nicht verstehen oder das Gesagte hinterfragen. Gute Kommunikation erfordert, dass wir dafür sorgen, dass wir den anderen verstehen und er uns. Sie führt zu Vertrauen, der Grundlage für die Lösung des Problems.

In der Bibel lesen wir viel darüber, dass wir Schwierigkeiten vermeiden und Probleme angehen sollen. Sehen Sie sich die folgenden Bibeltexte an. Bitten Sie Gott, Ihnen beim Lesen zu zeigen, wie Sie die Texte auf Ihre aktuellen Probleme mit anderen Menschen anwenden können.

> *Darum ehrt Gott, indem ihr einander annehmt, wie Christus euch angenommen hat.*
> *Röm 15,7*

> *Geschwister, im Namen von Jesus Christus, unserem Herrn, fordere ich euch alle auf, eins zu sein. Redet so, dass eure Worte euch nicht gegeneinander aufbringen, und lasst es nicht zu Spaltungen unter euch kommen. Seid vielmehr ganz auf dasselbe Ziel ausgerichtet und haltet in völliger Übereinstimmung zusammen.*
> *1.Kor 1,10*

Geht nachsichtig miteinander um und vergebt einander, wenn einer dem anderen etwas vorzuwerfen hat. Genauso, wie der Herr euch vergeben hat, sollt auch ihr einander vergeben.
Kol 3,13

Rechthaberei und Überheblichkeit dürfen keinen Platz bei euch haben. Vielmehr sollt ihr demütig genug sein, von euren Geschwistern höher zu denken als von euch selbst.
Phil 2,3

Kein böses Wort darf über eure Lippen kommen. Vielmehr soll das, was ihr sagt, gut, angemessen und hilfreich sein; dann werden eure Worte denen, an die sie gerichtet sind, wohl tun.
Eph 4,29

Helft einander, eure Lasten zu tragen! Auf diese Weise werdet ihr das Gesetz erfüllen, das Christus uns gegeben hat.
Gal 6,2

Vielmehr soll jeder sein eigenes Tun überprüfen! Dann kann er sich mit dem rühmen, was er selbst tut, und muss sich nicht mit anderen vergleichen. Jeder hat nämlich seine ganz persönliche Last zu tragen. Wer in der Lehre des Evangeliums unterrichtet wird, soll mit allem, was er besitzt, zum Lebensunterhalt seines Lehrers beitragen.
Gal 6,4-5

Es darf nämlich im Körper nicht zu einer Spaltung kommen; vielmehr soll es das gemeinsame Anliegen aller Teile sein, füreinander zu sorgen. Wenn ein Teil des Körpers leidet, leiden alle anderen mit, und wenn ein Teil geehrt wird, ist das auch für alle anderen ein Anlass zur Freude. Das alles gilt nun auch im Hinblick auf euch, denn ihr seid der Leib Christi, und jeder Einzelne von euch ist ein Teil dieses Leibes.
1.Kor 12,25-27

Darum bekennt einander eure Sünden und betet füreinander, damit ihr geheilt werdet. Das Gebet eines Menschen, der sich nach Gottes Willen richtet, ist wirkungsvoll und bringt viel zustande.
Jak 5,16

Wenn ihr jedoch wie wilde Tiere aufeinander losgeht, einander beißt und zerfleischt, dann passt nur auf! Sonst werdet ihr am Ende noch einer vom anderen aufgefressen.
Gal 5,15

Lasst im Umgang miteinander Herzlichkeit und geschwisterliche Liebe zum Ausdruck kommen. Übertrefft euch gegenseitig darin, einander Achtung zu erweisen.
Röm 12,10

Sie sagten zueinander: „Das alles ist nur aufgrund dessen geschehen, was wir Josef vor langer Zeit angetan haben. Wir haben seine Angst gesehen, als er uns um Gnade anflehte, aber nicht darauf gehört. Jetzt müssen wir dafür büßen."
1.Mo 42,21 (NLB)

Darum macht euch gegenseitig Mut und helft einander im Glauben weiter, wie ihr es ja auch jetzt schon tut.
1.Thess 5,11

Ermahnt und ermutigt einander vielmehr Tag für Tag, solange dieses „Heute", von dem die Schrift spricht, noch andauert, damit niemand unter euch sich von der Sünde betrügen lässt und sich dadurch dem Wirken Gottes verschließt.
Heb 3,13

Und weil wir auch füreinander verantwortlich sind, wollen wir uns gegenseitig dazu anspornen, einander Liebe zu erweisen und Gutes zu tun.
Heb 10,24

Da wandte sich Petrus an Jesus und fragte: „Herr, wie oft muss ich meinem Bruder vergeben, wenn er immer wieder gegen mich sündigt? Siebenmal?" – „Nein", gab Jesus ihm zur

Antwort, „nicht siebenmal, sondern siebenundsiebzigmal!" „Darum hört dieses Gleichnis: Mit dem Himmelreich ist es wie mit einem König, der mit den Dienern, die seine Güter verwalteten, abrechnen wollte. Gleich zu Beginn brachte man einen vor ihn, der ihm zehntausend Talente schuldete. Und weil er nicht zahlen konnte, befahl der Herr, ihn mit Frau und Kindern und seinem ganzen Besitz zu verkaufen und mit dem Erlös die Schuld zu begleichen. Der Mann warf sich vor ihm nieder und bat auf den Knien: ‚Hab Geduld mit mir! Ich will dir alles zurückzahlen.' Da hatte der Herr Mitleid mit seinem Diener; er ließ ihn frei, und auch die Schuld erließ er ihm. Doch kaum war der Mann zur Tür hinaus, da traf er einen anderen Diener, der ihm hundert Denare schuldete. Er packte ihn an der Kehle, würgte ihn und sagte: ‚Bezahle, was du mir schuldig bist!' Da warf sich der Mann vor ihm nieder und flehte ihn an: ‚Hab Geduld mit mir! Ich will es dir zurückzahlen'. Er aber wollte nicht darauf eingehen, sondern ließ ihn auf der Stelle ins Gefängnis werfen, wo er so lange bleiben sollte, bis er ihm die Schuld zurückgezahlt hätte. Als das die anderen Diener sahen, waren sie entsetzt. Sie gingen zu ihrem Herrn und berichteten ihm alles. Da ließ sein Herr ihn kommen und sagte zu ihm: ‚Du böser Mensch! Deine ganze Schuld habe ich dir erlassen, weil du mich angefleht hast. Hättest du da mit jenem anderen Diener nicht auch Erbarmen haben müssen, so wie ich mit dir Erbarmen hatte?' Und voller Zorn übergab ihn der Herr den Folterknechten, bis er ihm alles zurückgezahlt hätte, was er ihm schuldig war. So wird auch mein Vater im Himmel jeden von euch behandeln, der seinem Bruder nicht von Herzen vergibt."
Mt 18,21-35

Klagt und jammert nicht übereinander, Geschwister, damit Gott euch nicht verurteilen muss. Denkt daran: Der Richter steht schon vor der Tür!
Jak 5,9

Lasst euch im Umgang miteinander davon bestimmen, dass ihr ein gemeinsames Ziel habt. Seid nicht überheblich, sondern sucht die Gemeinschaft mit denen, die unscheinbar und unbedeutend sind. Haltet euch nicht selbst für klug.
Röm 12,16

Euch alle schließlich fordere ich dazu auf, euch ganz auf das gemeinsame Ziel auszurichten. Seid voller Mitgefühl, liebt einander als Glaubensgeschwister, geht barmherzig und zuvorkommend miteinander um!
1.Petr 3,8, alle NGÜ

Vor ein paar Jahren beobachteten wir als Cityteam in einigen afrikanischen Jüngerschaftsbewegungen einen alarmierenden Trend: Ihr Wachstum war ins Stocken geraten, in manchen Fällen schrumpften sie sogar. Sofort suchten wir nach Antworten.

Wir stellten fest, dass wir die begabten Leiter gut geschult hatten und diese hatten wiederum andere geschult. Aber wie bereits gesagt, geht es in der Schulung nur um die Vermittlung von Wissen und Fähigkeiten, nicht darum, das Leitungsvermögen und den Charakter zu stärken. In der Folge hatten alle Leiter tolle Erfolge gesehen, als sie die Hilfsmittel an die Hand bekamen. Aber als sie aufgrund ihrer Erfolge an die Grenzen ihrer Führungsbegabung kamen, wussten sie nicht weiter.

Wir mussten mehr anbieten als Schulungen und die Leiter durch Mentoren begleiten. Außerdem mussten wir ihnen zeigen, wie sie andere Leiter begleiten konnten. Wir glaubten, dass wir daraufhin im gesamten Netzwerk vermehrt Jüngerschaft und Gemeindegründung beobachten würden.

Und so war es. Wir lernten, dass reine Wissensvermittlung nicht ausreichte, um eine Bewegung am Leben zu erhalten. Dafür müssen wir die Fähigkeit zu leiten ausbauen. Wer eine Jüngerschaftsbewegung am Leben erhalten will, muss die Leiter begleiten.

NACHWORT

Vor ein paar Jahren saß ich (David) mit einem Gemeindegründer in Indien zusammen. „Ich bin Millionär", sagte er.

„Was meinst du damit?"

Er grinste. „In diesem Jahr haben wir den eine millionsten Bhojpuri in Gottes Reich getauft. Nach Gottes Rechnung macht mich das zum Millionär."

Ich konnte meine Tränen nicht zurückhalten. Zum Zeitpunkt dieses Gesprächs, erst zwölf Jahre nachdem wir unsere Arbeit unter den Bhojpuri begonnen hatten, waren mehr als eine Million Brüder und Schwestern in das Königreich der Himmel getauft und mehr als 40.000 Gemeinden gegründet worden.

Ich hatte keine Ahnung gehabt, dass Menschen einmal auf das zurückblicken würden, was Gott aus meinen Fehlern gemacht hatte, und es eine „Bewegung" nennen würden.

Nie hätte ich mir träumen lassen, dass er mich zum Millionär machen würde.

Wir beten aus ganzem Herzen, dass auch Sie zu Millionären werden und dass der ganze Himmel sich über die verlorenen Menschen freuen wird, die ihre Liebe zu Jesus entdecken, weil Sie ein Mensch wurden, der andere zu Jüngern macht und die verlorenen Schafe in den Blick nimmt, die nie in unsere Kirchen und Gemeinden kommen würden.

ANHANG

ENTDECKERBIBELSTUDIEN FÜR NICHTCHRISTEN

Bibelstelle	*Kerngedanke*
1. Mose 1,1-25	Die Schöpfungsgeschichte: Gott erschafft die Welt
1. Mose 2,4-24	Die Schöpfungsgeschichte: Gott erschafft den Menschen
1. Mose 3,1-13	Der Sündenfall: Die erste Sünde und das Urteil
1. Mose 3,14-24	Der Sündenfall: Die Verurteilung einer sündhaften Welt
1. Mose 6,1-9,17	Der Sündenfall: Die Flut
1. Mose 12,1-8; 15,1-6	Erlösung: Gottes Zusage an Abraham
1. Mose 22,1-19	Erlösung: Abraham bietet Isaak als Opfer an
2. Mose 12,1-28	Erlösung: Das Versprechen des Passahfests
2. Mose 20,1-21	Erlösung: Die Zehn Gebote
3. Mose 4,1-35	Erlösung: Das Opfersystem
Jesaja 53	Erlösung: Jesaja deutet das kommende Versprechen an
Lukas 1,26-38; 2,1-20	Erlösung: Jesus wird geboren

Bibelstelle	*Kerngedanke*
Matthäus 3; Johannes 1,29-34	Erlösung: Jesus wird getauft
Matthäus 4,1-11	Erlösung: Jesus wird auf die Probe gestellt
Johannes 3,1-21	Erlösung: Jesus und Nikodemus
Johannes 4,1-26.39-42	Erlösung: Jesus und die Frau am Brunnen
Lukas 5,17-26	Erlösung: Jesus vergibt und heilt
Markus 4,35-41	Erlösung: Jesus stillt den Sturm
Markus 5,1-20	Erlösung: Jesus treibt böse Geister aus
Johannes 11,1-44	Erlösung: Jesus weckt Lazarus von den Toten auf
Matthäus 26,26-30	Erlösung: Das erste Abendmahl
Johannes 18,1 – 19,16	Erlösung: Jesus wird verraten und verurteilt
Lukas 23,32-56	Erlösung: Jesus wird gekreuzigt
Lukas 24,36-53	Erlösung: Jesus besiegt den Tod
Johannes 3,1-21	Erlösung: Wir haben die Wahl

WIR EMPFEHLEN

BEWEGUNGEN, DIE DIE WELT VERÄNDERN

In diesem Buch zeigt Steve Addison fünf charakteristische Merkmale dynamischer Bewegungen auf. Dabei untersucht er sowohl Bewegungen aus der Kirchengeschichte, wie sie etwa vom irischen Missionar Patrick, von John Wesley oder von Nikolaus von Zinzendorf ausgingen, als auch aktuelle missionarische Bewegungen.

Steve Addisons Leidenschaft sind missionarische Bewegungen: Seit langem untersucht er sie, er lebt in ihnen, er setzt sein Leben dafür ein, dass missionarische Bewegungen auf der ganzen Welt entstehen. Denn in seinem Kern ist das gesamte Christentum eine missionarische Bewegung. Manche Bewegungen sind gekommen und wieder gegangen. Die große christliche Bewegung aber hat die Welt verändert - seit den frühen Jahren der Urkirche bis in unser Jahrtausend hinein.

Zu beziehen für 12,90 Euro direkt beim Verlag: www.movement-verlag.de

LEBENSVERÄNDERNDE MINIGRUPPEN

Minigruppen bringen gelebte Jüngerschaft mitten ins Leben: Zwei oder drei Personen desselben Geschlechts treffen sich regelmäßig und tauschen sich darüber aus, was sie von Jesus gelernt haben, was sie mit ihm erlebt haben und beten zusammen. Füreinander, aber auch für die, die Jesus noch nicht kennen.

Neil Cole beantwortet mit diesem Buch zum einen wichtige Fragen des Lebens mit Gott: Was hilft mir, nah an Gott dran zu bleiben? Wie kann ich andere lieben und ermutigen? Wie behalte ich auch die im Blick, die Jesus noch nicht kennen? Was kann ich tun, damit diese Jesus kennenlernen?

Er beantwortet damit aber auch eine entscheidende Frage in Bewegungen: Wie bleiben einzelne Jünger so verwurzelt in Jesus, dass sie ihm ähnlicher werden und das Gelernte und Erlebte an andere weitersagen?

Zu beziehen für 9,90 Euro direkt beim Verlag: www.movement-verlag.de